GERALD HAUG, CHRISTOPH MARKSCHIES (HG.)

MULTIPLE KRISEN DER GEGENWART

GERALD HAUG,
CHRISTOPH MARKSCHIES (HG.)

MULTIPLE KRISEN DER GEGENWART

HERDER

FREIBURG · BASEL · WIEN

© Verlag Herder GmbH, Freiburg im Breisgau 2025
Hermann-Herder-Straße 4, 79104 Freiburg
Alle Rechte vorbehalten.
www.herder.de

Bei Fragen zur Produktsicherheit wenden Sie sich bitte an
produktsicherheit@herder.de

Covergestaltung: Verlag Herder GmbH
Satz: Daniel Förster
Herstellung: GGP Media GmbH, Pößneck

Printed in Germany

Eine Publikation der Berlin-Brandenburgischen Akademie der
Wissenschaften und der Deutschen Akademie der Naturforscher
Leopoldina e. V. – Nationale Akademie der Wissenschaften.

Dieses Werk ist mit Ausnahme der Abbildungen (Buchinhalt und
Umschlag) als Open-Access-Publikation im Sinne der Creative-Commons-
Lizenz CC BY-NC International 4.0 (»Attribution Noncommerical
4.0 International«) veröffentlicht. Um eine Kopie dieser Lizenz zu
sehen, besuchen Sie https://creativecommons.org/licenses/by-nc/4.0/.
Jede Verwertung in anderen als den durch diese Lizenz zugelassenen
Fällen bedarf der vorherigen schriftlichen Einwilligung des Verlages.

ISBN Print: 978-3-451-07376-2
ISBN E-Book (PDF): 978-3-451-83801-9

INHALT

I VORWORT DER HERAUSGEBER 7
  Gerald Haug / Christoph Markschies 8

II ÜBERLEGUNGEN ZU DEN MULTIPLEN
   KRISEN DER GEGENWART 13

1 Funktion, Leistung, Übersetzung: Die ›unheilbare‹
  Differenz von Erwartung und Enttäuschung
  Armin Nassehi 15

2 Corona und die multiplen Krisen des Anthropozäns
  Jürgen Renn 43

III BEISPIELSTUDIEN 57

1 Systemische Standardfehler und Krisenmanagement:
  Bundes-, Landes- und Kommunalverwaltung in der
  Pandemie
  Wolfgang Seibel 59

2 Bedingt krisenfähig: Eine Praxisperspektive auf
  oberste Bundes- und Landesbehörden
  Georg Schütte 87

3	Und dann auch noch Corona! Über den Umgang mit Krisen im Bildungssystem *Manfred Prenzel, Petra Stanat & Cornelia Gräsel*	99
4	Religion in den multiplen Krisen der Gegenwart *Christoph Markschies*	117
5	Krisen, Resilienz und Transformation des Energiesystems *Christoph M. Schmidt*	131
6	Krankenhauskrise – Symptome, Befunde, Therapieansätze und Prognosen für eine Gesundheitsversorgung in der Zukunft *Jürgen Graf*	151
7	Wie die Pandemie zu Polarisierung und gesellschaftlicher Destabilisierung beiträgt *Cornelia Betsch, Philipp Sprengholz, Luca Henkel & Robert Böhm*	183
8	Kommunikation und Glaubwürdigkeit von Wissenschaft und Politik in der Coronakrise: Lehren für die Zukunft *Ortwin Renn*	191
9	Sicherheit in der Krise *Ursula Schröder*	203
10	Schuld – ein blinder Fleck während der Covid-19-Pandemie und deren Nachbereitung? *Kerstin Schlögl-Flierl*	225

I

VORWORT DER HERAUSGEBER

Vorwort der Herausgeber

GERALD HAUG / CHRISTOPH MARKSCHIES

Wohl niemand zweifelt daran, dass wir spätestens seit dem Ausbruch der Covid-19-Pandemie in einer Zeit leben, die durch eine beständige Abfolge von Krisen charakterisiert ist. Ein prominenter Politiker verglich das Regieren mit einem »Monopoly«-Spiel, bei dem alle Spieler beständig negative Ereigniskarten ziehen und versuchen müssen, trotzdem Wohlstand und Frieden zu bewahren.

Wann darf man bei einer Pandemie, einer kriegerischen Auseinandersetzung, einem Finanzierungsproblem im Haushalt von einer Krise sprechen? Und was verbindet die genannten Probleme der letzten vier Jahre? Individuelle Erfahrungen von Unsicherheit, Angst und Leid in gesellschaftlichen Krisen lassen sich nicht unmittelbar miteinander vergleichen. Wie betroffene Menschen über solche Krisen sprechen und welche Begrifflichkeiten sie dabei verwenden, macht allerdings sofort deutlich, ob die jeweilige Gegenwart von einer größeren Gruppe als besonders krisenhaft wahrgenommen wird. Dies ist aktuell der Fall. Multiple Krisen, Vielfachkrisen, Polykrisen – diese Begriffe gehören mittlerweile zum allgemeinen Wortschatz und scheinen sich von selbst zu verstehen. Doch was ist mit ihnen eigentlich gemeint? Ab wann sollte eine Folge von schwierigen Situationen so genannt werden?

Schon die Covid-19-Pandemie war eine multiple Krise. Der Ausbruch der Infektionskrankheit bedrohte die Gesundheit der Weltbevölkerung und führte zu zahllosen Todesfällen; medizinische Versorgungssysteme wurden an und über die Grenzen ihrer Belastbarkeit getrieben. Die Pandemie legte die Schwachstellen staatlicher Entscheidungsprozesse in Legislative, Exekutive und

Judikative offen. Globale Lieferketten wurden unterbrochen, zahlreiche Unternehmen standen vor dem Aus. Die zeitweilige Schließung von Kindertagesstätten und Schulen erhöhte den psychischen Druck in Familien, die schon mehr als genug damit zu tun hatten, Alltag und Beruf im Zeichen des Homeoffice neu auszutarieren.

Die Covid-19-Pandemie war also zugleich eine Gesundheits-, Politik-, Wirtschafts-, Bildungs- und Sozialkrise. Dieser Mehrdimensionalität wohnte selbst wiederum ein hohes Krisenpotenzial inne, das sich in scharfen Zielkonflikten niederschlug. Was sollte schwerer wiegen: die Gefahr, vulnerable Personen anzustecken, das psychische Leid isolierter Menschen oder die Einschränkung von Grundrechten? Für den Umgang mit Dilemmata, Trilemmata oder gar Triagen standen keine erprobten Verfahren oder längst erprobten Argumentations- und Entscheidungsgänge zur Verfügung. Unsicherheit griff um sich, aber auch Enttäuschung, Frustration und Wut. Verfügt eine Gesellschaft nicht über Verfahren, solche akuten Zielkonflikte zumindest zu entschärfen, droht langfristig politische Instabilität und es erhöht sich die Wahrscheinlichkeit neuer Krisen. Die Zeithorizonte verschwimmen: Der Blick in die Zukunft ist auf eine Dauerkrise mit variablen Brennpunkten fixiert.

Die Einsicht, dass die unsere Zeit prägenden Krisen mehrdimensional sind und sich wechselseitig beeinflussen, eröffnet die Perspektive, aus der mehr oder weniger erfolgreichen Bewältigung einer Krise für die Prävention und Abminderung anderer Krisen zu lernen. Die hier versammelten Überlegungen und Beispielstudien zu den multiplen Krisen der Gegenwart zeigen, wie solche Chancen genutzt werden können. Jenseits der Pandemie beziehen sie etwa sicherheitspolitische Krisen wie den russischen Angriffskrieg auf die Ukraine und die infolgedessen befürchtete Energieversorgungskrise ein. Die Autorinnen und Autoren vertreten ein vielfältiges Spektrum wissenschaftlicher Disziplinen: von der Soziologie (Armin Nassehi, Ortwin Renn), Politologie (Ursula Schröder, Wolfgang Seibel) und Ökonomie (Christoph M. Schmidt) über die Bildungswissenschaft (Cornelia Gräsel, Manfred Prenzel, Petra Stanat), Psychologie (Cornelia Betsch, Robert Böhm, Luca Henkel, Philipp Sprengholz) und Medizin (Jürgen Graf) bis zur Geoanthropologie (Jürgen Renn), Theologie (Christoph Markschies, Kerstin Schlögl-Flierl) und der wissenschaftsnahen Praxis (Georg Schütte).

Die Buchbeiträge bestätigen auf breiter empirischer Basis den Eindruck, dass über die unterschiedlichen gesellschaftlichen Bereiche hinweg bestimmte Fehlermuster beim Umgang mit multiplen Krisen immer wieder auftreten. Indem sie die Ursachen hierfür analysieren, tragen die Autorinnen und Autoren zu einer wissenschaftlich informierten und anwendungsorientierten Modellvorstellung bei, wie die Prävention und Abminderung von Krisen gelingen kann. Dabei zeichnet sich das Leitbild einer lernenden Gesellschaft ab, welche die Potenziale der Wissenschaft für die rationale Prognose zukünftiger Entwicklungen nutzt, um frühzeitig Bedrohungen erkennen zu können. Dies setzt das Zusammenwirken aller gesellschaftlichen Bereiche und Verantwortungsebenen voraus, das nur funktionieren kann, wenn der übergeordnete Zweck der Krisenprävention in den unterschiedlichen Handlungsfeldern auf möglichst konkrete Ziele und daraus nachvollziehbar begründete Maßnahmen heruntergebrochen wird. So kann eine Gesellschaft zugleich die besten Rahmenbedingungen dafür schaffen, dass die individuelle Verarbeitungsfähigkeit von Krisen nicht stärker als notwendig strapaziert wird.

In diesem gesellschaftlichen Lernprozess kommt der Wissenschaft eine beratende Rolle zu, die sie mit dem klaren Bewusstsein ausfüllen sollte, dass sie niemals alle Erwartungen, die aus anderen gesellschaftlichen Bereichen auf sie gerichtet sind, erfüllen kann. Die Nationale Akademie der Wissenschaften Leopoldina und die Berlin-Brandenburgische Akademie der Wissenschaften verstehen sich als Foren für die hierfür notwendige Verständigung sowohl innerhalb der Wissenschaft als auch zwischen Wissenschaft und Gesellschaft. Daher haben wir im Verlauf der Covid-19-Pandemie eine Einladung an Wissenschaftlerinnen und Wissenschaftler ausgesprochen, sich miteinander über ihre Sichtweise auf die multiplen Krisen der Gegenwart auszutauschen und die Ergebnisse der Öffentlichkeit zur Verfügung zu stellen. Neben Mitgliedern beider Akademien waren auch Mitglieder des Deutschen Ethikrats und der Jungen Akademie beteiligt sowie von den Akademien vorgeschlagene Kolleginnen und Kollegen. Wir danken Alena Buyx und Heyo Kroemer, aber auch Stephan Steinlein, heute Botschafter in Paris, und nicht zuletzt dem Bundespräsidenten Frank-Walter Steinmeier für ihre Anregungen bei unserem Nachdenken über die Schlüsse, die aus den multiplen Krisen der Gegenwart zu ziehen sind. Vor allem aber danken wir den Autorinnen und Autoren herzlich, dass sie unserer Einladung gefolgt sind und wir ihre Diskussionsbeiträge aus verschiedenen Gesprächsrunden der Jahre 2022 und 2023 in diesem Buch vorlegen können. Ohne die Hilfe unserer Mitarbeitenden wäre der Band nicht zustande gekommen; wir möchten besonders Roland Römhildt und Matthias Winkler nennen.

Die Wissenschaft bietet keine Allheilmittel – multiple Krisen wie der menschengemachte Klimawandel werden unser Leben weiterhin prägen. Vor allem kann Wissenschaft nicht in allen Fällen sichere Aussagen machen, sondern spricht vorbehaltlich besserer Erkenntnis. Wir verbinden daher die optimistische Haltung, die Welt in Korrektur vergangener Irrtümer immer besser erkennen zu können, mit der realistischen Einschätzung, dass die Anwendung von Forschungsergebnissen für das Gemeinwohl zahlreiche hohe Hürden überwinden muss. Gelingt allerdings die Überwindung solcher Hürden, eröffnen sich zahlreiche neue Handlungsoptionen. Wenn Politik, wie es Max Weber vor über hundert Jahren formuliert hat, »ein starkes langsames Bohren von harten Brettern mit Leidenschaft und Augenmaß zugleich« bedeutet, dann trifft dies auch auf die wissenschaftsbasierte Beratung von Politik und Gesellschaft zu. Wir sind zuversichtlich, dass sich immer mehr Wissenschaftlerinnen und Wissenschaftler davon nicht abschrecken lassen und der Gesellschaft helfen, sich gegen multiple Krisen zu wappnen.

Gerald Haug
XXVII. Präsident (2020–2025)
Nationale Akademie der
Wissenschaften Leopoldina

Christoph Markschies
Präsident
Berlin-Brandenburgische
Akademie der Wissenschaften

II

ÜBERLEGUNGEN ZU DEN MULTIPLEN KRISEN DER GEGENWART

1

Funktion, Leistung, Übersetzung: Die ›unheilbare‹ Differenz von Erwartung und Enttäuschung

ARMIN NASSEHI

Wissenschaft, wissenschaftliche Evidenz, die Beteiligung von Wissenschaftlerinnen und Wissenschaftlern am öffentlichen Diskurs, aber auch an politischen Entscheidungen, das Verhältnis von wissenschaftlichen Disziplinen zueinander, der Diskurs zwischen Wissenschaftlern und wissenschaftlichen Disziplinen, der Umgang mit ›evidenzbasiertem‹ Wissen, die Berücksichtigung oder sogar explizite Nichtberücksichtigung von Wissenschaft und nicht zuletzt mediale Darstellungen wissenschaftlicher Ergebnisse (neuerdings ›Wissenschaftskommunikation‹ geheißen) waren zentrale Themen des gesellschaftlichen Umgangs mit der Pandemie. Dieselben Fragen sind es heute, wenn von einer ›Aufarbeitung‹ der Pandemie und der sie begleitenden Maßnahmen die Rede ist. Es steht der Wissenschaft gut an, ihre eigene Rolle in der Pandemie zu reflektieren – nicht, um einzelne Entscheidungen im Nachhinein nach ihrer wissenschaftlichen Qualität zu beurteilen. Das wäre eher die Frage konkreter Disziplinen und Fächer. Eher soll es hier darum gehen, die gesellschaftliche Positionierung, die Funktion und die Leistung der Wissenschaft im Hinblick auf die Pandemiebewältigung zu rekonstruieren.

Lehren

Welche Lehren aus der Pandemie zu ziehen sind, vor allem welche Lehren aus der Pandemie gezogen werden *wollen*, hängt stark von der Perspektive und von Interessenkonstellationen ab, von denen her solche Lehren zu ziehen sind. Die derzeit verbreitete Aufforderung, die Pandemie müsse *aufgearbeitet* werden, erfolgt zumeist aus einer Position, die immer schon weiß, dass die Dinge im Ganzen falsch gelaufen und dass sowohl staatliche Maßnahmen als auch die Beteiligung wissenschaftlicher Erkenntnisse gescheitert sind. Wer wiederum von Scheitern spricht, muss Kriterien des Gelingens formulieren können. Nun darf diese Form der Auseinandersetzung nicht wirklich erstaunen, denn es handelt sich dabei um eine *politische* Auseinandersetzung, die ihrerseits politischen Logiken folgt. Wohlgemerkt: Es ist keine (oder nicht nur eine) Auseinandersetzung über die Rolle politischer Akteure, Entscheidungsebenen und Diskurse, sondern die Auseinandersetzung ist in erster Linie selbst *politisch* und verfolgt damit politische Ziele. Die verteilten Rollen, die man in diesem politischen Diskurs um die angemessene *Aufarbeitung* der Pandemie beobachten kann, sind aus den Debatten während der Pandemie bereits bekannt und wiederholen sich nun. Kritik an staatlichen Maßnahmen nahm dabei oft die Form einer Insinuierung von ›Um-zu-Motiven‹ an, also der Behauptung, dass die Maßnahmen selbst anderen Zielen folgten, als sie vorgaben – nämlich zu testen, wie weit man mit der Kontrolle und Gängelung der Bevölkerung gehen und wie man Elemente eines autoritären Kontrollregimes testen könne, um damit spätere Aufgaben besser erfüllen zu können, etwa die Steuerung klimawandelrelevanter Transformationen.[1] Diese Unterstellung von ›Um-zu-Motiven‹ mit zum Teil erheblichen Vorwürfen gegenüber politischen Entscheidungsträgern ist freilich auch aus einer wenig empirisch gesättigten Literatur bekannt, die unterstellt, dass gerade mangelnde unmittelbare Partizipation, Mobilisierung und Beteiligung durch institutionelle Verfahren solchen Motiven diene.[2]

All das soll hier nicht in concreto diskutiert und rekonstruiert werden. Es soll nur zeigen, in welcher *politischen* Gemengelage eine Rekonstruktion und Reflexion der Rolle der Wissenschaft im Pandemiegeschehen erfolgen.[3] Der Vorwurf einer Regierung des Landes durch Virologen, der Willfährigkeit von Wissenschaftlern bei der Unterstützung entsprechender ›Um-zu-Motive‹ und eines wissenschaftlichen Totalitarismus ist selbst wiederum eine *politische* Beobachtung des Wissenschaftlichen in der Pandemie.

Evidenzbasierte Enttäuschung

Ein Haupteindruck, der in nichtfachlichen Öffentlichkeiten während der Pandemie vielleicht für viele das erste Mal wirklich sichtbar wurde, ist die Uneindeutigkeit wissenschaftlicher Aussagen. Man erwartet von Wissenschaft Evidenz – ein Begriff, der in öffentlichen Diskursen die Funktion hat, eine (wissenschaftlich gestützte) Sachaussage als eindeutig und unangefochten zu markieren. Die Verunsicherung des Publikums rührte freilich daher, dass es in ungewohnter Weise mitverfolgen konnte, wie voraussetzungsvoll wissenschaftliche Aussagen zustande kommen, wie intern differenziert das Wissenschaftssystem ist und wie stark wissenschaftliche Wahrheiten sich Konkurrenzaussagen stellen müssen. Wie wir aus der Organisationsforschung wissen, verfügen Akteure selten über vollständiges Wissen operierender Systeme (das es letztlich gar nicht geben kann), sondern über eine begrenzte Perspektive *(›bounded rationality‹)*, die kein Defekt ist, sondern die Bedingung dafür darstellt, sich überhaupt innerhalb komplexer Prozesse bewegen zu können.[4] Vorbereitet ist das Publikum nur auf ›Meinungen‹ als manchmal ziemlich beliebige Formen von Aussagen mit Sachbezug, nicht aber auf die interne Form der Erzeugung von Evidenz innerhalb der Wissenschaft – von der internen Differenzierung in Fächer ganz zu schweigen.

Jedes Räsonieren über *Lessons Learned* im Hinblick auf die Wissenschaft muss auch selbst vor allem zur Kenntnis nehmen, dass Wissenschaft nicht in erster Linie ›Evidenz‹ erzeugt. Denn Wissenschaft transformiert zunächst »Erfahrungen und Evidenzen in Probleme«[5]. Wissenschaft bringt das Erwartbare, das Typische, das vermeintlich Selbstverständliche in eine Problemform. Sie tut das, indem sie den üblichen Evidenzen misstraut, und erzeugt dadurch einen ganz eigenen Erwartungsstil. Das bedeutet auch, dass diejenigen, die sich aus *wissenschaftlicher* Perspektive mit der Frage auseinandersetzen wollen, was sich für die Wissenschaft aus den Erfahrungen mit und in der Pandemie lernen lässt, Rechenschaft über das strukturelle Verhältnis von Wissenschaft und anderen Feldern der Gesellschaft ablegen müssen – das gilt für die Schnittstellen zwischen Wissenschaft und politischen, medialen oder ökonomischen Feldern, aber auch für die innere Differenzierung der Wissenschaft in Disziplinen, die parallel zur Versäulung einer differenzierten Gesellschaft selbst die Vielfältigkeit der Auswirkungen der Pandemie auf unterschiedliche Bereiche repräsentiert. Genau genommen bildet ein interdisziplinäres Lernen aus der Pandemie partiell die Zielkonflikte, Perspektivendifferenzen und Differenziertheiten

Die ›unheilbare‹ Differenz von Erwartung und Enttäuschung

der Gesellschaft im Umgang mit der Pandemie ab. Dazu gehört übrigens auch eine notwendige Relativierung der *politischen* Dominanz der Reflexion auf die Pandemie in der Öffentlichkeit – was man weder dem Politischen noch öffentlichen Sprechern vorwerfen kann, korreliert dies doch gerade mit der Funktion des Politischen im Hinblick auf kollektiv bindende Entscheidungen. Solche Diskurse sind nicht an Wahrheitsfragen als solchen interessiert, sondern an wahrheitsfähigen Sätzen nur insoweit, als sie Mehrheitsfragen zu beantworten oder Mehrheiten durchzusetzen helfen.[6]

Beschreibt man moderne Gesellschaften in einer eher bürokratischen Sprache, so kommt man auf eine Arbeitsteilung unterschiedlicher gesellschaftlicher Funktionen und Felder. Demnach wäre Politik für kollektiv bindende Entscheidungen und Mehrheiten zuständig, Wissenschaft für wahrheitsfähige Fakten und die Religion für die Erlösung – man könnte Gesellschaften dann wie Organisationen in Organigrammen darstellen. Das ist aber nicht damit gemeint, denn moderne Gesellschaften sind keine Organisationen, sondern funktional differenzierte Systeme.[7] Die funktionale Differenzierung der Gesellschaft meint eher eine Differenzierung unterschiedlicher Logiken, die in Echtzeit aufeinander bezogen sind, sich wechselseitig beobachten und ebenso wechselseitig Leistungen anderer Funktionssysteme in Anspruch nehmen. Funktionale Differenzierung muss als ein System ohne Spitze und Zentrum gedacht werden.[8]

Für unseren Zusammenhang sind die wechselseitigen Beobachtungsverhältnisse entscheidend. Funktionssysteme werden von außen selten abstrakt im Hinblick auf ihre Funktion beobachtet – will heißen: Die Gesellschaft ist kein soziologisches Hauptseminar. Gesellschaftliche Semantiken formulieren zumeist unrealistische Erwartungen an Funktionssysteme, die diese am Ende aufgrund ihrer Funktion nicht erfüllen können.

Zwischen Funktion und Erwartung klafft in modernen Gesellschaften demnach fast schon aus strukturellen Gründen ein Enttäuschungsrisiko. Um es holzschnittartig darzustellen:

1. Vom politischen System wird zumeist gesellschaftliche Steuerung erwartet, am Ende bekommt man aber nur kollektiv bindende Entscheidungen, die zwar den Anspruch auf Steuerung und gesamtgesellschaftliche Effekte semantisch offensiv darstellen, aber letztlich nicht selbst kontrollieren können, wie andere Felder der Gesellschaft damit umgehen – das gilt für das politische Publikum ebenso wie für andere Funktionssysteme. In der Pandemie war die Erwartung an Steuerung besonders groß und wurde unter anderem dadurch enttäuscht, dass sich Entscheidungsparameter eben politischen Mechanismen unterwerfen mussten, auch wenn die Zustimmungsraten zu den Maßnahmen immer größer waren, als es in der veröffentlichten Meinung aussah.

2. Vom Wirtschaftssystem werden eine Versorgung und Bereitstellung von Gütern und Dienstleistungen erwartet, aber in erster Linie geht es aus der Perspektive wirtschaftlicher Akteure um die Regulierung von Knappheitsproblemen – und zwar mit Fokus auf die je eigene ökonomische Marktposition, nicht ›volkswirtschaftlich‹. In der Pandemie ließ sich das unter anderem daran beobachten, wie stark manche Märkte unter Druck gerieten – sowohl Produkt- als auch Dienstleistungs- und Arbeitsmärkte.

3. Vom Rechtssystem wird so etwas wie ›Gerechtigkeit‹ erwartet, aber die Funktion garantiert vor allem eine Konsistenz von Entscheidungslagen, was insbesondere ange-

sichts der Grundrechtsfragen während der Pandemie eine erhebliche Rolle spielte.

4. Von Medien werden Orientierung und Wissen erwartet, am liebsten ›Fakten‹ – aber die Währung der Medien sind Informationen, d. h. zeitgebundene Formen der Differenzmarkierung, die einen Satz erst zu einer Meldung machen. In der Pandemie wurde in den Medien aber vor allem ein Streit darüber ausgetragen, was für wen und zu welchem Zweck als Faktum zu gelten hat.

Es sei bei diesen Andeutungen belassen, um noch einmal hervorzuheben, dass die große Enttäuschung über die Wissenschaft vor allem in einem Teil der veröffentlichten Meinung durchaus auch strukturelle Gründe hatte. Dass einem großen Publikum vorgeführt wurde, wie voraussetzungsreich und selbstbezogen wissenschaftliches Wissen stets ist, gehört womöglich zu den großen Verunsicherungen, die während der Pandemie entstanden. Es wurde deutlich, wie wenig man sich auf Wissenschaft verlassen konnte – nicht in dem Sinne, dass sie keine Ergebnisse erzielt hätte, sondern in dem Sinne, dass ihre Ergebnisse eben wissenschaftsförmig waren und nicht eins zu eins in politische Entscheidungen übersetzt werden konnten.

Denkt man an Organisationen an der Schnittstelle zwischen Wissenschaft und Politik – etwa das RKI, dessen Protokolle inzwischen veröffentlicht wurden –, wird sichtbar, dass dieses Verhältnis zwischen wissenschaftlich möglichen Aussagen und politischen Entscheidungen keine Kausalübertragung zulässt. Dass Skandalisierungsversuche an genau dieser Schnittstelle ansetzen, ist kein Zufall, denn es sind ja gerade die losen Kopplungen zwischen den Systemlogiken, die die Komplexität einer funktional differenzierten Gesellschaft ausmachen. Das bedeutet übrigens nicht, dass *keine Fehler* gemacht worden sind – aber nicht einmal *Fehler* lassen sich eindeutig definieren, denn was wissenschaftlich vielleicht als richtig anerkannt wird oder als deduzierbare Konsequenz erscheint, kann politisch womöglich anders gesehen werden, so schwer das auszuhalten sein mag. Hinter diese Lücken zwischen den unterschiedlichen Logiken kann man nicht zurück – und es ist von besonderer Bedeutung, diese Beobachtung nicht Entschuldigung oder Beschwichtigung solcher Reibungsverluste und Herausforderungen an ähnlichen Schnittstellen zu lesen, sondern als Grundlage dafür, sie nicht im Sinne eines simplen ›Um-zu-Motivs‹ zu verstehen. Denn diese Art von Skandalisierung kann nur unterkomplex auf solche Schnittstellen sehen, eben weil Wissenstransfer kein substanzieller Transport von Wissen an einen anderen Einsatzort ist.

Transfer

Die Frage der Schnittstelle zwischen Wissenschaft und Gesellschaft war stets ein Thema vor allem der Wissenschaftsadministration. Erinnert sei etwa an das Positionspapier des Wissenschaftsrates zu Wissens- und Technologietransfer von 2016, in dem es heißt:

> Transfer ist eine Kernaufgabe und mit Forschung, Lehre und wissenschaftlichen Infrastrukturangeboten eine der wesentlichen Leistungsdimensionen wissenschaftlicher Einrichtungen. Hochschulen und Forschungseinrichtungen erachten es zunehmend als wichtig, auf Partner außerhalb der Wissenschaft zuzugehen, um die wissenschaftsbasierte Weiterentwicklung der Gesellschaft voranzutreiben und den gestiegenen Erwartungen aus Politik und Gesellschaft an die Leistungen des Wissenschaftssystems besser gerecht zu werden.[9]

Dass man ›aufeinander zugehen‹ solle und tatsächlich eine »wissenschaftsbasierte Weiterentwicklung« der Gesellschaft in Aussicht stellt, unterschätzt aber womöglich die Komplexität des Verhältnisses von Wissenschaft und anderen Funktionssystemen der Gesellschaft. Es geht also niemals um so etwas wie einen ›Transfer‹ von Wissen aus dem Wissenschaftssystem in andere Bereiche der Gesellschaft, denn in primär nichtwissenschaftlichen Teilen der Gesellschaft nimmt wissenschaftliches Wissen eine Form an, mit der man politische, ökonomische/unternehmerische oder auch mediale Ziele verfolgt. Das heißt nicht, dass wissenschaftliches Wissen für Praxisfelder außerhalb der Wissenschaft irrelevant wäre: Man kann kein Automobil bauen und keinen Wahlkampf führen, ohne irgendwie auch auf ingenieurswissenschaftliche, chemische, physikalische, sozialwissenschaftliche, politikwissenschaftliche oder sogar historische Erkenntnisse zurückzugreifen. Aber das Besondere des sogenannten Transfers von Wissen besteht darin, dass dies nicht mehr in erster Linie erkenntnis-/wahrheitsförmige Probleme lösen muss, sondern auf Kontexte gerichtet ist, die von den Logiken der jeweiligen Praxisfelder geprägt sind.

Das eher allgemeine Verhältnis wissenschaftlichen Wissens und anderer gesellschaftlicher Felder, in denen im Übrigen auch stets Wissen anfällt,[10] referiert auf die funktionale Differenzierung der modernen Gesellschaft, in der sich Funktionssysteme mit unterschiedlichen gesellschaftlichen Funktionen ausdifferenziert haben – in Funktionssysteme für Politik, Recht, Ökonomie, Wissenschaft, Religion, Erziehung/Bildung, Kunst, Massenmedien und Medizin. Die Differenzierungstheorie rekonstruiert, wie unterschiedliche Kommunikationszusammenhänge entstehen, die an der jeweiligen gesellschaftlichen Funktion orientiert sind.[11]

Man kann das gut für die Pandemie rekonstruieren – denn als eine gesellschaftliche Herausforderung traf die SARS-CoV-

2-Pandemie nicht auf eine monolithische Einheit ›Gesellschaft‹, sondern wurde als Herausforderung von unterschiedlichen Funktionssystemen mit je unterschiedlichen Perspektiven wahrgenommen. Um es formaler zu rekonstruieren, als es der empirischen Vielfalt entspricht:

1. Aus *politischer* Perspektive war die Pandemie zunächst eine Herausforderung dahingehend, ob und ab wann kollektiv bindende Entscheidungen zu treffen seien – was der Funktion des politischen Systems entspricht. Dabei spielten nicht nur Fragen der Faktizität des Virusgeschehens eine Rolle, sondern auch, wie sich Entscheidungen politisch durchsetzen ließen, wofür man Mehrheiten in den Entscheidungsroutinen erlangen konnte und vor allem wie sich dies auf die Loyalität einer politischen Öffentlichkeit auswirkte. Wie sich dies dann gerade im deutschen Mehrebenensystem der Politik auswirkte, wie dies verwaltungstechnisch durchgesetzt wurde, welche Zuständigkeiten herrschten usw., gehört ebenfalls zur Perspektive des politischen Systems.

2. Aus *ökonomischer* Perspektive war die Pandemie zunächst etwas, das sich auf Märkte im Allgemeinen, konkret aber auf Wertschöpfungsketten, auf Produktions-, Konsumtions- und unternehmerische Organisationsaspekte ausgewirkt hat. Die Pandemie war – wie alles – ökonomische Herausforderung und ökonomische Chance zugleich. Das Bezugsproblem bestand darin, wie sich ökonomisches Handeln auf die eigenen Marktchancen auswirkt – und das galt für ökonomische Akteure ganz unterschiedlichen Typs wie Großkonzerne, kleine und mittlere Unternehmen, Kleinökonomien, aber auch private Haushalte. Aus

unternehmerischer Perspektive ging es in vielen Fällen um die Frage der Aufrechterhaltung der eigenen Personal- und Finanzstruktur angesichts von unterbrochenen Wertschöpfungsketten. Aus der Perspektive von privaten Haushalten stellte sich aufgrund solcher Unterbrechungen oftmals die ökonomische Existenzfrage, vor allem in den unteren Einkommensgruppen.

3. Aus *rechtlicher* Perspektive stellte sich die Pandemie als eine Herausforderung vor allem für die Konkordanz sich widersprechender Konsequenzen unterschiedlicher Grundrechte dar (z. B. Freiheit/Freizügigkeit versus Sicherheit). Die Funktion des Rechtssystems besteht vor allem in der Herstellung normativer Erwartungssicherheit und damit einer Konsistenz von normativen Erwartungen – was gerade unter dem Konsistenzaspekt eine besondere Herausforderung darstellte.

4. Aus der Perspektive des *Bildungssystems* war die Pandemie neben der Frage der organisatorischen Beschulbarkeit eine Frage der Aufrechterhaltung von Lernumwelten angesichts der Unterbrechung unmittelbarer Kommunikationswege sowie vor allem der Abfederung von Folgen im Hinblick auf soziale Ungleichheit.

5. Aus *familialer* Perspektive erzeugte die Pandemie vor allem eine Herausforderung im ›Anwesenheitsmanagement‹. Die gesellschaftliche Funktion familialer Lebensformen besteht darin, einen Raum personenbezogener Kontinuität herzustellen. Moderne familiale Lebensformen zeichnen sich freilich dadurch aus, dass die beteiligten Personen nur einen Teil ihrer Zeit innerhalb des Fa-

milienraums verbringen, denn familiale Lebensformen leben gewissermaßen von gleichzeitiger Inklusion in andere gesellschaftliche Felder. Dieser Mechanismus wurde in der Pandemie unterbrochen: Räumliche Nähe und die permanente Anwesenheit von Kindern bei gleichzeitiger Verlagerung von Erwerbsarbeit in die Familienwohnung (Homeoffice) führten zu Stresssymptomen und auch geschlechtsspezifischen Belastungen.

6. Aus *medialer* Perspektive war die Pandemie in erster Linie ein Generator von Informationen und Informationsbedarf – und auch ein Anlass für die Entstehung einer sogenannten *alternativen* Presseszene unterschiedlicher Medienkanäle.

7. Aus *medizinischer* Perspektive war die Pandemie zunächst eine Situation fehlender Behandlungsroutinen, fehlender Impfstoffe und im Klinikbetrieb ein Risiko der Ansteckung für Mitarbeiterinnen und Mitarbeiter. Gerade am System der Krankenbehandlung ließ sich sehen, wie ein System evolutionär neue Formen der Routine aufbaut und sich selbst korrigiert.

So weit die holzschnittartige Beschreibung der parallel zur Differenzierungsform der Gesellschaft differenzierten Wahrnehmung der Pandemie und ihrer Formierung als Krise. Die genau genommen vergleichsweise einfach zu beschreibende existenzielle Herausforderung – eine pandemische Infektion menschlicher Körper mit einem Virus, dessen Ausbreitungsform und -geschwindigkeit den Bewegungen und Begegnungen dieser Körper im physischen Raum folgt – wird aus der Perspektive unterschiedlicher Funktionssysteme nicht nur jeweils unterschiedlich wahrgenommen, sondern es müssen auch unterschiedliche Probleme gelöst werden. Im Übrigen sind Personen dann gleichzeitig in ihren unterschiedlichen sozialen Rollen unterschiedlichen Erwartungen bzw. unterschiedlichen Folgen ausgesetzt. Diese Beschreibung ist nötig, um die Komplexität der Schnittstellen zwischen den wissenschaftlichen und anderen Beobachtungs- und Bewältigungsformen der Pandemie zu verstehen. Denn es wäre allzu einfach, den Wissensbedarf als Transfer zu beschreiben – wohlgemerkt: den Wissensbedarf über das, was man wissenschaftlich über das Virus (aber auch über epidemiologisches, sozialwissenschaftliches, wirtschaftswissenschaftliches, soziologisches, psychologisches etc. Wissen) erfahren kann und wissen muss. Denn Wissenschaft selbst ist zunächst eine weitere Perspektive auf die Pandemie, die ebenfalls durch ihre funktionsspezifische Perspektive limitiert ist.[12]

In der Liste der unterschiedlichen Perspektiven war *Wissenschaft* noch nicht vertreten. Die Funktion des Wissenschaftssystems besteht darin, wahrheitsförmige Sätze nach selbsterzeugten Wahrheitskriterien zu erzeugen und sie in eine Form zu bringen, die einerseits für den Weitergebrauch innerhalb der Wissenschaft verwendet werden kann, andererseits als verwendbares Wissen in anderen gesellschaftlichen Feldern zur Verfügung steht. Zweiteres beschreibt die Leistung des Wissenschaftssystems für die Gesellschaft – die in ihren je unterschiedlichen Formen dieses Wissen je eigensinnig verwendet.[13]

Die Pandemie war für wissenschaftliche Forschung zunächst eine Gelegenheit, denn durch Nichtwissen entstand unmittelbar Erkenntnis- und Forschungsbedarf. Gefragt war zuerst die Virologie, die die Grundlagen für die Identifizierung des Virus vor dem Hintergrund bekannter Typologien liefern musste und Ansteckungswege und Verbreitungsszenarien epidemiologisch vorausberechnen sollte. Wissenschaft kam in der Pandemie deshalb eine besondere Aufmerksamkeit zu, weil die Bedrohung – nämlich das SARS-CoV-2-Virus – selbst eine wissenschaftliche Konstruktion ist. Das ist nicht in dem naiven Sinne gemeint, dass es das Virus gar nicht gebe. Aber allein Wissenschaft ist in der Lage, das ansonsten amorphe Geschehen von sich kumulierenden Krankheitsfällen überhaupt sichtbar zu machen und auf den Begriff zu bringen. Und Wissenschaft tat das, wie Wissenschaft das stets tut: durch Prüfung von Hypothesen, die man aus vorheriger Forschung mit ähnlichen Viren kennt, durch technisch unterstützte Formen der Detektion des Erregers, durch Klassifikation und weitere Hypothesenbildung, durch Publikation und Diskurs, auch kontroversen Diskurs von Ergebnissen, durch Kommunikationsstrategien und weitere Forschung. Unter wissenschaftlichen Gesichtspunkten hat während der Pandemie nicht unbedingt Ungewöhnliches stattgefunden – außer dass die Zeitstrukturen des aufgrund wissenschaftlicher Routinen eher langsamen Forschungsprozesses wegen der großen Dringlichkeit beschleunigt werden mussten. Und die zweite Anomalie bestand darin, dass wissenschaftliches Handeln unter Beobachtung von medialen, politischen, rechtlichen und weiteren Akteuren stand.

Funktion und Leistung

Es wurde einem daran nicht gewöhnten Publikum vorgeführt, dass die Funktion des Wissenschaftssystems – gesichertes, methodisch kontrolliert erzeugtes und dadurch belastbares Wissen zu erzeugen und vorzuhalten – den Erwartungen an die Leistungen des Wissenschaftssystems nicht ohne Rest entsprach.[14] Die Erwartung ist Sicherheit in dem Sinne, dass das Ergebnis eindeutig ist, dass man sich darauf verlassen kann und dass man der Genese des Wissens keine Aufmerksamkeit schenken muss. Dieser Erwartung an Wissenschaft kann immer dann entsprochen werden, wenn der ›Endverbraucher‹ wissenschaftlicher, wahrheitsfähiger Sätze den Bedingungen der Genese solcher Sätze nicht ansichtig wird. Das entspricht erstens nicht der Funktion und dem Vermögen von Wissenschaft, und es entspricht zweitens nicht jeder Praxis jenes sogenannten Transfers von Wissenschaft in andere Felder der Gesellschaft.

Was den ersten Punkt betrifft, so gibt es kaum ein Wissen, das relativer daherkommt als wissenschaftliches Wissen – relativ nämlich zur Bedingung seiner eigenen Möglichkeit im Hinblick auf erkenntnisleitende Perspektiven, auf verfügbare Daten und ihre Form, auf die Richtung der Fragestellung, auf die Formulierung ontologischer Voraussetzungen des Gegenstandes sowie auf theoretische, methodische und methodologische Vorannahmen. Wissenschaft kann keinen Gegenstand unmittelbar beobachten, sondern muss vor allem Aufmerksamkeit auf die eigene Beobachtung lenken – und exakt das wurde in der Pandemie einem Publikum sichtbar, für das ein solcher Vorgang die wissenschaftliche Integrität geradezu untergräbt.

Der zweite Punkt schließt direkt daran an, denn viele wissenschaftliche Praktiken – auch außerhalb des unmittelbaren Forschungsprozesses – machen diese Voraussetzung des wahrheitsfähigen Wissens sichtbar.[15] Wie fassungslos das Publikum, auch befördert durch entsprechende mediale Dramaturgien, darauf reagiert hat, dass sich Expertisen unterschieden haben, dass es unterschiedliche Auffassungen gab, dass sich Wissenschaftler korrigieren mussten, hat zu einem merkwürdigen Autoritätsverlust wissenschaftlicher Perspektiven geführt – besonders dann, wenn das Ergebnis den eigenen (politischen, ästhetischen, weltanschaulichen) Erwartungen widersprach. Vielleicht orientierte sich manches Bild der Wissenschaft zuvor an eher filmischen Ästhetiken starker Figuren, die sagen, was der Fall ist. Stattdessen wurde man von der Komplexität, Vielschichtigkeit und Vorläufigkeit des Forschungs- und Erkenntnisprozesses überrascht.

Diese Politisierung der Beobachtung von Wissenschaft – ausdrücklich nicht: Politisierung von Wissenschaft – ist selbst kein wissenschaftliches Phänomen, sondern eine, wie oben bereits angedeutet, politisierende Beobachtung, die dann ihrerseits zu einer Politisierung von Wissenschaft aufgerundet wurde. Das hat unter anderem mit der Differenz zwischen Funktion und Leistung bzw. Erwartung an und Praxis der Wissenschaft zu tun. Gerade aufgrund dieser Differenz kann Wissenschaft jene Eindeutigkeitserwartung nicht erfüllen – was im Übrigen kein wissenschaftlicher Defekt ist, sondern ihrer Form entspricht. Gerade *weil* Wissenschaft stets von selbsterzeugten Voraussetzungen ausgehen muss und ihren Gegenstand aufgrund dieser Voraussetzungen selbst konstituiert, erscheint es für einen *politischen* Außenbeobachter bisweilen ähnlich der politischen Logik, die geradezu auf Differenzen eines Pro und Kontra, einen Kampf um Mehrheitsfähigkeit, einer Verdrängung anderer ›Meinungen‹ um Mehrheitsfähigkeit, einer Verdrängung anderer ›Meinungen‹ angewiesen ist. Einem größeren Publikum ist dies in Form von wissenschaftlicher Beteiligung etwa in parlamentarischen Enquete-Kommissionen oder Ethikräten bekannt, die von außen tatsächlich wie eine Form politisierbarer Wissenschaft aussehen, was sie bezüglich ihrer Leistung dann auch durchaus sind oder sein können. Aber wahrheitsorientiertes, methodisch kontrolliertes wissenschaftliches Wissen ist etwas anderes als eine ›Meinung‹. In der Wissenschaft geht es nicht um den Austausch kontingenter Meinungen. Gestritten wird eher um Begründungsformen, um Forschungsmethoden, um die Interpretation von Daten und die Präsentation von Ergebnissen, während Meinungen letztlich nur eine subjektive Stellungnahme darstellen.

Die ›unheilbare‹ Differenz von Erwartung und Enttäuschung

In der Pandemie hat diese Erfahrung gewissermaßen den eingehegten Raum solcher Gremien verlassen, sodass es kaum anders möglich war, als dass sich wissenschaftliche Sprecher in der Öffentlichkeit als politische Sprecher wiederfanden, was zwischen Selbst- und Fremdzurechnung oszillierte. Man muss diese komplexe Gemengelage verstehen, um angemessen einschätzen zu können, wie die zumeist etwas naiv eingesetzte Formel der ›Wissenschaftskommunikation‹ gerade daran scheitert, dass ihr oft kein angemessener Kommunikationsbegriff zur Verfügung steht. Es geht nämlich keineswegs um die Frage einer besseren Präsentation wissenschaftlicher Ergebnisse vor nichtwissenschaftlichem Publikum, womöglich in einfacherer Sprache oder unter Verzicht auf zu filigrane Fachbegrifflichkeiten oder im Hinblick auf die Erwartungen des wissenschaftlichen ›Endverbrauchers‹. So ähnlich stellt sich dies das Transfermodell des Wissenschaftsrates vor. Ein anspruchsvoller Kommunikationsbegriff muss Kommunikation jedoch mindestens von der Response-Seite her denken und anerkennen, dass es gerade die Rückkopplungen sind, die Formen selbstreferenzieller Pfade und der unhintergehbare Kontrollverlust des ›Sprechers‹ gegenüber dem Kommunikationsgeschehen. Man kann sagen: Kommunikation ist riskant.

Diese Beobachtung bildet exakt das ab, was in der Pandemie stattgefunden hat. Wissenschaftliche Kommunikation war riskant, weil sie anders beobachtet wurde, als sie ›gemeint‹ war. Allerdings wäre diese Diagnose für sich gesehen viel zu einfach, denn die Sprecherpositionen werden ja in Kommunikationsprozessen selbst stark verändert, sodass ein wissenschaftlicher Sprecher Gefahr läuft, seine Sätze an den Reaktionen scharfzustellen – um dann nolens volens zu einem politischen Akteur zu werden. Diese Konstellation ist in der Pandemie geradezu endemisch gewesen und hat unter anderem jene Aufregung verursacht, die die Verhandlung über die ›wissenschaftlichen Grundlagen‹ des angemessenen politischen Handelns begründet.

Wissenschaftsbasierte Expertise

Allerdings ist dieses Phänomen ziemlich erwartbar gewesen. Die Forschung kennt es schon lange, genau genommen seit sozialwissenschaftlich über die Funktion und Form von Expertise nachgedacht wird. Die Reflexion wissenschaftlicher *Expertise* bewegt sich zumeist in den Fahrwassern einer Debatte, die sich inzwischen ein ganzes Jahrhundert zurückdatieren lässt.[16] Schon Max Weber stellte in seinem Aufsatz »Parlament und Regierung im neugeordneten Deutschland« (1919) einst auf das ambivalente Verhältnis zwischen einem fachlich hochversierten Beamtentum und den eigentlichen politischen Entscheidungsträgern ab und diagnostizierte eine beinahe unvermeidliche Diffusion von politischer Herrschaftsmacht in den bürokratischen Verwaltungsapparat, demgegenüber sich der eigentliche politische Entscheidungsakt nur mehr als bewusst wertsetzende Dezision behaupten könne.[17] Fragen nach dem »Können, Sollen und Dürfen«[18] einer wissenschaftlichen Politikberatung durch Experten wurden seither zwar immer wieder aufs Neue gestellt und immer wieder anders verhandelt: Stets waren es aber der Kontext der Unterscheidung von wissenschaftlicher Expertise und politischer Entscheidung und die Debatte darüber, wie genau sich fachliche Sachkompetenz und politische Entscheidbarkeit zueinander verhalten. Die Frage, wie deren Verhältnis gut gestaltet werden könnte, leitete das soziologische Interesse an Experten und Expertengremien an – von den Technokratiedebatten der Sechzigerjahre[19] über die Frage, wie eine wissenschaftliche Politikberatung auch unter den Bedingungen einer unsicher und illegitim gewordenen Expertise gelingen kann,[20] bis hin zu den jüngeren Auseinandersetzungen darüber, dass kulturelle und institutionelle Einflüsse Expertise in ihrer Wertgebundenheit sichtbar machen und auf diese Weise Elitenkritik und gesellschaftliche Polarisierung befördern.[21] Hieraus ergibt sich plausibel die Forderung nach einer Demokratisierung der Expertise,[22] was am Ende seinerseits zu einer Politisierung der Wissenschaft beiträgt und deshalb das Verhältnis von Wissenschaft und Politik in ihrer Komplexität womöglich verfehlt.

Für die Pandemie lässt sich zunächst festhalten, dass die Rolle der Wissenschaft darin nur verstanden werden kann, wenn man diese Schnittstelle und dieses komplexe Verhältnis ernst nimmt. Die Debatte, auch die gegenwärtige Aufarbeitungsdebatte, die bisweilen eine Aufrechnungs- und Abrechnungsdebatte zu werden scheint, kreist vor allem um die Unterscheidung zweier Lager: das derer, die sich angeblich zu willfährigen Stichwortgebern einer Regierungspolitik gemacht haben, und das derer, die den Stab der Kritik und des ›Widerstands‹ hochgehalten haben. Diese Konstellation bestätigt die Vermutung, dass es gerade die strukturell bedingte (und wünschenswerte) interne Uneindeutigkeit wissenschaftlicher Praxis und wissenschaftlicher Ergebnisse war und ist, die das Einfallstor für eine solche Inanspruchnahme des Wissenschaftlichen darstellt. Dass sich daran tatsächlich auch Wissenschaftler beteiligt haben, sowohl als Agenten eines (angeblichen) *Mainstreams* wie als Kritiker im Ausmaß von Übersprungshandlungen, war erwartbar. Aber auch diese Formen sind ja nur eine entsprechende Beobachtung und Inanspruchnahme wissenschaftlicher Formen. Nicht alles, was Wissenschaftler tun, ist Wissenschaft – insbesondere aus einer theoretischen Perspektive, die unter Wissenschaft eben nicht die Gesamtheit aller Wissenschaftler versteht, sondern den Systemzusammenhang wissenschaftlicher Kommunikationen/Handlungen.

Es ist kein Zufall, dass in der sogenannten ›alternativen Presse‹ als Form einer radikalen Kritik der ›etablierten‹ Wissenschaft (ganz ähnlich dem Bilde entsprechender populistischer Kritikformen am politischen ›Mainstream‹ und dem ›System‹) keine antiwissenschaftliche, sondern eine explizit wissenschaftliche Ästhetik gepflegt wurde. Gegenwissen, Gegenmeinungen usw. kamen in besonderem Maße in der ästhetischen Gestalt wissenschaftlicher Texte zum Ausdruck. Zum Teil völlig aus der Luft gegriffene Argumente und verschwörungserzählerische Zurechnungen wählten eine wissenschaftliche Ästhetik, die bei genauerem Hinsehen eben nur eine ästhetische Dimension hatte, aber keine wissenschaftliche im engeren Sinne.[23] Auffallend war, dass in dieser Szene akademische Titel eine besondere Rolle gespielt haben und auch manche professorale Kolleginnen und Kollegen ihren Argumenten Nachdruck verliehen haben und verleihen konnten. Es sollte ja nicht nur um Alternativen gehen, sondern schon um »alternative Fakten«[24]. Einer der Effekte dieser Szene und der Überhitzung dieser Diskussionen bestand darin, dass sich das äußerst negativ auf die kontroverse Debatte zwischen ernsthaften Positionen ausgewirkt hat, die stets im Lichte der extremen Außenpositionen geführt werden musste. Übrigens ähnelt das sehr stark den politischen Folgen des Rechtspopulismus bei Regierungsbildungen, bei denen potenzielle Wettbewerber Koalitionen bilden müssen, was auf Kosten der politischen Logik des zivilisierten Gegeneinanders legitimer unterschiedlicher Positionen in der Demokratie geht. Ob das auch der Grund war, warum Regierungspolitik tatsächlich bisweilen einen zu engen Bereich von Alternativen erwogen hat, ist zunächst nur eine Hypothese und müsste empirisch geprüft werden.

Eine der interessantesten Diskussionen über die Praxis und die Form von Expertise an den Schnittstellen von wissenschaftlicher Expertise und politischen oder verwaltungsförmigen Adressaten ist das, was in der Forschung ›transgressive Kompetenz‹ heißt – in den Worten von Helga Nowotny:

> Narratives of expertise are transgressive in the sense that they must respond to issues and questions which are never only scientific and technical. The practices to which they refer are characterized by overlaps and interlinkages. Unpredictable ›seamless webs‹ hold them together, in which the various areas of societal life, technology, science, the law, values and politics are intermeshed. In order to be predictive, expertise has to claim that it understands the interlinkages that situate and bind the various relevant practices together. But narratives of expertise are also transgressive in another sense. They address an audience which never consists of scientists only.[25]

Beobachtet man nicht allein die funktionale Logik wissenschaftlicher Wahrheitserzeugung oder politischer Entscheidungsfindung, stößt man auf Akteure, ›Experten‹, die zwar stets wissenschaftliche Kriterien ihrer Sätze betonen und formulieren, dies aber in einem situationalen Kontext, in dem Funktion und Leistung zusammenfallen bzw. ineinander verschränkt werden. Schon die Anlässe solcher Kommunikationen und die Diversität von Publika sind es, die den Charakter der Inhalte und dessen, was in konkreten Situationen als Expertise gelten kann, mitbestimmen, gewissermaßen in einer rückgekoppelten Form. Man muss sich den Unterschied vorstellen zwischen dem Verlesen eines Papers aus einer Fachzeitschrift im Radio und dem Interview mit dem Autor des Textes oder Fachkolleginnen und -kollegen, die die Dinge verstehen können. Man wird im Radio weniger auf methodische Standards, den Zustand des Datensatzes oder eine Kontroverse auf einer zentralen Tagung des Faches verweisen, sondern eher darauf, ob aus dem Vorgetragenen folgt, dass man Impfkampagnen fahren muss, Schulen schließen sollte oder Verhaltensregeln in der U-Bahn oder beim Frisör angezeigt sind. Die Antwort auf diese Fragen braucht ohne Zweifel wissenschaftliches Wissen oder wissenschaftlich ableitbare Gründe, aber die Fragen lassen sich nicht vollständig aus dem ›reinen‹ wissenschaftlichen Wissen eineindeutig deduzieren.

In der Wissenschaftsforschung werden solche Unschärfen entweder analysiert oder aber kritisiert, weil die Akteure angeblich ihre Kompetenz überschreiten.[26] In der Öffentlichkeit wurden solche Fragen während der Pandemie dagegen trivialisiert in der Forderung, dass die Politik und nicht die Wissenschaft für kollektiv verbindliche Entscheidungen zu sorgen habe – was ja prinzipiell richtig ist, aber die Komplexität der realen Kommunikationsverhältnisse nicht erreicht.

Die Schnittstelle zwischen Wissenschaft und Politik ist also nicht nur eine Frage der abstrakten Funktions- und Leistungsbeziehungen, sondern zeigt sich gerade in Form von Expertenkommunikation, wissenschaftlicher Beratung und nicht zuletzt in der Bindung von Kommunikation an konkrete Personen. Darin wird die gesamte Komplexität dieses Verhältnisses deutlich – und nicht in eher naiven Versicherungen, Wissenschaft müsse ihre Verfahren transparent machen, über die eigenen Standards Auskunft geben und den h-Index der Autoren nennen. (All das sind Empfehlungen gewesen, die ich anlässlich mehrerer Sitzungen in Wissenschaftsorganisationen gehört habe, die sich um das Vertrauen in die Wissenschaft sorgen.)

Wissenschaftliche Binnendifferenzierung und gesellschaftliche Differenzierungsform

Zum Ende dieser Überlegungen sei noch kurz auf die Binnendifferenzierung des Wissenschaftssystems hingewiesen, die für *Lessons Learned* aus der Pandemie aus Perspektive der Wissenschaft eine entscheidende Rolle spielt. Bis an diese Stelle wurde eher unspezifisch über die wissenschaftliche Logik gesprochen, über das Grenzregime, insbesondere bezogen auf Politik. In der Pandemie freilich spielte die Binnendifferenzierung der Wissenschaft ebenso eine erhebliche Rolle. Wie anfangs schon erwähnt, lag der wissenschaftliche Fokus zunächst nur auf Fächern wie Virologie und Epidemiologie, teils auch auf medizinischer Forschung zu angemessenen Behandlungsmethoden. Schnell jedoch wurden auch weitere Aspekte der Pandemie und ihrer Folgen von anderen wissenschaftlichen Disziplinen aufgegriffen. Mit Hinweis auf die oben angedeutete Differenziertheit der Krisenwahrnehmung der Pandemie in der Gesellschaft bildete sich dies letztlich auch in den unterschiedlichen wissenschaftlichen Disziplinen ab, die sich mit der Pandemie beschäftigt haben, und auch in der von Medien, von politischen Entscheidungsträgern, aber auch Verbänden usw. nachgefragten Expertise – von sozialwissenschaftlichen, ökonomischen, rechtswissenschaftlichen, erziehungswissenschaftlichen bis hin zu philosophischen/ethischen und medienwissenschaftlichen Perspektiven. Wissenschaftliche Arbeitsgruppen (z. B. an der Leopoldina) oder auch Beratungsgremien wurden interdisziplinär besetzt. Darin kam keineswegs nur eine Arbeitsteilung im Hinblick auf eine Art Differenzierung eines ontologisch vorliegenden Gegenstandes zum Ausdruck, also keine Arbeitsteilung an einem Forschungsobjekt, sondern diese unterschiedlichen Disziplinen haben den Gegenstand ›Pandemie‹ erst in einer erheblichen Diversität und Differenziertheit konstituiert und je unterschiedliche Fragen gestellt.

Die Entstehung wissenschaftlicher Disziplinen[27] bildet in einigen Hinsichten den Ausdifferenzierungsprozess der modernen Gesellschaft ab. Diese Disziplinen erzeugen Reflexionswissenschaften, die auf die Professionalisierung und Spezialisierung, auf die Komplexität und den Reflexionsbedarf gesellschaftlicher Funktionssysteme reagieren und diese auch erst ermöglichen.

Man kann sagen, dass die Gliederung in Form eines Vorlesungsverzeichnisses einer Volluniversität (solange dies noch gedruckt wurde) der Versäulung einer funktional differenzierten Gesellschaft entspricht – nicht völlig parallel, aber doch im Hinblick auf Bezugsprobleme, die in der gesellschaftlichen Umwelt des Wissenschaftssystems entstehen. Das lässt sich neben den etablierten Disziplinen besonders an neuen, jungen Disziplinen gut beobachten, etwa einer Pflegewissenschaft, die auch auf demografische Entwicklungen reagiert. Als Programm der Interdisziplinarität oder Transdisziplinarität[28] hat sich dies schon länger im Wissenschaftssystem etabliert, aber die Pandemie ist ein Sonderfall, an dem das Zusammenwirken, die Differenz, das Summarische, auch das Ergänzende unterschiedlicher disziplinärer Zugänge besonders sichtbar wurde. Beklagt wurde oft, bestimmte disziplinäre Perspektiven hätten nicht die ihnen zustehende Aufmerksamkeit erhalten oder seien nicht angemessen gehört worden. Allerdings bildet dies parallel auch die Aufmerksamkeitsökonomie für Themen und Problemdefinitionen ab – sowohl in den unterschiedlichen gesellschaftlichen Feldern als auch innerhalb des Wissenschaftssystems selbst. Jedenfalls lässt sich für die Frage möglicher *Lessons Learned* aus der Pandemie daraus schließen/Literatur, dass die Reflexion der Pandemie aus wissenschaftlicher Sicht selbst ein wissenschaftliches Thema sein muss, und zwar in dem Sinne, wie sich in der Sprechfähigkeit zwischen den Disziplinen ihrerseits gesellschaftliche Schnittstellen geradezu spiegeln. Auch das ist damit gemeint, wenn man die Forderung aufstellt, dass die Reflexion der Wissenschaft während der Pandemie ein *wissenschaftliches* Thema sein muss, nicht nur ein politisches. Und das genuin wissenschaftlichste Thema überhaupt ist die Frage der Gegenstandskonstitution, aus der sich alle wissenschaftlichen Folgefragen ableiten lassen.

Anmerkungen

Alle angegebenen Links im vorliegenden Band wurden am 1. Oktober 2024 überprüft.

1 Vgl. Armin Nassehi: »Das Ende der Pandemie muss sich ereignen«, ZEIT-online, 12.09.2021, {https://www.zeit.de/kultur/2021-09/corona-pandemie-ende-beginn-zeitpunkt-umgang/komplettansicht}; Armin Nassehi: »Eine Gesellschaft unter Entscheidungsdruck«, ZEIT-online, 27.03.2024, {https://www.zeit.de/kultur/2024-03/rki-protokolle-corona-pandemie-aufarbeitung-politik/komplettansicht}.

2 Vgl. Bruno S. Frey & Oliver Zimmer, *Mehr Demokratie wagen. Für eine Teilhabe aller*, Berlin 2023; Stefan Lessenich, *Grenzen der Demokratie. Teilhabe als Verteilungsproblem*, Ditzingen 2019; Isabell Lorey, *Demokratie im Präsens. Eine Theorie der politischen Gegenwart*, Berlin 2020.

3 Daniel Martin Feige, »Werden wir von Virologen regiert? Über Wissenschaftsfeindlichkeit und Wissenschaftsgläubigkeit in Zeiten von Covid-19«, in: *Philosophische Rundschau* 67 (2020), S. 120–125.

4 Herbert A. Simon, *Models of Man*, New York 1957; ders., »Theories of Decision Making in Economics and Behavioral Science«, in: *American Economic Review* 49.3 (1959), S. 253–283; Gerd Gigerenzer & Reinhard Selten (Hg.), *Bounded Rationality. The Adaptive Toolbox*, Cambridge/London 2001.

5 Niklas Luhmann, *Die Wissenschaft der Gesellschaft*, Frankfurt a.M. 1990, S. 427.

6 Vgl. Peter Strohschneider, *Wahrheiten und Mehrheiten. Kritik des autoritären Szientismus*, München 2024.

7 Armin Nassehi, *Unbehagen. Theorie der überforderten Gesellschaft*, München 2021, S. 218 ff.

8 Rudolf Stichweh, Renate Mayntz & Uwe Schimank, *Differenzierung und Verselbständigung. Zur Entwicklung gesellschaftlicher Teilsysteme*, Frankfurt a.M./New York 1988; Niklas Luhmann, *Die Gesellschaft der Gesellschaft*, Frankfurt a.M. 1997; Armin Nassehi, »Die Theorie funktionaler Differenzierung im Horizont ihrer Kritik«, in: *Zeitschrift für Soziologie* 33.2 (2004), S. 98–118.

9 Wissenschaftsrat, »Wissens- und Technologietransfer als Gegenstand institutioneller Strategien«, Positionspapier, Berlin 2016, S. 5, {https://www.wissenschaftsrat.de/download/archiv/5665-16}.

10 Luhmann, *Die Wissenschaft der Gesellschaft*, S. 122 ff.

11 Einführend dazu Uwe Schimank, *Theorien gesellschaftlicher Differenzierung*, 3. Aufl., Wiesbaden 2007.

12 Armin Nassehi, »Die infizierte Gesellschaft und die Unerreichbarkeit des Virus«, Corona-Lecture der Ludwig-Maximilians-Universität München am 15.12.2020, {https://www.youtube.com/watch?v=Ix6PDqrybTo}.

13 Luhmann, *Die Wissenschaft der Gesellschaft*; Rudolf Stichweh, *Wissenschaft, Universität, Professionen*, Bielefeld 2014.

14 Klaus Ferdinand Gärditz, »Wissenschaftliche Rationalität, politische Willensbildung und rechtlich-institutionelle Wissensverantwortung. Die Pandemie als Anschauungsfall«, in: Sebastian Büttner/Thomas Laux (Hg.), *Umstrittene Expertise. Zur Wissensproblematik der Politik*, Baden-Baden 2021, S. 449–471.

15 Peter Wehling, »Jenseits des Wissens? Wissenschaftliches Nichtwissen aus soziologischer Perspektive«, in: *Zeitschrift für Soziologie* 30.6 (2001), S. 465–484.

16 Sabine Maasen & Peter Weingart, »What's New in Scientific Advice to Politics?«, in: dies. (Hg.): *Democratization of Expertise? Exploring Novel Forms of Scientific Advice in Political Decision-Making*, Dordrecht 2005, S. 1–19, hier S. 1.

17 Max Weber, »Parlament und Regierung im neugeordneten Deutschland. Zur politischen Kritik des Beamtentums und Parteiwesens« [1919], in: ders., *Gesammelte Politische Schriften*, Tübingen 1958, S. 294–431.

18 Klaus Lompe, »Traditionelle Modelle der Politikberatung«, in: Svenja Falk et al. (Hg.): *Handbuch Politikberatung*, Wiesbaden, S. 25–34, hier S. 26.

19 Helmut Schelsky, »Der Mensch in der wissenschaftlichen Zivilisation«, in: ders., *Auf der Suche nach Wirklichkeit. Gesammelte Aufsätze*, Düsseldorf/Köln 1965, S. 439–480; Hermann Lübbe, »Zur Politischen Theorie der Technokratie«, in: *Der Staat* 1.1 (1962), S. 19–38; im Überblick: Klaus Lompe, »Traditionelle Modelle der Politikberatung«, in: Svenja Falk u. a. (Hg.): *Handbuch Politikberatung*, Wiesbaden 2006, S. 25–34.

20 Maasen & Weingart, »What's New in Scientific Advice to Politics?«.

21 Sheila Jasanoff, *The Fifth Branch. Science Advisers as Policymakers*, Cambridge 2009; dies., *Science and Public Reason*, London/New York 2012; dies., *The Ethics of Invention. Technology and the Human Future*, London/New York 2016.

22 Laura Münkler, *Expertokratie. Zwischen Herrschaft kraft Wissens und politischem Dezisionismus*, Tübingen 2020.

23 Johannes Pantenburg & Benedikt Sepp, »Wissen, hausgemacht. Selbstverständnis, Expertisen und Hausverstand der ›Querdenker‹«, in: Sebastian Büttner & Thomas Laux (Hg.), *Umstrittene Expertise. Zur Wissensproblematik der Politik*, Baden-Baden 2021, S. 468–482.

24 Nils C. Kumkar, *Alternative Fakten. Zur Praxis der kommunikativen Erkenntnisverweigerung*, Berlin 2022.

25 Helga Nowotny, »Transgressive Competence. The Narrative of Expertise«, in: *European Journal of Scoial Theory* 3.1 (2000), S. 5–21, hier S. 16.

26 Michael Gibbons u.a., *The New Production of Knowledge. The Dynamics of Science and Research in Contemporary Societies*, London 1994; Thomas F. Gieryn, *Cultural Boundaries of Science*, Chicago 1999; Alexander Bogner & Wolfgang Menz, »Wissenschaftliche Politikberatung? Der Dissens der Experten und die Autorität der Politik«, in: *Leviathan* 30.3 (2002), S. 384–399; Michaela Pfadenhauer & Volker Dieringer, »Professionalität als institutionalisierte Kompetenzdarstellungskompetenz«, in: Christiane Schnell & Michaela Pfadenhauer (Hg.), *Handbuch Professionssoziologie*, Wiesbaden 2019, S. 1–21.

27 Als historischer und systematischer Überblick: Martin Guntau & Hubert Leitko (Hg.), *Der Ursprung der modernen Wissenschaften. Studien zur Entstehung wissenschaftlicher Disziplinen*, Berlin/Boston 1987.

28 Jürgen Mittelstraß, »Transdisziplinarität. Oder: Von der schwachen zur starken Interdisziplinarität«, in: *Gegenworte* 28 (2012), S. 10–13; Rudolf Stichweh, »Disziplinarität, Interdisziplinarität, Transdisziplinarität. Strukturwandel des Wissenschaftssystems (1750–2020)«, in: Tobias Schmohl u.a. (Hg.): *Handbuch Transdisziplinäre Didaktik*, Bielefeld 2021, S. 433–448.

2

Corona und die multiplen Krisen des Anthropozäns

JÜRGEN RENN

Was können wir aus der Coronakrise und aus unserem Umgang mit ihr für das Verhältnis zwischen Wissenschaft und Gesellschaft lernen?[1] Die Coronakrise ist – ebenso wie die Klimakrise – für viele Wissenschaftlerinnen und Wissenschaftler ein Anstoß, erneut über ihre gesellschaftliche Verantwortung in Zeiten multipler Krisen zu reflektieren. Naturgemäß bringt dieser Anstoß sehr unterschiedliche Reaktionen hervor: Mediziner und Naturwissenschaftler sehen sich in der Pflicht, Sachverhalte zu klären und Handlungsmöglichkeiten zu sondieren. Sozialwissenschaftler befürchten, dass die gesellschaftlichen Folgen medizinisch begründeter Maßnahmen übersehen oder unterschätzt werden könnten. Manche Geisteswissenschaftler sind besorgt und sehen im Hinweis auf Sachzwänge Anzeichen für eine ›Expertokratie‹, die unsere Demokratie bedroht. Ich möchte dagegen festhalten, dass eine Politik, die Sachzwänge ignoriert, ebenso zum Scheitern verurteilt ist wie eine Politik, die sich ausschließlich auf Sachzwänge stützt. Wie aber lässt sich wissenschaftliches Wissen in gesellschaftliche und politische Handlungsrestriktionen und -optionen übersetzen?

Ich glaube, dass wir diese Frage erst dann zureichend beantworten können, wenn wir sie in einen größeren Zusammenhang stellen und der Tatsache ins Auge blicken, dass wir in einer Zeit leben, die uns mit multiplen, miteinander zusammenhängenden Krisen konfrontiert. In dieser Häufung und Verdichtung von Problemen liegt schließlich der eigentliche Unterschied zwischen der Dysfunktionalität einzelner Systeme und einer Bedrohung ihres Zusammenwirkens als Grundlage unserer Existenz. Um eine von Christoph Markschies gestellte Frage explizit aufzugreifen: Wie können wir den Krisenbegriff für unsere Zwecke sinnvoll definieren? Ich spreche hier von Krise im Sinne einer Häufung von Herausforderungen und Kipppunkten von Systemen, die eine daseinserhaltende Rolle für uns spielen. Die Coronakrise hat in jedem Fall den Blick auf die existenzielle Bedeutung und die Bedrohungen geschärft, die sich an der Schnittstelle von Menschen und einer elementar geschädigten Natur ergeben. Corona ist keine fremde Naturgewalt, die unerwartet über uns hereingebrochen ist, sondern Teil eines sich dramatisch zuspitzenden gesellschaftlichen Naturverhältnisses, das durch die Zerstörung unserer ökologischen und biologischen Lebensgrundlagen, einen rücksichtslosen Umgang mit anderen Spezies sowie den Verlust biologischer und genetischer Vielfalt gekennzeichnet ist. Die rasant voranschreitende Zerstörung des Lebensraums von Wildtieren, besonders in den tropischen und subtropischen Breiten, ist mittlerweile als eine wesentliche Ursache für den in den letzten Jahrzehnten beobachteten Anstieg von neuen, zwischen Tier und Mensch übertragenen Infektionskrankheiten ausgemacht worden. Immer deutlicher zeichnet sich hier ein direkter Zusammenhang zwischen Gesundheits-, Biodiversitäts- und Klimakrise ab.[2]

Diese planetaren Auswirkungen menschlichen Verhaltens und der Zusammenhang zwischen den multiplen Krisen, mit denen wir konfrontiert sind, lassen sich mit dem Begriff des Anthropozäns fassen. Der Begriff wurde im Jahre 2000 von Paul Crutzen, Chemienobelpreisträger und damaliger Direktor am Max-Planck-Institut für Chemie, auf einer Tagung des International Geosphere-Biosphere Program (IGBP) in Cuernavaca, Mexiko, vorgeschlagen.[3] Seitdem wird das von ihm ins Spiel gebrachte Konzept eines ›Erdzeitalters des Anthropos‹ – also eines, in dem wir Menschen uns zu einem geologischen Faktor aufgeschwungen haben – breit diskutiert. Über allen Debatten stehen dabei drei große Fragen: Was sind die Ursachen und Verursacher dieses Ausgangs aus den relativ stabilen Erdsystemverhältnissen des Holozäns? Welche Entwicklung wird das Geschehen weiter nehmen? Und: Welche Handlungsoptionen bleiben dieser neuen Erdsystemdominante namens Mensch, um auf die sich rapide verschlechternde planetare Situation zu reagieren und ihr Einhalt zu gebieten? Dies ist der größere Zusammenhang, in dem wir die Coronakrise betrachten sollten. Das Anthropozän ist, mit anderen Worten, der Inbegriff der multiplen Krisen, zu denen auch diese Pandemie gehört. (Dass die für die Erdzeitalter zuständigen Gremien der geologischen Wissenschaften das Anthropozän als geologische Epoche nicht akzeptiert haben, ändert nichts an dessen Bedeutung als Inbegriff planetarer Veränderungen.)

Es gibt natürlich neben diesen planetaren Krisen auch ganz ›altmodische‹, aber dennoch äußerst bedrohliche Krisen, also außen-, geo-, sicherheitspolitische oder ›politische‹ Krisen im weitesten Sinn, wie den russischen Überfall auf die Ukraine oder den Terrorangriff der Hamas auf Israel und den anschließenden Gaza-Krieg. Neben den schrecklichen Gräueln, die auch diese traditionellen Krisen über die Menschen bringen, lenken sie uns außerdem von den großen planetaren Herausforderungen und

Krisen ab, die wir als Menschheit nur gemeinsam bewältigen können. Und diese Ablenkung ist insbesondere deshalb ein großes Problem, weil das notwendige gemeinschaftliche Handeln nicht nur an sich und angesichts der gegenwärtigen geopolitischen Lage noch einmal besonders schwierig ist, sondern, etwa mit Blick auf die Klimakrise, auch äußerst zeitkritisch. Ist das Anthropozän also ›nur‹ ein Systematisierungsangebot für ein besonders dramatisches Krisenensemble oder schließt es auch diese ›altmodischen‹ Krisen mit ein? Ich glaube, dass es hier letztlich keinen Unterschied gibt, denn die ›altmodischen‹ Krisen haben uns zum einen in das Anthropozän hineingetrieben, wenn man etwa an die Geschichte kolonialer, imperialer, wirtschaftlicher oder kriegerischer Expansion denkt, in denen immer mehr Ressourcen, einschließlich der für die Klimakrise verantwortlichen Nutzung fossiler Energieträger, mobilisiert wurden, und zum anderen sind sie auch eine Folge anthropozäner Dynamik, wenn man an Klimaflüchtlinge, dramatisch veränderte Bedingungen der Landnutzung, neue Ressourcenkonkurrenzen oder andere Folgen planetarer Umwälzungen denkt. Wenn wir diese größeren, planetaren Zusammenhänge nicht sehen, riskieren wir aus meiner Sicht, die falschen Prioritäten zu setzen.

Aus einer planetaren Perspektive gesehen, ist die Fähigkeit der Menschheit, biotische Energie nutzbar zu machen, mit der Industrialisierung überproportional gewachsen. Obwohl der Mensch nur etwa 0,01 % der gesamten Biomasse auf der Erde ausmacht, was in etwa der Gesamtmenge aller Termiten entspricht, verfügen wir heute um die 25 % der Netto-Primärproduktion der Erde.[4] Durch den Einsatz synthetischer Düngemittel und die Mechanisierung der Landwirtschaft im großen Maßstab sowie durch die Verbrennung fossil-biotischer Brennstoffe konnte sich die menschliche Bevölkerung seit 1900 verfünffachen. Biologisch betrachtet ist der industrialisierte Mensch eine Art Super-Spitzenprädator, eine Spezies, die unangefochten an der Spitze der Nahrungskette steht und große Teile der Welt schlichtweg aufzehrt. Daher unterscheidet sich die ›anthropozäne Biosphäre‹ erheblich von früheren Konfigurationen der Biosphäre. Durch den sich beschleunigenden Verlust an biologischer Vielfalt und Lebensraum droht der Zusammenbruch ganzer trophischer Ketten und Ökosysteme. Das Artensterben schreitet zehn- bis hundertmal schneller voran als in den vergangenen zehn Millionen Jahren und nähert sich nun rasch der Vergleichbarkeit mit den fünf vorangegangenen großen Massenaussterben in der Erdgeschichte, auch wenn dieses katastrophale Ereignis diesmal von einer einzigen Art ausgelöst wurde.[5] Der wachsende anthropogene Druck auf die Ökosysteme und seine Auswirkungen auf die Integrität der Biosphäre bedrohen – vor allem durch die fortgesetzte Entwaldung in den tropischen Breiten – die ökologischen und ernährungsphysiologischen Grundlagen der menschlichen Gesellschaften. Darüber hinaus führen Veränderungen der Landnutzung und des Klimas zu einem stetigen Anstieg neu auftretender Infektionskrankheiten.

Die Coronakrise erinnert uns daran, dass bereits in der Vergangenheit viele Zoonosen aus dem Kontakt zwischen Menschen und Tieren hervorgegangen sind. Sie steht außerdem in einer langen Reihe epidemiebedingter Krisen: von der Ausbreitung der Pest im Mittelalter entlang der damaligen Hauptverkehrswege durch Handel und Krieg über die Ausrottung indigener Völker in Nord- und Südamerika durch von europäischen Kolonialisten übertragene Krankheitserreger und die Spanische Grippe gegen Ende des Ersten Weltkrieges um 1918/19, die ebenfalls durch eine Welle der Globalisierung begünstigt wurde, bis zur Ausbreitung von BSE seit den Achtzigerjahren des vorigen Jahrhunderts durch die Verfütterung tierischer Abfallprodukte an Rinder und schließlich zur SARS-Pandemie von 2002/03.[6] Heute haben die globale Mobilität von Menschen und Gütern, Ökosystemzerstörung und Massentierhaltung sowie die globale Ungleichheit der Lebensbedingungen ganz neue Voraussetzungen für die Entstehung und Verbreitung bakterieller und viraler Krankheiten geschaffen. Zugleich droht die Lehre wieder in Vergessenheit zu geraten, dass Lösungen nur durch globales Handeln zu finden sind. Dies war beispielsweise der Fall bei den Pocken, die vor Jahrtausenden während der neolithischen Revolution von Nagetieren auf Menschen übergesprungen sind. Durch ein von der Weltgesundheitsorganisation WHO koordiniertes globales Impfprogramm, das flexibel auf lokal unterschiedliche Situationen reagierte, ist es schließlich seit den 1970er-Jahren gelungen, die Krankheit weltweit auszurotten.

Die Reaktionen auf die Coronakrise wurden dagegen weitgehend von den Nationalstaaten bestimmt. Maßnahmen der Isolation und Abschottung standen dabei im Vordergrund, während der globalen Dimension der Krise nur ungenügende Aufmerksamkeit und Ressourcen gewidmet wurden. Mit Blick auf ihre eigenen kurzfristigen Interessen haben es die reichen Industrienationen des Westens versäumt, den Globalen Süden beim Aufbau von pharmazeutischen und medizinischen Kapazitäten großzügig zu unterstützen – nicht nur um den Preis eines weiteren Vertrauensverlusts, sondern auch um den der Rückkehr immer neuer Varianten des Coronavirus aus den unterversorgten Gebieten dieser Erde. Immerhin mag in der Unterschiedlichkeit nationaler Reaktionen auf die Krise auch eine Chance zum gegenseitigen und gemeinsamen Lernen liegen.

Tatsächlich schlummern noch Zehntausende weiterer, bisher unbekannte Viren in der Tierwelt und warten nur auf das Überschreiten der Artengrenze. Es besteht also nicht nur akut die Gefahr neuer Mutationen des derzeit grassierenden SARS-CoV-2-Erregers, denn schon in wenigen Jahren könnte möglicherweise SARS-CoV-3, ein Überspringen der Vogelgrippe auf den Menschen oder ein völlig unbekanntes Virus folgen, das erneut Gesundheitssysteme, Staatshaushalte und Gesellschaften zu überfordern droht.[7] Zwar ist ein Großteil der Menschen in den Industriestaaten heute vermutlich gesünder und besser genährt als zu jeder anderen Zeit in der Geschichte, doch dieser Fortschritt ist um den Preis der Zerstörung der globalen Umwelt und somit wiederum auf Kosten zukünftiger Gesundheit erkauft und könnte heute durch die Folgen des menschengemachten Erdsystemwandels vollends bedroht werden. Der Erhalt artenreicher und somit widerstandsfähiger Naturräume für Tiere und Pflanzen, die Stabilisierung regionaler Ökosysteme sowie letztlich auch der globale Klimaschutz sind in einer Welt nach Covid-19 nicht mehr ›nur‹ notwendiger Erhalt langfristiger Lebensgrundlagen. Sie sind vielmehr auch eine wesentliche und vergleichsweise günstige Vorsorge, um potenziell ruinöse Pandemien in der Zukunft abwenden zu können.

Die Coronakrise ist ein Hinweis darauf, dass die Kräfte der industrialisierten Menschheit anhaltende und irreversible Auswirkungen von planetarer Bedeutung haben, die kaum noch in Schach zu halten sind. Eine wesentliche Ursache für den in den letzten Jahrzehnten beobachteten Anstieg der neuen Infektionskrankheiten ist, wie bereits angedeutet, die Massentierhaltung sowie die rasant voranschreitende Zerstörung des Lebensraums von Wildtieren durch dessen Vernichtung für landwirtschaftliche Nutzung ebenso wie für Rohstoffgewinnung, Straßen- und Siedlungsbau sowie indirekt durch den Klimawandel. Werden beispielsweise Abholzung und Brandrodungen, Staudamm- und Straßenbauten im Amazonas nicht umgehend gestoppt, droht der sich selbst speisende hydrologische Kreislauf dieses einzigarten Hotspots der Biodiversität sich so stark abzuschwächen, dass der Regenwald unweigerlich sukzessive austrocknet und zur Savanne wird.[8]

Die Coronapandemie hat nicht nur unsere Gesundheitssysteme auf die Probe gestellt, sondern bietet nach wie vor auch einen außergewöhnlichen Anlass, das Wissen vieler Disziplinen zu einer Überblickskompetenz zusammenzuführen, um daraus Handlungsoptionen für eine sich rapide verändernde Realität abzuleiten – eine Herausforderung, der sich nicht nur die Politik, sondern auch die Gesellschaft und insbesondere die Wissenschaft zu stellen hat. Auch wenn die rasche Entwicklung von Impfstoffen ein nicht kleinzuredender Triumph der Wissenschaft ist, bedarf es auch grundlegend neuer Konzepte in der Gesundheitsforschung wie der ›planetaren Gesundheit‹ (›Planetary Health‹), die dem Umstand des elementaren Zusammenhangs zwischen Tier-, Umwelt- und menschlicher Gesundheit Rechnung tragen.[9]

Corona schärft noch einmal den Blick für die Notwendigkeit eines Umdenkens, auch was die Frage der Prioritäten von Grundlagenforschung und marktorientierten Innovationen betrifft. Die weitgehende Ausblendung des Globalen Südens in der Coronakrise ist kein Einzelfall, sondern hat System. So wird etwa der globale pharmazeutische Markt bis heute von der Medikamentenproduktion für die ›Erste Welt‹ dominiert. Die Herausforderungen der großen bakteriellen und viralen Infektionskrankheiten der Entwicklungsländer (beispielsweise Tuberkulose, Malaria, Ebola, HIV/AIDS und jetzt auch Covid-19) sind in diesem Sinne auch ökonomischer und epistemischer Natur: Sie stellen Herausforderungen für die Produktion, den Transfer und die Patentierung von Wissen dar.

Die pharmakologische Forschung und Industrie haben es über Jahrzehnte versäumt, dringend benötigte Medikamente zu entwickeln und zu produzieren; Medikamente, die dabei helfen könnten, einige der gefährlichsten Erreger in den Entwicklungsländern auszurotten.[10] Unter den 1393 Medikamenten, die in den letzten Jahrzehnten des 20. Jahrhunderts eine Zulassung erhielten, befanden sich nur drei für die Behandlung von Tuberkulose, vier für Malaria und dreizehn für alle anderen vernachlässigten Tropenkrankheiten. Dahingegen kamen 179 Medikamente für die Behandlung kardiovaskulärer Erkrankungen – der ›Zivilisationskrankheiten‹ des Nordens – auf den Markt.

Die Coronapandemie muss als Warnsignal verstanden werden, auch für die Wissenschaft. Covid-19 hat Teile der wissenschaftlichen Gemeinschaft in einen Modus der Wissenschaft als Krisenprävention und -management für das öffentliche Wohl gedrängt. Damit erleben wir möglicherweise eine Vorschau auf das, was wohl eine zunehmend prominentere Form der Wissenschaft werden wird, da sich ökologische und soziale Krisen im Anthropozän gegenseitig verstärken und die Zeitfenster für notwendige wissensbasierte Prävention und Reaktionen schrumpfen werden. Die Bündelung und Vertiefung problembezogener wissenschaftlicher Erkenntnisse und ihre Aufbereitung zu Handlungsoptionen, die gesellschaftlich und politisch diskutiert und entschieden werden können, bleibt eine zentrale, aber immer noch unterschätzte gesellschaftliche Aufgabe der Wissenschaft.[11]

Das Anthropozän zwingt uns, wissenschaftliche Forschung und politisches Handeln auf das jeweilige Verhalten der beteiligten komplexen Systeme und die ihnen zugrunde liegenden Wechselwirkungsprozesse auszurichten. Schrittweise Verbesserungen in der Umweltpolitik oder technische Fortschritte werden, sofern sie allein mit wirtschaftlichen Anreizen erkauft sind, nicht ausreichen, um der systemischen Natur und dem Ausmaß der Dynamik der durch das Anthropozän beschriebenen Krise gerecht zu werden. Verbesserungen an einem Ende (z. B. möglichst rasche Aufforstung zur Schaffung von Senken für den Klimaschutz) drohen sonst zu Verschärfungen der Krise an anderen Enden zu werden (z. B. Monokulturen, die Biodiversität beschädigen). Um das Risiko eines Zusammenbruchs grundlegender ökologischer, wirtschaftlicher und gesellschaftlicher Systeme zu verringern, ist es daher von entscheidender Bedeutung, die dynamische Entwicklung des Zusammenhangs zwischen menschlichem Handeln und den Veränderungen des Erdsystems besser zu verstehen und auch in Öffentlichkeit und Politik besser zu vermitteln. Das Systemwissen zu Übergängen zur Nachhaltigkeit schafft nicht nur Orientierung, sondern beschreibt mögliche, aber eben auch unmögliche Handlungskorridore in die Zukunft. Es eröffnet damit Perspektiven auf denkbare Zukünfte und beschreibt Sackgassen, die vermieden werden müssen.[12]

Wir stehen erst am Anfang, die systemischen Wechselwirkungen zwischen gesellschaftlichen Prozessen wie der Industrialisierung und Globalisierung und anthropogenen Veränderungen der natürlichen Umwelt zu verstehen, die offensichtlich eine wesentliche Rolle für die Entstehung, Ausbreitung und Auswirkungen dieser Krisen gespielt haben. Eine nachhaltige Bewältigung dieser Krisen setzt die explizite Berücksichtigung ihrer globalen Dimension ebenso voraus wie ein Verständnis für diese systemischen Zusammenhänge. Es gilt, durch ein solches vertieftes Verständnis die Widerstandsfähigkeit gegen kommende Krisen zu stärken, anstatt nur ihre Symptome zu bekämpfen.

Die Coronakrise hat jedoch bereits jetzt dazu beigetragen, die Bedeutung von Gemeinschaftsgütern und ökologischen Lebensgrundlagen noch einmal direkt in das allgemeine Bewusstsein zu heben. Traditionell haben Religionen und Kultur daran erinnert, dass jeder von uns Teil einer fragilen Lebensgemeinschaft auf diesem Planeten ist. Heute ist auch die Wissenschaft zunehmend damit konfrontiert, zu einem solchen Orientierungsrahmen und Gattungsbewusstsein beizutragen, ohne dabei allerdings ihre eigenen Maßstäbe und ihren Anspruch auf Autonomie preiszugeben. Orientierungswissen, Systemwissen und

Transformationswissen sind untrennbar miteinander verbunden: Ohne Orientierungswissen handelt die Gesellschaft ziellos, ohne Systemwissen ist sie blind, und ohne Transformationswissen ist sie der Tragödie der Langzeitziele ausgeliefert, also der Vermeidung unmittelbaren Handelns durch eine Verschiebung ehrgeiziger Ziele in die Zukunft, wie wir es im Klimadiskurs bereits so oft erlebt haben.

Was nun das Transformationswissen, also das Wissen über Umsetzung, betrifft, so hat die Coronakrise gezeigt, welche radikalen Einschnitte zum wechselseitigen Schutz von Gesundheit, Umwelt und Gesellschaft möglich und zu einem, allerdings kontrovers diskutierten Anteil auch notwendig sind. Solche Lehren geraten jedoch allzu schnell in Vergessenheit. Wie aus vielen anderen Krisen bekannt, setzt nach einer Phase der akuten Zuspitzung schnell wieder gesellschaftliches Vergessen ein. Darüber hinaus bleiben Herausforderungen, die während der Coronapandemie deutlich geworden sind, als Prioritäten bestehen, zum Beispiel eine verstärkte Integration von Wissen aus verschiedenen Disziplinen mit dem Ziel, der Gesellschaft konkrete Handlungsoptionen anzubieten – statt diese Integration ausschließlich der Politik zu überlassen. Die öffentlichen und politischen Auseinandersetzungen über die staatlichen Maßnahmen zur Krisenbewältigung zeigen nicht nur die Schwierigkeiten des Ausbalancierens zwischen verschiedenen gesellschaftlichen Interessen auf, sondern zugleich die Gefahren, die in der Instrumentalisierung dieser Auseinandersetzungen durch Gruppen liegen, die durch die Ablehnung geteilten Wissens Protest gegen ihre vermeintliche oder reale Exklusion von gesellschaftlicher Willensbildung zum Ausdruck bringen.[13]

Corona sollte ein Anfang sein, diese mentalen und politischen Mechanismen zu brechen und jetzt vorausschauend und inklusiv zu handeln. Das betrifft alle in diesem Band angesprochenen Bereiche, vom Verwaltungshandeln über die Digitalisierung bis zum Bildungssystem, von dem Cornelia Gräsel zu Recht gesagt hat, dass es Erfahrungsräume eröffnen sollte, die auch der Vermittlung von Kompetenzen zur Krisenbewältigung dienen.[14] Zum notwendigen Orientierungswissen gehört deshalb auch das Angebot einer konkreten Zukunftsvision mit verbindlichen Rahmenbedingungen für eine nachhaltige und gerechte Entwicklung. Nachhaltige Zukunftsgestaltung bietet enorme Chancen, wenn es gelingt, eine Aufbruchsstimmung zu erzeugen. Dabei geht es nicht nur um Resilienz, also Widerstandsfähigkeit, sondern auch um die Fähigkeit zur Regeneration nach der Krise, und das wiederum setzt ein Lernen aus der Krise voraus. Und das alles bedeutet natürlich nicht nur Kontinuität, sondern auch Wandel. Einer solchen Aufbruchsstimmung steht jedoch nicht nur die Angst vor Veränderungen entgegen, sondern auch spezifische Verarbeitungsformen dieser Angst.

Abschließend möchte ich deshalb noch kurz auf einen oft vernachlässigten, aber durchaus bedeutenden Aspekt des Krisendiskurses eingehen: die Attraktivität nämlich, die von diesem Krisendiskurs offensichtlich auch ausgeht und die eine Verarbeitungsform der Angst vor Veränderung darstellt. Denn die Rede von der Krise geht oft mit einem gewissen Sog einher, sich von der Krise treiben zu lassen und in sie ›einzutauchen‹ – oder sie sogar als Chance auf Erlösung zu sehen, statt Widerstand gegen diesen Sog zu leisten und sich auf Gestaltungsmöglichkeiten zu besinnen. So hat es schon der Religionsphilosoph Klaus Heinrich beschrieben.[15] Auf diese Weise gewinnt der Krisendiskurs ein selbstverstärkendes Moment, das immer weiter in die Krise hineintreibt, gleich ob dahinter – um mit Christoph Markschies zu sprechen – apokalyptische oder messianische Erwartungen stehen.[16] Nachhaltige Zukunftsgestaltung hat dagegen nur Chancen, wenn dieser Widerstand gegen den Sog im Kleinen wie im Großen gelingt und die konkrete Umsetzung von Zukunftsvisionen zur erfahrbaren und gemeinsam gestalteten Realität wird.

Anmerkungen/Literatur

1 Der Text beruht auf Jürgen Renn, *Die Evolution des Wissens. Eine Neubestimmung der Wissenschaft für das Anthropozän*, Frankfurt a. M. 2022, insb. Kap. 16, sowie auf Christoph Rosol, Jürgen Renn & Robert Schlögl, »Der Schock hat System. Warum gerade jetzt die Zeit ist für verstärkten Klima- und Artenschutz«, *Süddeutsche Zeitung*, 15. April 2020.

2 Siehe Lawler O. K. et al.: »The COVID-19 pandemic is intricately linked to biodiversity loss and ecosystem health«. Lancet Planet Health (2021) Nov; 5(11): e840–e850.

3 Siehe Crutzen, P. und Brauch, H. G. (Hg.), Paul J. Crutzen: *A Pioneer on Atmospheric Chemistry and Climate Change in the Anthropocene*, Springer, 2016. {https://link.springer.com/book/10.1007/978-3-319-27460-7}.

4 Siehe Bar-On, Y. M., Phillips, R., Milo, R.: »The biomass distribution on Earth«, Proc. Natl. Acad. Sci. U.S.A. (2018) 115 (25): S. 6506–6511; und Krausmann F. et al.: »Global human appropriation of net primary production doubled in the 20th century«. Proc Natl Acad Sci U.S.A. (2013), Jun 18; 110 (25): 10324-9.

5 Siehe IPBES (2019): »Global assessment report on biodiversity and ecosystem services of the Intergovernmental Science-Policy Platform on Biodiversity and Ecosystem Services«. In: E. S. Brondizio, J. Settele, S. Díaz und H. T. Ngo (Hg.): Elisabeth Kolbert: *Das sechste Sterben. Wie der Mensch Naturgeschichte schreibt*, Berlin, 2016.

6 Siehe Stefan Winkle: *Die Geschichte der Seuchen*. München, 2021.

7 Siehe Stefan H. E. Kaufmann, *Covid-19 und die Bedrohung durch Pandemien*. Hessische Landeszentrale für politische Bildung, 2021; siehe auch Stefan H. E. Kaufmann, *Wächst die Seuchengefahr? Globale Epidemien und Armut: Strategien zur Seucheneindämmung in einer vernetzten Welt*, Frankfurt/M., 2009; Stefan H. E. Kaufmann und Shreemanta K. Parida, *Changing Funding Patterns in Tuberculosis. Nature Medicine*, 2007, 13 (3), S. 299–303.

8 Siehe Boulton, C. A., Lenton, T. M. und Boers, N., *Pronounced loss of Amazon rainforest resilience since the early 2000s*. Nat. Clim. Chang., 2022, 12, S. 271–278.

9 Siehe Claudia Traidl-Hoffmann, Christian Schulz, Martin Herrmann und Babette Simon (Hrsg.), *Planetary Health . Klima, Umwelt und Gesundheit im Anthropozän*. Berlin, 2021.

10 Siehe Stefan H. E. Kaufmann, *Wächst die Seuchengefahr? Globale Epidemien und Armut: Strategien zur Seucheneindämmung in einer vernetzten Welt*, Frankfurt/M., 2009.

11 Siehe dazu auch Armin Nassehi: *Funktion, Leistung, Übersetzung: Die »unheilbare« Differenz von Erwartung und Enttäuschung*, Kapitel 1 in diesem Band.

12 Zum Systemwissen vergleiche auch Wolfgang Seibel: *Systemische Standardfehler und Krisenmanagement: Bundes-, Landes- und Kommunalverwaltung in der Pandemie*, Beispielstudie 1 in diesem Band.

13 Siehe dazu erneut Armin Nassehi in Kapitel 1.

14 Siehe Manfred Prenzel, Petra Stanat und Cornelia Gräsel: *Und dann auch noch Corona! Über den Umgang mit Krisen im Bildungssystem*, Kapitel 3 in diesem Band.

15 Klaus Heinrich, *Versuch über die Schwierigkeit nein zu sagen*, Berlin 2021.

16 Siehe Christoph Markschies: *Religion in den multiplen Krisen der Gegenwart*, Kapitel 4 in diesem Band.

III

BEISPIELSTUDIEN

1

Systemische Standardfehler und Krisenmanagement: Bundes-, Landes- und Kommunalverwaltung in der Pandemie

WOLFGANG SEIBEL

1 Einleitung: Erheblichkeit und Entbehrlichkeit von Systemwissen

Die Standardannahme über den Umgang mit komplexen Systemen – zum Beispiel Ökosystemen, technischen Systemen, Organisationen, Regierungs- und Verwaltungssystemen – lautet, dass das Wissen über die Systemeigenschaften nicht umfangreich genug sein kann. Plausibel wie diese Annahme klingt, steht sie doch im Widerspruch zu gegenläufigen Phänomenen des Alltags, denen die Theoriebildung über komplexe Systeme seit Langem Rechnung trägt.[1] Wir können zum Beispiel Auto fahren ohne jegliches Wissen über die Systemeigenschaften des Fahrzeugs. Wir wären auch völlig überfordert, würden wir in Organisationen – Unternehmen und Verwaltungen zum Beispiel – erst handlungsfähig, wenn wir deren Strukturen und Prozesse wirklich verstanden haben. In Wirklichkeit, so sagen einflussreiche Theorien über Institutionen und zweckrationale Strukturen wie Organisationen, ist es umgekehrt: Von Menschen gemachte Systeme mögen komplex sein, aber in dem Maße, wie sie sich institutionalisieren, werden sie zu materiellen Selbstverständlichkeiten. Dadurch werden die kognitiven Herausforderungen im Umgang mit Komplexität beherrschbar und Menschen in Organisationen überhaupt erst handlungsfähig. Das ist der gemeinsame Nenner, auf den sich die anthropologische Institutionentheorie[2] und die verhaltenswissenschaftliche Entscheidungstheorie[3] bringen lassen. Das im Alltag erforderliche Systemwissen ist also nicht nur von vornherein begrenzt, vielmehr wären von Menschen gemachte Systeme ohne diese Begrenzung einer *bounded rationality*[4] gar nicht funktionsfähig.

Diese Entbehrlichkeit vollständigen Systemwissens stößt allerdings ihrerseits auf Grenzen, die mit besonderen situativen, aufgabenspezifischen und systemstrukturellen Herausforderungen verbunden sind. Anhänger des Theorems einer *bounded rationality*[5] haben selbst auf das Spannungsverhältnis zwischen einer den Umgang mit begrenzter Rationalität erleichternden Logik der Angemessenheit *(logic of appropriateness)* und der Logik des ethischen Konsequentialismus verwiesen.[6] Entscheidungen, die nach den Maßstäben etablierter Alltagsroutinen angemessen sind, können inakzeptable Konsequenzen haben. Konfliktvermeidung in Organisationen zum Beispiel darf nicht zulasten von Sicherheitsstandards gehen. Bürgerfreundlichkeit von Behörden darf nicht Ungleichbehandlung und Bestechlichkeit begünstigen. Kompromissbereitschaft gegenüber artikulationsstarken Interessengruppen darf nicht zulasten schwacher und besonders schutzbedürftiger Menschen gehen.

Systemische Standardfehler und Krisenmanagement

Es gibt also Entscheidungsprobleme, für deren Lösung Routinen und das Vertrauen in eingespielte Selbstverständlichkeiten nicht ausreichen, weil es um die Eindämmung oder Neutralisierung inakzeptabler Konsequenzen geht. Endogene oder exogene Krisen sind typisch dafür, denn Krisenmanagement erfordert vertieftes Systemwissen. Das wird in komplexeren sozialen Systemen auch tatsächlich in Reserve gehalten, auf unterschiedlichen Niveaus und mit abgestuften Verantwortlichkeiten, von den Varianten des Systemwissens Gebrauch zu machen. Führungskräfte etwa haben Erfahrungswissen über Standardpathologien ihres ›Systems‹, einer Behörde zum Beispiel oder eines Unternehmens, mit dem sich ihre Mitarbeiterinnen und Mitarbeiter nicht unbedingt belasten müssen. Typisch sind Informationsprobleme auf der vertikalen Achse sowie Koordinationsprobleme auf der horizontalen Achse. Führungspersonal kann sich nicht mit allem und jedem befassen, darf aber vermeidbare Informationsverluste nicht passiv hinnehmen oder gar mutwillig erzeugen. Koordinationsprobleme mögen notorisch sein, dürfen aber nicht zu Entscheidungsblockaden oder regelrechten Fehlentscheidungen führen. Wissen über systemische ›Sollbruchstellen‹, über kritische Segmente und Sektionen, deren Störpotenzial besonders beachtet und gegebenenfalls neutralisiert werden muss, ist im Krisenfall unentbehrlich.[7]

Darüber hinaus gibt es Organisationen mit Aufgabenfeldern, in denen von der Verlässlichkeit und Präzision des Erkennens und Entscheidens derart viel abhängt, dass man sich zweitbeste Lösungen und Toleranz gegenüber systemischen Standardpathologien nicht leisten kann. Hierfür hat sich der Begriff der hochverlässlichen Organisationen *(high reliability organizations)*[8] etabliert, Beispiele wären der Flugverkehr, das Management von Atomkraftwerken oder die Krankenhausmedizin. In diesen Systemen darf kein Fehler unerkannt bleiben; Fehler, die gemacht werden, müssen benannt und korrigiert werden, fachliche Identitäten und persönliche Eitelkeiten müssen dabei hinter der Notwendigkeit exakter Analyse und präzisen Entscheidens zurückstehen.

Und schließlich sind ›Systeme‹ keine Monaden, sie sind vielmehr mit anderen Systemen vernetzt. Was in dem einen System an Wissensverzicht und Präzisionsmangel hingenommen werden kann, kann in anderen Systemen vollkommen inakzeptabel sein. Daraus entstehen typische Interaktionsprobleme und besondere Herausforderungen an das Schnittstellenmanagement.[9] Die Schnittstelle von Politik einerseits und Technik, Biosphäre und Medizin andererseits ist typisch hierfür. Wettbewerb und Kompromiss als Logik der Politik sind auf die Alltagspraxis von Intensivstationen oder den Betrieb eines Atomkraftwerks nur um den Preis der Fahrlässigkeit und gesteigerter Gefahren für Leib und Leben übertragbar. Zwischen beiden Systemlogiken zu vermitteln und für angemessene Prioritätensetzungen zu sorgen, ist, wie wir aus der empirischen Verwaltungsforschung wissen, vor allem Aufgabe der höheren Beamtinnen und Beamten. Deren Rollenverständnis ist im Idealfall ›hybrid‹[10] in dem Sinne, dass sie die Regeln des ›politischen Geschäfts‹ ebenso kennen und beherrschen wie die Eigenlogik ihres Sachgebiets, die sie den politischen Entscheidungsträgern mit begründeten Vorschlägen für Entscheidungsoptionen verständlich machen.

Die Pandemiekrise der Jahre 2020–2022 hat die Spannungen zwischen dem Normalbetrieb der Politik und den Anforderungen an unverzichtbares Systemwissen deutlich hervortreten lassen. Der Infektionsschutz und damit die Verhinderung oder Eindämmung von Epidemien oder Pandemien beruhen auf arbeitsteilig strukturierten Kompetenzen und Zuständigkeiten vieler wissenschaftlicher, administrativer und politischer Instanzen. Diese hätten, gemessen an den realen Risiken, nach dem Muster hochverlässlicher Organisationen arbeiten und koordiniert werden müssen. Das Führungspersonal der beteiligten Stellen und die für die jeweiligen institutionellen Segmente verantwortlichen Politikerinnen und Politiker hätten sicherstellen müssen, dass Informationsverluste und Koordinationsprobleme neutralisiert oder wenigstens eingedämmt werden. Das ist nur möglich, wenn die maßgeblich Beteiligten die Eigenlogik nicht nur des eigenen Systems und dessen Schwachstellen und Risiken kennen – die Mediziner und Virologen zum Beispiel diejenigen des medizinisch-epidemiologischen Komplexes –, sondern auch die der anderen relevanten Systeme und Teilsysteme. Das wäre die Mindestvoraussetzung für Schnittstellenmanagement, also die Eindämmung von Reibungsverlusten und die Vermeidung von Fehlentwicklungen gewesen. Dazu ist es in der Covid-19-Pandemie, wie sich am deutschen Beispiel zeigen lässt, nicht durchgängig gekommen.

Im Großen und Ganzen hat sich die Infrastruktur des öffentlichen Gesundheitswesens in der Pandemiekrise als robust und leistungsfähig erwiesen. Das gilt auch im Vergleich der Mitgliedstaaten der Europäischen Union untereinander, wenn auch auf unterschiedliche Weise und in unterschiedlichen Zeitsegmenten. Länder wie Spanien, Griechenland oder Italien, die zu Anfang der Pandemie mit großen Schwierigkeiten zu kämpfen hatten und Überlastungen ihrer Gesundheitssysteme nur mit Mühe abwehren konnten, haben andererseits schneller und effektiver gelernt, die Pandemiekrise erfolgreich einzudämmen, als dies zumindest für manche Dimensionen und Episoden der Krisenbewältigung in Deutschland festgestellt werden kann. Die einrichtungsbezogene Impfpflicht ist hierfür ein Beispiel: In Deutschland war die politische Wahrnehmung des vorhandenen Risikopotenzials unzureichend, obwohl dies zuvor von virologischer und epidemiologischer Seite klar benannt worden war. Es fehlte an zielgenauen Maßnahmen zur Neutralisierung zusätzlicher Risiken, die sich aus Informationsdefiziten und Koordinationsschwächen ergaben – und dies, obwohl es an Systemwissen insbesondere über das politisch-administrative System keineswegs fehlte. Kern des Problems waren insofern der fahrlässige Verzicht auf vorhandenes, aber nicht abgerufenes Wissen und – in wenigen, aber signifikanten Einzelfällen – das bewusste Unterlaufen etablierter Korrekturen politisch-administrativer Standardpathologien, wie sie sich aus Organisation und Arbeitsteilung im Regierungs- und Verwaltungssystem ergeben.

So traten auf Bundesebene Schwächen der Behördenorganisation zutage, die nicht unbekannt, aber in ihrer Tragweite unter Krisenbedingungen unterschätzt worden waren. Das gilt etwa für die starke Fragmentierung von Expertise und Kompetenzen auf der Ebene der für den Gesundheitssektor maßgeblichen Oberen Bundesbehörden. Ein weiteres Beispiel sind Informationsverluste und Verantwortungsverzerrungen in der Ministerialverwaltung des Bundes bei der Verarbeitung bekannter Risikoszenarien zu Epidemien und Pandemien. Ferner zeigten sich politisch bedingte oder verstärkte Vollzugsprobleme auf Länderebene. Ein spektakuläres Beispiel hierfür ist die weitgehend gescheiterte Umsetzung der am 16. März 2022 eingeführten einrichtungsbezogenen Impfpflicht. Die dabei zutage getretenen Mängel waren keineswegs der föderativen Arbeitsteilung zwischen Gesetzgebung und Gesetzesvollzug zwischen Bund und Ländern zuzurechnen, sondern einer faktischen Vollzugsverweigerung seitens der verantwortlichen Landesverwaltungen und ihrer politischen Führung. Betroffen waren ausgerechnet jene vulnerablen Gruppen, die sich im Vertrauen auf professionellen Schutz in Krankenhäuser oder Heime begeben hatten oder begeben mussten.

Als weitere Problemzone kann die Organisation von Test- und Impfzentren auf der kommunalen Ebene gelten. Im Interesse einer möglichst schnellen Errichtung von Infrastruktur wurde auf eine Lizensierung der Testzentren und ihre Überwachung durch die Gewerbeaufsicht verzichtet. Eine Qualitätskontrolle war daher ebenso wenig gegeben wie die Eindämmung von Missbrauchsrisiken, woraus zahlreiche und auch finanziell bedeutsame Fälle von Abrechnungsbetrug resultierten. Die Grauzone von Missbrauchsanreizen legte ferner die Heterogenität und Intransparenz der Trägerstrukturen bei den Impfzentren offen. Insbesondere für das ärztliche Personal eröffneten sich hier Verdienstmöglichkeiten von 1500 Euro Tageshonorar und mehr. Die hier zuständigen Kassenärztlichen Vereinigungen oder Kommunalbehörden haben das Risiko von Interessenkollisionen und der Entstehung kartellartiger Gewinngemeinschaften wohl erkannt – es gab darüber auch Medienberichterstattung –, waren aber mit einer wirksamen Steuerung und Kontrolle vermutlich überfordert.

Diese erkennbaren Defizite auf Ebene der Bundes-, Länder- und Kommunalverwaltungen bedürfen im Interesse nachhaltiger Lerneffekte einer gründlichen Aufarbeitung. Der eigentliche Lackmustest auf Lernwilligkeit und Lernfähigkeit besteht in der Verstetigung der Schwachstellenanalyse und einer transparenten Dokumentation durch Bund, Länder und Gemeinden. Die nachfolgenden Ausführungen sind also nicht mehr als eine exemplarische Problemskizze.

2 Informationsverluste und Kommunikationsdefizite

In ihrem »Bericht zur Risikoanalyse im Bevölkerungsschutz 2012«[11] hatte die Bundesregierung die thematischen Schwerpunkte »Extremes Schmelzhochwasser aus den Mittelgebirgen« und »Pandemie durch Virus Modi-SARS« (SARS = Schweres Akutes Respiratorisches Syndrom) gesetzt. Für den Themenschwerpunkt

›Schmelzhochwasser‹ war seinerzeit die Bundesanstalt für Gewässerkunde federführend, für den Themenschwerpunkt ›Pandemie‹ das Robert Koch-Institut. In der Covid-19-Pandemie seit Februar 2020 und bei den Hochwasserereignissen in Westdeutschland im Juli 2021 zeigte sich, dass die einschlägigen Risikoanalysen in beiden Bereichen weitgehend folgenlos geblieben waren.

Das 2012 erarbeitete Szenario »Pandemie durch Virus Modi-SARS« beschrieb »eine von Asien ausgehende, weltweite Verbreitung eines hypothetischen neuen Virus, welches den Namen Modi-SARS-Virus erhält«[12]. Ferner hieß es:

> Das Szenario beschreibt ein außergewöhnliches Seuchengeschehen, das auf der Verbreitung eines neuartigen Erregers basiert. Hierfür wurde der zwar hypothetische, jedoch mit realistischen Eigenschaften versehene Erreger »Modi-SARS« zugrunde gelegt. Die Wahl eines SARS-ähnlichen Virus erfolgte u. a. vor dem Hintergrund, dass die natürliche Variante 2003 sehr unterschiedliche Gesundheitssysteme schnell an ihre Grenzen gebracht hat. Die Vergangenheit hat bereits gezeigt, dass Erreger mit neuartigen Eigenschaften, die ein schwerwiegendes Seuchenereignis auslösen, plötzlich auftreten können (z. B. SARS-Coronavirus (CoV), H5N1-Influenzavirus, Chikungunya-Virus, HIV). Unter Verwendung vereinfachter Annahmen wurde für dieses Modi-SARS-Virus der hypothetische Verlauf einer Pandemie in Deutschland modelliert, welcher sowohl bundesrelevant als auch plausibel ist.[13]

So prophetisch diese Annahmen heute anmuten, waren sie doch in einem Punkt pessimistischer, als sich die reale Entwicklung der Pandemie seit Februar 2020 darstellte, nämlich im Hinblick auf die Entwicklung eines Impfstoffs. Hierfür wurde in dem Szenario ein Zeitraum von drei Jahren angenommen, während die ersten Genehmigungsverfahren für Covid-19-Impfstoffe innerhalb der EU und in den USA noch vor Ablauf eines halben Jahres nach Ausbruch der Pandemie eingeleitet werden konnten.

Weitere Schlussfolgerungen und Empfehlungen der Risikoanalyse in beiden Bereichen, Hochwasserschutz und Pandemiebekämpfung, blieben unberücksichtigt. Zu den empfohlenen Konkretisierungen der nationalen Strategie zum Schutz kritischer Infrastrukturen von 2009 ist es im Bereich des öffentlichen Gesundheitswesens nicht gekommen. Gleiches gilt für die in der Risikoanalyse von 2012 als ›zwingend‹ bezeichnete Maßnahme, »Schutzziele festzulegen, damit die Ergebnisse der Risikoanalysen mit diesen abgeglichen und mögliche Defizite identifiziert werden können«.[14]

Eine solche Fest- und Umsetzung von Schutzzielen ist selbst bei ohnehin naheliegenden Maßnahmen unterblieben. Das gilt in besonderer Weise für die Bevorratung von Schutzmasken. Die Übertragungswege der Covid-19-Infektion (Infektion über Aerosole statt Tröpfcheninfektion) waren früh bekannt, mit eindeutigen Implikationen für den passiven Schutz durch FFP2-Masken. Zu Beginn der Pandemie führte das krasse Missverhältnis zwischen Massenbedarf an Schutzmasken und faktisch nicht vorhandener Bevorratung zu einer Serie von Skandalen aufgrund von Vorteilsnahme von Politikern bei der Vermittlung von Lieferverträgen sowie der Bereicherung von Unternehmern bei deren Abwicklung.

Die Anforderungen an die Kommunikation durch Politik und Verwaltung wurden in der Risikoanalyse von 2012 folgendermaßen realistisch beschrieben:

> Es ist von einer vielstimmigen Bewertung des Ereignisses auszugehen, die nichtwiderspruchsfrei ist. Dementsprechend ist mit Verunsicherung der Bevölkerung zu rechnen. […] Es ist

anzunehmen, dass die Krisenkommunikation nicht durchgängig angemessen gut gelingt. So können beispielsweise widersprüchliche Aussagen von verschiedenen Behörden/Autoritäten die Vertrauensbildung und Umsetzung der erforderlichen Maßnahmen erschweren. Nur wenn die Bevölkerung von der Sinnhaftigkeit von Maßnahmen (z. B. Quarantäne) überzeugt ist, werden sich diese umsetzen lassen.[15]

Insbesondere im kommunikativen Bereich kam es in der Pandemiekrise seit Februar 2020 zu vermeidbaren Defiziten. Der Zusammenhang von Übertragungswegen und Schutz durch FFP2-Masken wurde bis weit in das zweite Jahr der Pandemie hinein nicht in hinreichender Eindeutigkeit kommuniziert. So blieben etwa die einfach zugänglichen Kommunikationskanäle über das öffentlich-rechtliche Rundfunksystem völlig ungenutzt. Zum Beispiel wären anstelle der namentlich von den öffentlich-rechtlichen Medien in den Abendstunden typischerweise nach den Hauptnachrichten angebotenen aktuellen Berichte und Diskussionsrunden standardisierte Informationen durch das Bundesgesundheitsministerium in Kooperation mit dem Robert Koch-Institut zweckdienlich gewesen. Die Informationsvermittlung und Berichterstattung konzentrierten sich dahingegen weitgehend auf die Wiedergabe der gemeinsamen Pressekonferenzen des Bundesgesundheitsministers und des Präsidenten des RKI.

Ähnliche Kommunikationsdefizite zeigten sich im Hinblick auf Grundrechtseinschränkungen und deren Begründung, obwohl auch dies in der Risikoanalyse antizipiert worden war. Insbesondere, so hieß es im damaligen Szenario von 2012 zutreffend, könne

> das Bundesministerium für Gesundheit durch eine Rechtsverordnung anordnen, dass bedrohte Teile der Bevölkerung an Schutzimpfungen oder anderen Maßnahmen der

spezifischen Prophylaxe teilzunehmen haben (§ 20 Absatz 6 IfSG [Infektionsschutzgesetz]), wodurch das Recht auf körperliche Unversehrtheit (Artikel 2 Absatz 2 Satz 1 GG) eingeschränkt werden kann. Diese Aufgaben stellen die zuständigen Behörden im Verlauf des hier zugrunde gelegten Ereignisses vor große bzw. mitunter nicht mehr zu bewältigende Herausforderungen. Dies gilt sowohl im Hinblick auf die personellen und materiellen Ressourcen als auch in Bezug auf die Durchsetzbarkeit behördlicher Maßnahmen.[16]

Ebendiese Herausforderungen, die Auswirkungen auf die personellen und materiellen Ressourcen und insbesondere auch auf die Durchsetzbarkeit behördlicher Maßnahmen hatten, zeigten sich in der Pandemiekrise seit Februar 2020 tatsächlich. Während sie durch die Risikoanalyse des RKI von 2012 bereits antizipiert worden waren, hatten jedoch die daraus resultierenden ausdrücklichen Hinweise, die schließlich die Bundesregierung selbst in eine Bundestagsdrucksache überführt hatte, weder in der Regierung noch im Parlament Aufmerksamkeit gefunden, geschweige denn konkrete Folgen ausgelöst. Dies sollte sich immer wieder als Hemmnis nachvollziehbarer Begründungen von Grundrechtseinschränkungen im Zuge der Pandemiekrise erweisen, insbesondere bei der Durchsetzung der einrichtungsbezogenen Impfpflicht (siehe unten).

Die Ursachen der Folgenlosigkeit des »Berichts zur Risikoanalyse im Bevölkerungsschutz 2012« im Bereich der Pandemieprävention sind unbekannt und können im Rahmen einer Ad-hoc-Arbeitsgruppe von Experten nicht geklärt werden. Im Interesse nachhaltigen Lernens müsste untersucht werden, welche strukturellen, personellen oder prozeduralen Faktoren maßgeblich dafür waren, dass die Covid-19-Pandemie trotz der präzisen Risikobeschreibungen von 2012 Regierungen von Bund und Ländern und deren zuständige Behörden weitgehend unvorbereitet traf. Schließlich gab es für die Erstellung der Risikoanalyse von 2012 eine ministerielle Federführung, Zuständigkeiten und Berichtspflichten im zuständigen Ausschuss des Deutschen Bundestages, beim Robert Koch-Institut, weiteren Oberen Bundesbehörden im Bereich von Gesundheitswesen und Bevölkerungsschutz und den öffentlichen Gesundheitsdiensten der Länder. Es ließe sich also rekonstruieren, in welcher Form der »Bericht zur Risikoanalyse im Bevölkerungsschutz« im administrativen und politischen Bereich von Bund, Ländern und Gemeinden verarbeitet bzw. ignoriert wurde.

3 Fragmentierte Zuständigkeiten im Infektionsschutz

Die in der Pandemie zutage getretenen Unzulänglichkeiten im Hinblick auf Reaktionsschnelligkeit, Kommunikation und Implementationskapazitäten von Regierung und Verwaltung geben Anlass, die Fragmentierung von Zuständigkeiten im Infektionsschutz zu überdenken und nach Möglichkeit zu beseitigen. Seit der Auflösung des Bundesgesundheitsamtes im Jahr 1994 ist der Infektionsschutz als Aufgabenfeld des öffentlichen Gesundheitswesens vom gesundheitlichen Verbraucherschutz getrennt. Während das Bundesministerium für Gesundheit (BMG) für den Infektionsschutz zuständig ist, fällt der gesundheitliche Verbraucherschutz in die Zuständigkeit des Bundesministeriums für Ernährung und Landwirtschaft (BMEL). Der gesundheitliche Umweltschutz, zu dem unter anderem der Schutz gegen Krankheitserreger im Trink- oder Badewasser und die Zuständigkeit für das »Aktionsprogramm Umwelt und Gesundheit« gehören, fällt wiederum in die Zuständigkeit des Bundesministeriums für Umwelt, Naturschutz, nukleare Sicherheit und Verbraucherschutz (BMUV). Beim BMUV angesiedelt ist außerdem die ›Einvernehmenstelle‹ nach dem Arzneimittelgesetz und dem Infektionsschutzgesetz (§ 79 Abs. 3 AMG, § 18 Abs. 8 IfSG).

Fachinstitute/Bundesbehörden im Bereich Infektionsschutz, Biomedizin, Arzneimittelkontrolle, gesundheitlicher Verbraucher- und Umweltschutz

Fachinstitut/Bundesbehörde	Ressort
Robert Koch-Institut für Infektionskrankheiten und nichtübertragbare Krankheiten (Berlin [3 Standorte], Außenstellen in Wernigerode [Sachsen-Anhalt], Wildau [Brandenburg])	BMG
Paul-Ehrlich-Institut für Impfstoffe und biomedizinische Arzneimittel (Langen [Hessen])	BMG
Bundesinstitut für Arzneimittel und Medizinprodukte (Bonn)	BMG
Bundesinstitut für Risikobewertung (gesundheitlicher Verbraucherschutz) (Berlin, drei Standorte)	BMEL
Bundesamt für Verbraucherschutz und Lebensmittelsicherheit (Braunschweig)	BMEL
Friedrich-Loeffler-Institut – Bundesinstitut für Tiergesundheit (13 Institute an sieben Standorten in fünf Bundesländern, darunter das Institut für bakterielle Infektionen und Zoonosen in Jena; Hauptsitz Greifswald/Insel Riem)	BMEL
Bundesumweltamt, Fachbereich II [bis 1994 Institut für Wasser-, Boden- und Lufthygiene] (Gesundheitlicher Umweltschutz, Schutz der Ökosysteme, einschl. Krankheitserreger im Trink- oder Badewasser, Zuständigkeit für „Aktionsprogramm Umwelt und Gesundheit") (Berlin)	BMUV Bundesministerium für Umwelt, Naturschutz, nukleare Sicherheit und Verbraucherschutz
Bundesumweltamt, Fachbereich IV (Chemikalienkontrolle, einschl. „Einvernehmenstelle" nach Arzneimittelgesetz und Infektionsschutzgesetz) (Berlin)	BMUV Bundesministerium für Umwelt, Naturschutz, nukleare Sicherheit und Verbraucherschutz

Eigene Darstellung

Die Auflösung der gemeinsamen Ressortierung des Infektionsschutzes und des gesundheitlichen Verbraucherschutzes beim BMG erfolgte 1994 gegen den Rat der Fachwelt und ist seither immer wieder kritisiert worden, vor allem wegen der Trennung der fachlichen Kompetenzen für den humanmedizinischen und den veterinärmedizinischen Bereich. Negativ wirkt sich dies vor allem auf die frühzeitige Erkennung von Zoonosen aus, also vom Tier auf den Menschen übertragbare Infektionen, und auf entsprechende Infektionsschutzmaßnahmen. Die WHO hat wiederholt auf den Zusammenhang von Klimawandel und stark zunehmenden Zoonosen-Risiken hingewiesen.[17] RKI-Präsident Lothar H. Wieler seinerseits hat im August 2022 auf die mit dem Klimawandel einhergehende Ausdehnung der Lebensräume von Mücken und Zecken und das erhöhte Risiko von schweren Erkrankungen aufgrund der durch die Insekten übertragenen viralen, bakteriellen und parasitären Infektionserreger hingewiesen.

Generell findet integrales Infektionsgeschehen in Deutschland keine Entsprechung in einer integralen Zuständigkeit und Kompetenzbündelung auf ministerieller Ebene und der Ebene der nachgeordneten Fachinstitute und Bundesbehörden. Durch die Aufteilung der Zuständigkeiten für Infektionsschutz, Biomedizin, Arzneimittelkontrolle und den gesundheitlichen Verbraucher- und Umweltschutz auf drei Bundesministerien existiert auf Ebene der Obersten Bundesbehörden, also der Ministerien, keine integrierende Instanz. Diese wäre aber umso notwendiger angesichts der auch organisationsstrukturell stark ausgeprägten Fragmentierung der Fachinstitute und zuständigen Bundesbehörden mit einer Vielzahl von Standorten, zum Teil mehrere für ein einzelnes Institut in mehreren Bundesländern. Ein Extremfall ist dabei das Friedrich-Loeffler-Institut/Bundesinstitut für Tiergesundheit mit dreizehn Teilinstituten an sieben Standorten in fünf Bundesländern.

Der Bund müsste im Kernbereich seiner Gesetzgebungskompetenz auf dem Gebiet des öffentlichen Gesundheitswesens – im Infektionsschutz – die verfassungsrechtlich festgeschriebene Delegation des Gesetzesvollzugs an die Bundesländer durch eine Bündelung von Fachkompetenz und Zuständigkeiten ausgleichen. Dass dies nicht geschieht und der Bund stattdessen auf der Ebene der Ministerialverwaltung und der nachgeordneten Behörden Fachkompetenzen und Zuständigkeiten zusätzlich fragmentiert, muss als Fehlkonstruktion gelten.

Aus der Distanz erscheint eine Neugründung des Bundesgesundheitsamtes mit integraler Zuständigkeit für den Infektionsschutz, den gesundheitlichen Verbraucher- und Umweltschutz, die Biomedizin und die Arzneimittelkontrolle als nachgeordnete Behörde des Bundesgesundheitsministeriums als sinnvoller Schritt. Eine fundierte Begründung dieser Maßnahme und erst recht eine möglichst friktionslose Vorbereitung und Durchführung würde allerdings eine Bestandsaufnahme in zweierlei Hinsicht erfordern: Zum einen haben sich vermutlich in den drei Jahrzehnten seit der 1994 erfolgten Auflösung des Bundesgesundheitsamtes kompensatorische Abstimmungs- und Koordinationsmechanismen herausgebildet, über die so gut wie nichts bekannt ist. Zum anderen wissen wir auch nichts über die konkreten Erfahrungen mit diesen Abstimmungs- und Koordinationsmechanismen insbesondere im Bereich des Infektionsschutzes und des gesundheitlichen Verbraucher- und Umweltschutzes seit Ausbruch der Covid-19-Pandemie im Februar 2020.

4 Mangelnde Durchsetzung der einrichtungsbezogenen Impfpflicht

Die vom Bundesgesetzgeber im Dezember 2021 verabschiedete und zum 16. März 2022 in Kraft getretene Impfpflicht für das Personal in Heimen, Pflegeeinrichtungen und Krankenhäusern ist faktisch gescheitert. Ursächlich hierfür ist ein weitgehender Vollzugsverzicht auf Länderebene, der allerdings durch taktische Fehler und Fehleinschätzungen im politischen Prozess begünstigt wurde.

Durch das »Gesetz zur Stärkung der Impfprävention gegen COVID-19 und zur Änderung weiterer Vorschriften im Zusammenhang mit der COVID-19-Pandemie« vom 10. Dezember 2021 wurde § 20a in das Infektionsschutzgesetz eingefügt. § 20a IfSG regelt die Pflicht zum »Immunitätsnachweis gegen COVID-19« für Beschäftigte in Einrichtungen, in denen Menschen behandelt, betreut, gepflegt oder untergebracht sind. In Erwartung einer *allgemeinen* Impfpflicht wurde die Geltung der Regelung bis zum 31. Dezember 2022 befristet. Für Personen, die der Pflicht zur Vorlage des Impfnachweises nicht nachkamen, bestand Beschäftigungsverbot. Bei Fehlen oder Zweifeln an der Echtheit oder inhaltlichen Richtigkeit des vorgelegten Nachweises *musste* die Leitung der jeweiligen Einrichtung das zuständige Gesundheitsamt benachrichtigen. Ein Ermessensspielraum bestand nicht. Das Gesundheitsamt *konnte* einer Person, die keinen Impfnachweis innerhalb einer angemessenen Frist vorlegte, das Betreten der betreffenden Einrichtung untersagen und hatte insofern also einen Ermessensspielraum (Widerspruch und Anfechtungsklage hatten ausdrücklich keine aufschiebende Wirkung). Von diesem Ermessen musste jedoch ›pflichtgemäß‹ Gebrauch gemacht werden, die Ermessensausübung musste sich am Zweck der Ermessensgewährung orientieren. Damit war eine pauschale Anweisung vorgesetzter Stellen zu einer bestimmten Art der Ermessensausübung ohne Prüfung des Einzelfalles ausgeschlossen.

Noch vor Inkrafttreten des § 20a IfSG, aber nach Zustimmung der Länder im Bundesrat und ungeachtet des eindeutigen Regelungshalts, kamen aus einzelnen Bundesländern Äußerungen von Politikern und Wahlbeamten, die darauf hinausliefen, die zuständigen Behörden von Land und Kommunen aus der Pflicht zur Umsetzung der einrichtungsbezogenen Impfpflicht zu entlassen. Schon Ende Januar 2022 kündigte der Stellvertretende Landrat des ostsächsischen Kreises Bautzen auf einer öffentlichen Kundgebung an, die gesetzliche Impfpflicht in Pflege- und Gesundheitseinrichtungen nicht umsetzen zu wollen.[18] Immerhin wurde hier die Kommunalaufsicht tätig.[19] Der bayerische Ministerpräsident Markus Söder teilte am 7. Februar 2022 mit, die Staatsregierung werde den Vollzug in Bayern »de facto« aussetzen, um eine weitere Verschlechterung der Belastungs- und Pflegesituation zu verhindern.[20] Im Landkreis Mittelsachsen bescheinigte das Gesundheitsamt Anfang Juni 2022 allen ungeimpften Beschäftigten im Gesundheits- und Pflegebereich pauschal Unabkömmlichkeit.[21] Der vom Landkreis Mittelsachsen frei konstruierte, also im Gesetz nicht vorgesehene Ausnahmetatbestand diente als Handhabe für ebenfalls pauschale, also unabhängig vom zu prüfenden Einzelfall ausgesprochene Befreiungen von der Vorlage des Impfnachweises. Bis zum Sommer 2022 und damit im Vorfeld der politischen Entscheidung über die Verlängerung der einrichtungsbezogenen Impfpflicht über den 31. Dezember 2022 hinaus hatte sich über alle Bundesländer hinweg eine artikulationsstarke Minderheit unter den Landräten gebildet, die eine ersatzlose Streichung oder wenigstens den Verzicht auf die Verlängerung der einrichtungsbezogenen Impfpflicht forderte. Im gleichen Sinne äußerten sich Verbandsvertreter,[22] Anfang September 2022 auch der Präsident der Deutschen Krankenhausgesellschaft Gerald Gaß, mit Hinweis auf die kontinuierliche Mutation des Virus und eine angebliche Wirkungslosigkeit der für frühere Virusvarianten entwickelten Impfstoffe.

Der Widerstand gegen die Umsetzung der einrichtungsbezogenen Impfpflicht speiste sich aus pragmatischen, politischen und ideologischen Motiven, die auch im Rückblick nicht trennscharf zu fassen sind und sich zum Teil auch gegenseitig ergänzten und verstärkten. Die pragmatischen Argumente bezogen sich auf die Versorgungssicherheit in und durch die betroffenen Einrichtungen, die durch Tätigkeitsverbote für nicht geimpfte Beschäftigte gefährdet seien. Darin lag das Eingeständnis, dass die zuvor ebenfalls gegen eine einrichtungsbezogene Impfpflicht angeführte Behauptung einer hohen Impfquote namentlich unter den Beschäftigten in Krankenhäusern und Heimen keine Grundlage hatte, eine konsequente Umsetzung der Impfpflicht also umso dringlicher war. Verzögerungen bei der Entwicklung und Auslieferung von an neue Virusvarianten angepassten Impfstoffen wurden missbräuchlich zur Begründung für eigenmächtige förmliche oder informelle Entbindungen von der einrichtungsbezogenen Impflicht herangezogen. So oder so bedeutete dies, den Infektionsschutz der in Einrichtungen behandelten, betreuten, gepflegten oder untergebrachten Menschen rechts- und pflichtwidrig zu unterlaufen.

Die faktische Vollzugsverweigerung von Landes- und Kreisverwaltungen bei der Umsetzung der einrichtungsbezogenen Impfpflicht verweist auf eine Spannungslage zwischen politischer und administrativer Pragmatik einerseits und Grundsätzen der Rechtskultur und der institutionellen und professionellen Ethik und Integrität andererseits. Es fehlte Politikerinnen und Politikern sowie Verwaltungsleitungen an Urteilsvermögen und Mut, um nachgeordnete Behörden und die Angehörigen von helfenden, pflegenden und heilenden Berufen an ihre gesetzlichen und berufsethischen Pflichten gegenüber den ihnen anvertrauten Menschen zu erinnern und damit Einfluss auch auf den öffentlichen Diskurs zu nehmen. Das hätte spätestens nach dem Beschluss des Bundesverfassungsgerichts vom 27. April 2022 geschehen müssen. Das Gericht stellte das Selbstverständliche fest, nämlich dass der Schutz von Leben und körperlicher Unversehrtheit vulnerabler Personen in Einrichtungen gegen möglicherweise schwere oder tödliche Erkrankungen Vorrang vor dem Schutz der körperlichen Unversehrtheit der Beschäftigten dieser Einrichtungen gegen eine ungewollte Impfung hat (1 BvR 2649/21, RN 149).

Bei den Vollzugsverweigerungen spielten neben der Rücksichtnahme auf Berufstätige, die seit Ausbruch der Pandemie ganz besonderen Belastungen ausgesetzt waren, augenscheinlich auch populistische Anreize eine Rolle. Der stellvertretende Landrat im Kreis Bautzen Udo Witschas (CDU) kündigte das Unterlaufen der einrichtungsbezogenen Impfpflicht am 24. Januar 2022 auf einer Kundgebung an, zu der ›Querdenker‹ und die rechtsextremistische Formation ›Freie Sachsen‹ aufgerufen hatten. Witschas wurde im Juli 2022 selbst zum Landrat gewählt.

Hinzu kamen politische Unklarheiten bei den Gesetzgebungsabsichten des Bundes. Die Befristung der einrichtungsbezogenen Impfpflicht bis zum 31. Dezember 2022 war mit der Absicht der Einführung einer *allgemeinen* Impfpflicht begründet worden. Auch dies wurde im Übrigen von Landespolitikern zur Rechtfertigung einer verzögerten oder gar gestoppten Umsetzung der auf Einrichtungen beschränkten Impfpflicht herangezogen, so auch vom bayerischen Ministerpräsidenten Söder im Februar 2022. Die Gesetzesinitiative zu einer allgemeinen Covid-19-Impfpflicht scheiterte allerdings am 7. April 2022 im Bundestag, sodass die Umsetzung wenigstens der einrichtungsbezogenen Impfpflicht objektiv umso dringlicher wurde. Die Eigendynamik des Widerstandes bei den Kreisbehörden und das Zurückweichen von Landespolitikerinnen und -politikern sowie kommunalen Wahlbeamten hatten jedoch in der Zwischenzeit die Voraussetzungen einer erfolgreichen Implementation der einrichtungsbezogenen Impfpflicht weiter geschwächt. Im Ergebnis blieben daher die besonders schutzbedürftigen, vulnerablen Personen in Einrichtungen besonders schutzlos, weil sie im Unterschied zu den Beschäftigten dieser Einrichtungen und der übrigen Bevölkerung, die einrichtungsspezifischen oder lokalen Infektionsrisiken ausweichen können, genau dazu keine Möglichkeit hatten.

Gemeinsam mit der auf dem Verbundprinzip mit Finanzausgleich beruhenden Finanzverfassung ist die Arbeitsteilung zwischen Bund und Ländern bei Gesetzgebung und Gesetzesvollzug Kernbestandteil der föderativen Ordnung. Der Vollzug von Bundesgesetzen durch die Länder als eigene Aufgabe (Art. 84 GG) funktioniert im föderativen Alltag reibungslos. Insofern ist die offene Obstruktion eines Bundesgesetzes, wie sie im Fall von § 20a IfSG aufgetreten ist, ein beispielloser Vorgang. Allerdings wäre empirisch zu prüfen, wie der Implementationserfolg oder

-misserfolg im Einzelnen ausgefallen ist. Nachhaltiges Lernen ist auf entsprechende Daten angewiesen, insbesondere aber auch auf eine Rekonstruktion der Irrtümer und Fehleinschätzungen, wie sie im Schlüsselsegment des Infektionsschutzes vulnerabler Gruppen aufgetreten sind. Bislang liegen nur grobe Einschätzungen vor, die über diese Problemskizze nicht wesentlich hinausgehen. Erst recht fehlt es an international vergleichenden Untersuchungen. Es hat den Anschein, dass die Impfpflicht für das Personal von Krankenhäusern und Heimen in Frankreich, Italien und Griechenland nicht nur wesentlich früher eingeführt wurde als in Deutschland, nämlich im Laufe von Sommer und Herbst 2021, sondern auch weitgehend unkontrovers blieb und damit mutmaßlich effektiv umgesetzt wurde.

5 Intransparenz und Fehlanreize bei Impfzentren

Die operative Verantwortung für die Einrichtung und Unterhaltung von Impfzentren lag bei den Landkreisen und kreisfreien Städten. Die organisationsstrukturellen Gegebenheiten in den Impfzentren waren bzw. sind heterogen, wobei eine erhebliche Bandbreite unterschiedlicher Modelle festzustellen ist: Während in einigen Bundesländern die Landratsämter und kreisfreien Städte die Impfzentren in Zusammenarbeit mit der jeweiligen Kassenärztlichen Vereinigung in Eigenregie betrieben, delegierten andere Bundesländer die Aufgabe an etablierte Träger der freien Wohlfahrtspflege, etwa das Deutsche Rote Kreuz (DRK), und wieder andere an kommerzielle Projektträger, die ihrerseits den Einsatz des ärztlichen Personals mit den Kassenärztlichen Vereinigungen abzustimmen hatten. Diese unterschiedlichen Strukturen sind bereits in deskriptiver Hinsicht von Interesse, insbesondere aber bei der Abschätzung von Effektivität, Spar-

Systemische Standardfehler und Krisenmanagement

samkeit und Wirtschaftlichkeit, gemessen an Öffnungszeiten der Impfzentren und durchgeführten Impfungen.

Die Co-Planung des Einsatzes ärztlichen Personals und die Abrechnung der Arzthonorare lag ungeachtet des jeweiligen Organisationmodells bei der jeweiligen Kassenärztlichen Vereinigung (KV). Die Kassenärztlichen Vereinigungen sind Selbstverwaltungsorgane der Ärzteschaft als Körperschaften des öffentlichen Rechts. Sie hatten im Rahmen der Covid-19-Impfkampagne zusätzliche Vergütungen in beträchtlichem Umfang zuzuweisen, um eine starke Mobilisierung der Ärzteschaft für die Impfkampagne zu erreichen. In Baden-Württemberg lag das Stundenhonorar für Impfärztinnen und -ärzte bei 130 Euro, für das ärztliche Leitungspersonal bei 200 Euro. Hier bestanden also bei Volltagesschichten wöchentliche Verdienstmöglichkeiten im oberen vierstelligen Bereich.

Presseveröffentlichungen legen die Vermutung nahe, dass es in diesem Zusammenhang zu Fehlsteuerungen und Missbrauch gekommen ist. So berichtete *Spiegel Online* etwa über einen Kontrollbericht der Kassenärztlichen Vereinigung Berlin, in dem offenbar einschlägige Mängel aufgeführt sind.[23] Ob von anderen Kassenärztlichen Vereinigungen ähnliche Kontrollen durchgeführt und dokumentiert wurden, ist nicht bekannt. Auszuschließen ist es allerdings nicht. Die Kassenärztlichen Vereinigungen verfügen über eine lange Tradition und ausgefeilte Techniken der Plausibilitätsprüfung von Abrechnungen. Ausnahmesituationen wie die schnelle Mobilisierung umfangreichen ärztlichen Personals bei Vergütungen außerhalb der Gebührenordnung (GOÄ), nämlich aus Steuermitteln, sprengen aber notwendigerweise die hier etablierten Routinen. Die für Selbstverwaltungskörperschaften typischen und gewollten personellen Verflechtungen zwischen Mitgliederbasis und Leitungsorganen können unter diesen Umständen Missbrauchsrisiken erzeugen. Im Spannungsverhältnis zwischen öffentlichem Auftrag und wirtschaftlichem Gewinninteresse kann es zu Interessenkollisionen und latenten Zugewinnkartellen kommen. Diese verdeckten Strukturen werden empirisch nicht abzubilden sein, wohl aber die in den Impfzentren geübte Praxis von Personalsteuerung sowie die Streuung oder Clusterung von Vergütungen.

6 Fazit: Standardpathologien und Systemwissen im Krisenmanagement

Krisenmanagement durch Politik und Verwaltung muss Alltagsroutinen überwinden und hinreichendes Systemwissen mobilisieren. Das gilt in besonderem Maße für nationales Krisenmanagement, dessen Leistungen oder Fehlleistungen lokale oder fachliche Grenzen überschreiten. Pandemien sind hierfür typisch: Sie betreffen *per definitionem* jede und jeden, und sie rufen die politische Gesamtleitung und die ihr angeschlossenen Verwaltungen insgesamt auf den Plan. Deren Verantwortung ist durch Art. 2 Abs. 2 des Grundgesetzes unzweideutig definiert als die Pflicht des Staates zum Schutz von Leben und körperlicher Unversehrtheit. Die Umsetzung dieser Verpflichtung hat ein Mindestmaß an Systemverständnis zur Voraussetzung und bei politischen Entscheidungsträgern auch ein Verständnis der Eigenschaften des eigenen Systems, dessen Sollbruchstellen und Standardpathologien, die es so weit zu neutralisieren gilt, dass durch sie nicht zusätzliche Risiken entstehen. Das gilt in Deutschland etwa für die schwierige Bund-Länder-Koordination oder die Akzentuierung der Fragmentierung von Zuständigkeiten auf der Ebene der Bundesministerien durch die Konkurrenzlogik von Koalitionsregierungen. Was im Normalbetrieb an Standardpathologien des politisch-administrativen Systems hingenommen werden kann, kann unter den Bedingungen einer Pandemiekrise Menschenleben kosten.

Systemische Standardfehler und Krisenmanagement

Die hier geschilderten Fehlleistungsepisoden illustrieren eine Konvergenz tolerierter Standardpathologien von Regierung und Verwaltung und der Eigenlogik eines die Gesamtbevölkerung erfassenden Infektionsgeschehens. Die geschilderten Fälle sind aufschlussreich und zugleich beunruhigend, weil der Ausnahmecharakter der gegebenen Situation auf der Hand lag und die Neutralisierung ansonsten hinnehmbarer Schwächen des politisch-administrativen Systems unabweisbar und einfach zu realisieren war. Dass an der Schnittstelle von Politik und Verwaltung Reibungsverluste entstehen, die man sich unter Krisenbedingungen umso weniger leisten kann, war schließlich keine Erfahrung. Andererseits muss man den politischen Entscheidungsträgern auf Ebene des Bundes, der Länder und der Kommunen Willen und Entschlossenheit attestieren, sowohl das Fachwissen der Experten als auch die Mitwirkungsbereitschaft und die Mitwirkungsfähigkeit der Landes- und Kommunalverwaltungen zu mobilisieren, namentlich durch beispiellos hohe Finanzzuweisungen. Damit ist aber nicht die Frage beantwortet, wie es passieren konnte, dass ohne Weiteres erkennbare und auch einfach zu korrigierende Fehlleistungen den wirksamen Infektionsschutz gefährdet haben.

Warum wurde die von der Bundesregierung in Auftrag gegebene und vom Bundestag in Form eines umfangreichen Dokuments zur Kenntnis genommene prognostische Analyse der spezifischen Folgen und Herausforderungen einer Pandemiekrise nach ihrer Erstellung im Jahre 2012 schlicht ignoriert? Hier hatte das Robert Koch-Institut die wesentliche fachliche Vorleistung erbracht, dessen Fachkompetenz für präventive Maßnahmen hätte genutzt werden müssen. Dass es dazu nicht kam, kann mit Systemkomplexität nicht erklärt werden. Den wirklichen Ursachen könnte man durch eine lückenlose Prozessanalyse nachgehen, die sich dem Schicksal der Risikoanalyse von 2012 in den

Geschäftsgängen des Bundesgesundheitsministeriums und des zuständigen Fachausschusses des Bundestages zu widmen hätte. Fahrlässig vernachlässigtes Fachwissen zum Schaden von Leib und Leben von Menschen ist schließlich keine Bagatelle. Solche Analysen hat es aber offenbar nicht gegeben, die wünschenswerten Lernprozesse also ebenfalls nicht.

Ähnlich verhält es sich mit der Indolenz im Hinblick auf die fragmentierten Zuständigkeiten von Bundesbehörden beim Infektionsschutz. Auch hier handelt es sich um Standardpathologien – ›Silodenken‹ und ›*turf logic*‹ sind in diesem Kontext die einschlägigen Stichworte. Weithin bekannt und unter Experten unstrittig ist der Zusammenhang von Klimawandel und der Zunahme von Krankheitserregern in geografischen Regionen, in denen diese zuvor nicht auftraten, und damit auch die Entwicklung von Zoonosen und das damit neuerlich einhergehende Risiko von Pandemien. In Deutschland besteht jedoch bereits auf der Ebene der Bundesministerien keine Koordinationsinstanz, deren fachliche und amtliche Kompetenz dem integralen Zusammenhang von Klimawandel, Zoonose-Risiken und erforderlicher Prävention gerecht würde. Auch hier dominiert die Logik des Üblichen und scheinbar Bewährten gegenüber den leicht zu verstehenden Erfordernissen des präventiven Schutzes von Leib und Leben.

Ein auf tragische Weise klassischer Fall der Schutzverweigerung durch staatliche Instanzen zeigte sich in der glücklicherweise auf Einzelfälle beschränkten Obstruktion der einrichtungsbezogenen Impfpflicht während der Covid-19-Pandemie durch Landesbehörden und deren Vertreter. Regelmäßig stehen Behörden unter Rechtfertigungsdruck, wenn sie Maßnahmen zum Schutz von Leben und Gesundheit auch gegen den Widerstand von Interessengruppen durchsetzen müssen, wofür Brandschutzmaßnahmen ein alltägliches Beispiel sind. Infektionsschutzmaßnahmen nutzen der Allgemeinheit, sie nutzen aber ganz besonders vulnerablen Gruppen – im Krankenhausbetrieb ist das eine Selbstverständlichkeit. Wenn der Schutz vulnerabler Gruppen dem populistischen Bündnis von Politikern und Personalvertretungen in stationären Einrichtungen zum Opfer fällt, liegt eine besonders gravierende Verletzung des Schutzgebots von Art. 2 Abs. 2 GG vor. Wiederum ist für diese Diagnose detailliertes Systemwissen entbehrlich; ein Verständnis für den Sinn des elementaren Grundrechtsschutzes und berufsethischer Grundsätze hätte auch in dem hier skizzierten Fall aus Sachsen ausgereicht.

Schließlich: Ein Standardrisiko von Verwaltungsfehlleistungen ist mit der Delegation von Dienstleistungen staatlicher und kommunaler Instanzen an Selbstverwaltungskörperschaften verbunden, die in der Literatur als *agency capture* bekannt sind. Dass sich die besonders aktiven Selbstverwaltungskörperschaften der Ärzteschaft auch besonders aktiv am Impfgeschehen beteiligten, war unter den Bedingungen der Pandemie nur zu begrüßen. Dass die erheblichen Verdienst- bzw. Zuverdienstmöglichkeiten bei Tagesvergütungen im oberen dreistelligen bzw. unteren vierstelligen Bereich zu Fehlanreizen und latenten Bereicherungskartellen führen konnten, hätte allerdings leicht erkannt werden können. Inwieweit die immerhin durch einen Bericht der Kassenärztliche Vereinigung für Berlin festgestellten Mängel charakteristisch sind und auch im Hinblick auf die Fortentwicklung der Krisenprävention verallgemeinerungsfähige Erkenntnisse liefern, wäre zu prüfen.

Für die Ernsthaftigkeit entsprechender Prüfungen gibt es einen einfachen Lackmustest: Sie müssen stattfinden.

Anmerkungen/Literatur

1   Vgl. Herbert A. Simon, »The Architecture of Complexity«, in: *Proceedings of the American Philosophical Society* 106.6 (1962), S. 467–482.

2   Etwa Arnold Gehlen, *Der Mensch. Seine Natur und seine Stellung in der Welt*, 14. Aufl., Frankfurt a.M. 2016 (1. Aufl. 1940), insbes. S. 65–79; ders., *Moral und Hypermoral. Eine pluralistische Ethik*, 6. Aufl., Frankfurt a.M. 2004 (1. Aufl. 1969).

3   Etwa Herbert A. Simon, *Administrative Behavior*, New York 1947; ders., *Models of Man*, New York 1957; James G. March & Herbert A. Simon, *Organizations*, Cambridge (Mass.) 1993 [1958]; James G. March & Johan P. Olsen, *Rediscovering Institutions. The Organizational Basis of Politics*, New York/London 1989; Geoffrey Vickers, *The Art of Judgment. A Study of Policy Making*, New York 1965.

4   Simon 1957.

5   Etwa March & Olsen 1989.

6   Vgl. für einen neueren Überblick Jürgen Schroth, *Konsequentialismus. Einführung*, Baden-Baden 2022.

7   Arjen Boin, Sanneke Kuipers & Werner Overdijk, »Leadership in Times of Crisis. A Framework for Assessment«, in: *International Review of Public Administration* 18 (2014), S. 79–91; Wolfgang Seibel, Christine Eckardt, Friedrich Huffert, Lisa Mende & Lorenz Wiese, »Verwaltungsresilienz unter Stressbedingungen«, in: *dms – der moderne staat* 15.1 (2022), S. 109–129.

8   Andrew Hopkins (Hg.), *Learning from High Reliability Organisations*, Canberra 2009; Karl E. Weick & Kathleen M. Sutcliffe, *Managing the Unexpected. Resilient Performance in an Age of Uncertainty*, 2. Aufl., Hoboken (New Jersey) 2007; Wolfgang Seibel, »Are Public Bureaucracies Supposed to Be High Reliability Organizations?« *Global Perspectives* 1.1 (2020), 17643, {doi.org/10.1525/gp.2020.17643}.

9   Niklas Luhmann, *Soziale Systeme. Grundriß einer allgemeinen Theorie*, Frankfurt a.M. 1984.

10 Renate Mayntz & Hans-Ulrich Derlien, »Party Patronage and Politicization of the West German Administrative Elite 1970–1987 – Toward Hybridization?«, in: *Governance* 2 (1989), S. 384–404.

11 Siehe Deutscher Bundestag, *Unterrichtung durch die Bundesregierung – Bericht zur Risikoanalyse im Bevölkerungsschutz 2012* (Drucksache 17/12051 vom 3. Januar 2013).

12 Ebd., S. 5.

13 Ebd., Fußnoten unberücksichtigt.

14 Ebd., S. 12.
15 Ebd., S. 67 f.
16 Ebd., S. 68 f.
17 Zuletzt: »New Report Highlights the Impact of Changes in Environment on One Health«, World Health Organization, 1. Juli 2022, www.who.int/europe/news/item/01-07-2022-new-report-highlights-the-impact-of-changes-in-environment-on-one-health.
18 Michael Freitag, »Bautzener Posse: Statt Rechtsbruch bei Impfpflicht gehts um Krankenstand und Bürokratie«, in: *Leipziger Zeitung*, 25. Januar 2022.
19 Christian Erhardt-Maciejewski, »Anweisung: Landrat muss Impfpflicht durchsetzen«, in: *Kommunal*, 25. Januar 2022.
20 Oliver Georgi, »Skrupelloser Söder«, in: *Frankfurter Allgemeine Zeitung*, 12. Februar 2022.
21 O. A., »Ungeimpft und unverzichtbar: Pflegekräfte können in Mittelsachsen weiterarbeiten«, in: *MDR*, 9. Juni 2022.
22 O. A., »Corona: Einrichtungsbezogene Impfpflicht zunehmend infrage gestellt«, in: *Ärzteblatt*, 28. Juli 2022.
23 Christoph Schult, »0 Arbeitsstunden, 720 Euro Honorar«, in: *Spiegel Online*, 27. August 2022.

2

Bedingt krisenfähig: Eine Praxisperspektive auf oberste Bundes- und Landesbehörden

GEORG SCHÜTTE

Krisen erzeugen Handlungsdruck: Wenn die Funktionsfähigkeit eines Systems oder einer Institution erschüttert oder zusammengebrochen ist,[1] wenn Systeme, die eine daseinserhaltende Rolle spielen, kippen,[2] wenn akute Gefahr für Leib und Leben, für Umwelt und Vermögenswerte, für Gemeinschaft und Zusammenhalt besteht, dann entwickelt sich ein Gefühl der Bedrohung, das nach Intervention verlangt. Staatliche Akteure sind gefordert, verlorenes Vertrauen in die Funktionsfähigkeit wiederherzustellen. Doch die Informationslage ist oftmals unvollständig, die Entscheidungen sind entsprechend risikobehaftet und bedürfen der weiteren Nachsteuerung, wenn nicht gar Korrektur.

Wie sind staatliche Einrichtungen, insbesondere Ministerien in Bund und Ländern, auf Krisensituationen eingestellt, wie wir sie mit der SARS-CoV-2-Pandemie erlebt haben und wie wir sie aktuell als Sicherheits-, Energie- und Wohlstandskrise erleben? Wie interagieren sie innerhalb der staatlichen Exekutive, wie mit anderen gesellschaftlichen Bereichen, insbesondere der Wissenschaft? Hierzu sollen im Folgenden einige Beobachtungen aus der Praxis der politischen Administration[3] zu einem allgemeinen Befund verdichtet werden: Die obersten Behörden in Bund und Ländern sind so, wie sie aktuell organisiert sind, nur bedingt krisenfähig.

Multiple Krisen?

Krisen fallen nicht vom Himmel. Krisen kündigen sich an. Sie bilden den Höhepunkt einer Entwicklung, die auch zuvor bereits als Risiko gesehen oder als Konflikt prognostiziert wurde. Dies gilt sowohl für die SARS-CoV-2-Pandemie der Jahre 2020 bis 2023 als auch beispielsweise für die Flutkatastrophe im Ahrtal im Westen Deutschlands im Jahr 2021. Es klingt wie eine bittere Ironie der Geschichte, dass die Bundesregierung beide Ereignisse bereits rund zehn Jahre zuvor explizit als mögliche Krisenszenarien in einer Risikoanalyse benannt und den Bundestag über eine potenzielle Bedrohung informiert hatte.[4] Das Wissen über mögliche Risiken schützt offensichtlich nicht davor, wenig bis unvorbereitet in eine Krisensituation zu geraten.

Zugleich bedarf es einer Verständigung darüber, wann aus einem Risiko eine Krise wird und wann eine Krise in global vernetzten, postindustriellen Gesellschaften der Gegenwart handlungsrelevant wird. Die Verbreitung des Ebolavirus in West-, Zentral- und Ostafrika in den Jahren 2014–2016 etwa blieb eine Epidemie, die Europa nur über wenige infizierte und sogleich isolierte Patientinnen und Patienten erreicht hatte, mit denen hiesige Kliniken souverän umgehen konnten. Die Spanische Grippe zu Beginn des 20. Jahrhunderts sowie SARS-CoV-2-Infektionen rund einhundert Jahre später entwickelten sich hingegen zu weltweiten Pandemien.

Es mag hilfreich sein, zwischen Entwicklungen zu unterscheiden, die in längerfristiger Perspektive zwar als möglich, aber hochgradig unwahrscheinlich erscheinen und entsprechend überraschend eintreten, und solchen, die sich langfristig ankündigen und mit einer gewissen Vorhersehbarkeit auf sogenannte Kipppunkte zulaufen, an denen aus graduellen Veränderungen binnen kurzer Zeit tiefgreifende Veränderungsprozesse entstehen, sogenannte *creeping crises*.[5] Die Reaktorkatastrophe in Fukushima infolge eines Tsunamis 2011 etwa mag in die erstgenannte Kategorie überraschender Ereignisse fallen. Klima- und Biodiversitätswandel gehören dagegen sicherlich in die zweite Kategorie längerfristiger Prozesse. Auf dem dazwischenliegenden Kontinuum lassen sich vielfältige Krisenszenarien einordnen.

Seit der zweiten Hälfte des 20. Jahrhunderts haben wissenschaftliche Erkenntnisse zunehmend zu einem Verständnis von tiefgreifenden globalen Veränderungsprozessen beigetragen. Soziale Protestbewegungen wie etwa Fridays for Future beziehen sich auf Ergebnisse der Klimaforschung, die spätestens in den 1970er-Jahren damit begann, globale klimatische Veränderungen mit grundlegenden Einsichten zu verstehen und zu erklären. Ein zunehmend breiteres wissenschaftliches Verständnis vielfältiger und wechselseitig vernetzter globaler Veränderungsprozesse führt dazu, dass Wissenschaftler heute von einer ›Polykrise‹[6] sprechen. Ein solches Verständnis mag dazu beitragen, dass auch im Bewusstsein breiterer gesellschaftlicher Gruppen das Gefühl Platz greift, in einer Zeit ›multipler Krisen‹ zu leben.

Krisenprävention: Haben wir die passenden Frühwarnsysteme?

In einer solchen Situation wahrgenommener Unsicherheit und Bedrohung vermögen Frühwarnsysteme das Gefühl von Sicherheit zu vermitteln. Doch besitzen wir diese Frühwarnsysteme nur zum Teil: Die Krisenszenarien für eine Viruspandemie und ein Flutereignis lagen in den Schubladen – und genau dort waren sie auch in Vergessenheit geraten. Behördliches Handeln hatte sich damit begnügt, über die Möglichkeit eines derartigen Ereignisses nachzudenken. Die Wahrscheinlichkeit eines solchen Ereignisses hatte jedoch nicht genügend großen administrativen oder politischen Handlungsdruck erzeugt, um ein Überdenken bestehender Strukturen und Prozesse voranzutreiben. Erst mit Eintritt des Schadensereignisses wurde begonnen, Warnsysteme, Abstimmungsprozesse, behördliche Strukturen und Vorsorgeleistungen für eine Wiederholung eines derartigen Krisenereignisses anzupassen: Erst nach der Flutkatastrophe in Rheinland-Pfalz und Nordrhein-Westfalen im Jahr 2021 haben Bund und Länder die Kompetenzen des Bundesamtes für Bevölkerungsschutz und Katastrophenhilfe neu bestimmt. Erst mit der SARS-CoV-2-Pandemie begann eine Debatte über die Ausstattung und Organisation kommunaler Gesundheitsämter. Die jeweils getroffenen Maßnahmen mögen bei erneutem Ausbruch ähnlicher Krisen helfen – ob sie jedoch zu einer wirkungsvolleren Prävention in einer Zeit multipler Krisen beitragen werden, bleibt offen.

Die Bundesregierung hat zudem eine Reihe von Beratungsgremien und -organisationen beauftragt, über längere Zeit Veränderungsprozesse innerhalb der Gesellschaft zu beobachten. Dazu gehören so unterschiedliche Gremien wie die Ständige Impfkommission (STIKO), der Wissenschaftliche Beirat Globale Umweltveränderungen (WBGU), der Sachverständigenrat zur Begutachtung der gesamtwirtschaftlichen Entwicklung (SVR) oder die Stiftung Wissenschaft und Politik (SWP). Die Gremien und Organisationen arbeiten jedoch jeweils mit unterschiedlicher fachlicher und zeitlicher Perspektive, sind zudem organisatorisch kaum vernetzt und in der Regel im Auftrag eines oder zwei Ressorts tätig. Krisenszenarien werden daher, wenn überhaupt, selten entwickelt – und wenn doch, dann greifen sie nicht oder kaum auf das Wissen anderer Beratungsgremien zurück. Der zeitliche und inhaltliche Fokus sowie die behördliche Anbindung begrenzen daher die Leistungsfähigkeit von Gremien und Organisationen als Frühwarnsysteme.

Die Nachrichtendienste tragen als Frühwarnsysteme vornehmlich außen- und sicherheitspolitische Informationen bei, sind bei der Beurteilung komplexer, auf wissenschaftlichen Erkenntnissen beruhender Veränderungsprozesse in der Regel jedoch überfordert.

In der Wissenschaft gibt es mit den Akademien der Wissenschaften, den verschiedenen Wissenschaftsorganisationen und einzelnen Forschungsinstituten zahlreiche Akteure der wissenschaftlichen Politikberatung, doch ist keine dieser Organisationen dezidiert auf eine Krisenvorausschau festgelegt. Und keine hat es zum Auftrag, Krisenpräventions- und -bewältigungsverfahren zu entwickeln.

Internationale zwischenstaatliche und supranationale Einrichtungen machen seit mehreren Jahrzehnten zunehmend auf globale Risiken aufmerksam, entwickeln Szenarien und drängen auf ein koordiniertes Handeln von Staaten und Staatengruppen, etwa im Rahmen des Welternährungsprogramms, des Entwicklungsprogramms der Vereinten Nationen, des Weltklimarates oder der Weltgesundheitsorganisation. Wie nationale Beratungsorganisationen auch stehen sie zum einen vor der Herausforderung, dass wissenschaftliche Evidenz sich erst über die Zeit zu belastbaren Szenarien verdichtet und Forschung, etwa zu pandemiefähigen Virenklassen, Zeit benötigt.[7] Zum anderen stehen geopolitische Interessen einzelner Staaten oftmals einem konzertierten globalen Handeln der Staaten im Wege.

Das bedeutet:

- *Die Eigenlogiken der unterschiedlichen Handlungsbereiche scheinen generell nicht darauf ausgerichtet zu sein, Szenarien des Unvorhergesehenen zu entwickeln:*

    - *Staatliche Administration ist auf den Regelfall ausgerichtet, auf transparente, nachvollziehbare und gerechte Verwaltungsverfahren.*
    - *Wissenschaft sucht nach neuen Erkenntnissen, verschafft also Einsichten in komplexe Zusammenhänge. Dieses Wissen jedoch in größere Systemzusammenhänge zu integrieren, die soziale Dynamiken mitberücksichtigen, bleibt eine Herausforderung.*
    - *Politik folgt der Handlungslogik der Macht. Politische Durchsetzungsfähigkeit speist sich argumentativ in der Regel nicht aus Bedrohungs-, sondern aus Gestaltungsszenarien. Unsicherheit zu streuen, erscheint den Akteuren der Politik in der Regel nicht als geeignete Strategie zum Machterhalt oder Machtgewinn.*

Krisenintervention: Haben wir die passenden Notfallpläne?

Die Vielzahl möglicher Szenarien, für die es Krisenpläne zu erarbeiten gilt, ist überkomplex. Zudem entziehen sich höchst unwahrscheinliche Ereignisse naturgemäß einfachen Verfahren der Vorhersehbarkeit.[8] Bei Bedrohungslagen für kritische Infrastrukturen – etwa die Energie- und Wasserversorgung, die zunehmend digitale Kommunikations- und Steuerungsinfrastruktur oder die Gesundheitsversorgung – ist eine angemessene Krisenvorsorge aktuell beispielsweise nicht oder nur ansatzweise gegeben. Die

Eine Praxisperspektive auf oberste Bundes- und Landesbehörden

Vulnerabilität ist gleichwohl offenkundig: Während Cyberkriminalität in Deutschland bereits zum Ausfall kommunaler Gesundheitsdienste und in den USA zum Zusammenbruch regionaler Stromversorgung geführt hat, gehören Schadensmeldungen in diesem Bereich längst zum Alltag.[9]

Andere Schadensereignisse erscheinen so singulär, dass die Krisenvorsorge immer wieder in den Hintergrund tritt. Schwerste Unfälle in Atomkraftwerken wie etwa in Sellafield (1957), Harrisburg (1979), Tschernobyl (1986) oder Fukushima (2011) gehören zwar zum kollektiven Erinnerungsbestand großtechnologischer Katastrophen, doch scheinen die Vorsorgepläne für einen Atomunfall nahe der deutschen Grenze, etwa in der Tschechischen Republik oder in Belgien, nur begrenzt vorhanden zu sein (oder nicht ausreichend kommuniziert zu werden).

Langfristig sich abzeichnende Veränderungsprozesse hingegen lassen die Zeitachse, entlang derer Handeln notwendig ist, unklar erscheinen. Zudem erfordern sie vielfach kollektives Handeln, das über die Möglichkeiten von Einzelstaaten und Einzelakteuren hinausgeht. Angesichts unterschiedlicher Interessenlagen der Staaten, unterschiedlicher sozialer Weiterentwicklungsansprüche und unterschiedlicher welthistorischer Erfahrungen dauert es lang, sich auf gemeinsame Handlungsweisen zu einigen.

Zudem erfordert die Vorbereitung auf nicht exakt vorhersagbare Krisen teure Redundanzen: Es gilt, physisch, organisatorisch und personell Strukturen vorzuhalten, die im Zweifel erst – und nur – im Krisenfall benötigt werden, zuvor aber über mehr oder minder lange Zeiträume Vorhaltekosten in zum Teil großer Höhe anfallen lassen. Während des Kalten Krieges war dies beispielsweise sicherheitspolitisch gewollt und wurde vor dem Hintergrund der Erfahrung zweier Weltkriege kaum hinterfragt. Wie hoch die Kosten waren und sind, wird nunmehr deutlich, da diese Strukturen angesichts des Krieges in der Ukraine auch in Deutschland neu aufgebaut werden müssen. Die Friedensdividende scheint aufgebraucht, Reinvestitionen sind nötig. Ähnliches gilt für Wissenschaft und Forschung, wo nur über eine angemessene disziplinäre Breite und thematische Offenheit Erkenntnisvorsorge geleistet werden kann. In anderen Bereichen schließlich, etwa der Energieversorgung und der Klimafrage, scheint der Kredit einer Lebensführung längerfristig aufgebraucht, die Wohlstand einseitig zulasten natürlicher Ressourcen des Planeten aufgebaut hat.

Das bedeutet:

- *Die Vorbereitung auf Krisen ist teuer. Sie erfordert neue Formen der internationalen Politik, die kurzfristige Eigeninteressen und längerfristige Kollektivinteressen in ein konstruktives Verhältnis zueinander stellt. Wo dies nicht möglich ist, gilt es, in überschaubaren Konstellationen Veränderungshebel zu identifizieren, die kollektiv genutzt werden können, um prototypisch Veränderungsmöglichkeiten aufzuzeigen, die Breitenwirkung entfalten können.*

Handlungsmöglichkeiten: Szenariendenken, Simulationen, Thinktanks

Wie ist mit diesen Herausforderungen und Dilemmata umzugehen? Drei Vorschläge könnten bei der Entwicklung von Problemlösungen helfen, die sowohl handhabbar sind als auch eine Chance haben, Akzeptanz zu finden:

1. Das Undenkbare zu denken, erscheint paradox. Realistisch erscheint es jedoch, zu den Handlungsroutinen der staatlichen Administration die Entwicklung von Krisenszenarien hinzuzufügen.

Eine Praxisperspektive auf oberste Bundes- und Landesbehörden

Die einzelnen Ressorts der Bundesregierung verfügen mit ihren nachgeordneten Behörden sowie mit den einzelnen Ressortforschungseinrichtungen über große Wissensbestände und über vielfältige Möglichkeiten, neues Wissen zu generieren und vorhandene Wissensbestände zueinander in Beziehung zu setzen, um im jeweiligen fachlichen Zuständigkeitsbereich Entwicklungs- und Krisenszenarien zu benennen. Angesichts der steigenden wissenschaftlichen Komplexität dieser Szenarien stellen jedoch bereits die Integration und Neuausrichtung dieser Wissensbestände auf mögliche Krisenszenarien nicht zu unterschätzende Aufgaben dar.

Eine Möglichkeit, mit dieser Komplexität umzugehen, bestünde darin, nach angelsächsischem Vorbild in jedem Ressort der Bundesregierung eine bzw. einen chief scientist *zu verankern, die bzw. der diese Integrationsaufgabe mit einem kleinen Stab leistet. Eine bzw. ein* chief scientist *der Bundesregierung könnte dieses Ressortwissen bündeln und zu Handlungsempfehlungen für die gesamte Regierung verdichten. Diese wären selbstredend wiederum in der Verantwortung einzelner Ressorts umzusetzen. Handlungsempfehlungen könnten sowohl den Aufbau redundanter Sicherheitssysteme beinhalten als auch Verantwortungsketten benennen, die in solchen Krisenfällen, in denen ad hoc über Adaptionsmechanismen zu entscheiden ist, zu einem zielgerichteten Handeln beitragen.*

2. Die Vergangenheit hat gezeigt, dass öffentliche Einrichtungen sich schwertun, Kriseninterventionspläne hinreichend belastbar zu entwickeln und vorzuhalten.

Schon einfache Übungen wie Workshops für Gesundheitsministerinnen und -minister bei einem G7-Gipfel bzw. während des Weltwirtschaftsforums in Davos vor einigen Jahren haben gezeigt, wie schnell Stärken, Schwächen und Leerstellen von Interventionsplänen – sowohl hinsichtlich der benötigten Strukturen zur Krisenbewältigung als auch hinsichtlich der dafür vorauszudenkenden Prozesse – deutlich werden können. Hier könnten unter anderem Simulationsübungen helfen, Schwachstellen zu identifizieren und zu beseitigen.

3. Generell bedarf es jedoch kritischer Distanz und pragmatischer Orientierung gleichermaßen. Dabei ist zum einen die Wissenschaft gefordert: »Die Bündelung und Vertiefung problembezogener wissenschaftlicher Erkenntnisse und ihre Aufbereitung zu Handlungsoptionen, die gesellschaftlich und politisch diskutiert und entschieden werden können, ist eine zentrale, aber immer noch unterschätzte gesellschaftliche Aufgabe der Wissenschaft«, so Ortwin Renn.[10] Eine ergänzende Rolle könnten unabhängige Thinktanks, also Organisationen der wissenschaftlichen und/oder interessegeleiteten Politikberatung, übernehmen. Zwar fehlt es in Deutschland nicht an solchen Einrichtungen, jedoch sehen sie ihre Rolle traditionell eher darin, wissenschaftliche Erkenntnisse und daraus abgeleitete Handlungsziele zu vermitteln. Die Wege aber, auf denen diese Ziele erreicht werden sollen, stehen selten zur Debatte.

Die Notwendigkeit, derartige roadmaps *auch für heute erkennbare Risikolagen zu entwickeln, diese auch für Krisenszenarien weiterzudenken und damit neben Orientierungs- und Systemwissen auch Transformationswissen bereitzustellen, verweist auf eine Leerstelle im deutschen Thinktanksystem: Wenn weder die politische Administration noch die parteipolitischen Akteure in der Lage und fähig sind, diese bisweilen schwierigen, kostenträchtigen und möglicherweise auch unpopulären Optionen öffentlich zur Debatte zu stellen, dann benötigen wir andere Akteure, die dies zu tun in der Lage sind. Das heißt nicht, dass sich die politische Legislative und Exekutive der Entscheidung über den Weg entledigt. Es würde aber eine öffentliche Debatte eröffnet, die nicht nur die Ziele des Handelns in komplexen Veränderungssituationen zum Gegenstand hat, sondern auch die Mittel und Wege, die bisweilen umso schwierigere Abwägungsentscheidungen mit sich bringen.*[11]

Anmerkungen/Literatur

1 Vgl. Wolfgang Seibels Beitrag in diesem Band.
2 Vgl. Ortwin Renns Beitrag in diesem Band.
3 Der Autor war von 2009 bis 2019 als beamteter Staatssekretär im Bundesministerium für Bildung und Forschung tätig.
4 Deutscher Bundestag, *Unterrichtung durch die Bundesregierung – Bericht zur Risikoanalyse im Bevölkerungsschutz 2012* (Drucksache 17/12051 vom 3. Januar 2013).
5 Vgl. Wolfgang Seibel in diesem Band sowie dessen Arbeiten im seit 2017 von der DFG geförderten Reinhart-Koselleck-Projekt »Schwarze Schwäne in der Verwaltung. Seltenes Organisationsversagen mit schwerwiegenden Folgen«, {gepris.dfg.de/gepris/projekt/329566223?context=projekt&task=showDetail&id=329566223&}.
6 Thomas Homer-Dixon, Ortwin Renn, Johan Rockström, Jonathan F. Donges & Scott Janzwood, *A Call for an International Research Program on the Risk of a Global Polycrisis*, Cascade Institute Technical Paper 3 (2022), {cascadeinstitute.org/technical-paper/a-call-for-an-international-research-program-on-the-risk-of-a-global-polycrisis}.
7 Taran Deol, »WHO's updated priority pathogen list to be out by early 2023«, in: *DownToEarth*, 22. November 2022, {www.downtoearth.org.in/news/health/who-s-updated-priority-pathogen-list-to-be-out-by-early-2023-86113}.
8 Nassim Nicholas Taleb, *Der Schwarze Schwan. Die Macht höchst unwahrscheinlicher Ereignisse*, München 2010 [*The Black Swan. The Impact of the Highly Improbable*, New York 2007].
9 Kai Müller, »Die Risikorepublik«, in: *Tagesspiegel*, 26. Februar 2023.
10 Ortwin Renn in diesem Band.
11 Dieser Vorschlag geht auf eine Diskussion im Rahmen der Falling-Walls-Konferenz am 8. November 2022 zurück, die von Norbert Holtkamp, Jürgen Mlynek und Sebastian Turner initiiert wurde.

3

Und dann auch noch Corona! Über den Umgang mit Krisen im Bildungssystem[1]

MANFRED PRENZEL, PETRA STANAT & CORNELIA GRÄSEL

Es gibt viele Hinweise darauf, dass sich das Bildungssystem bereits vor Corona in einem krisenhaften Zustand befand: Wenn erhebliche Anteile von Schüler:innen während ihrer Schulzeit nur unzureichende Grundkompetenzen entwickeln, wird die Möglichkeit zur gesellschaftlichen Partizipation stark gefährdet, was mit problematischen bis bedrohlichen Folgen für die Individuen und für die Gesellschaft einhergeht. Diese absehbaren Beeinträchtigungen für das individuelle Leben wie das gesellschaftliche Gemeinwohl rechtfertigen es, von einer Krise zu sprechen.

So war der ›PISA-Schock‹ in Deutschland vor über zwanzig Jahren eine Reaktion auf eine wahrgenommene Krise des Bildungssystems, veranlasst durch alarmierende Befunde, die ein unzureichendes Niveau grundlegender Kompetenzen, hohe Anteile von ›Risikoschüler:innen‹ (fast ein Viertel drohte den

Anschluss zu verlieren) und im internationalen Vergleich sehr große herkunftsbedingte Disparitäten nachwiesen. In der Folge wurden vielfältige Anstrengungen unternommen, um diese Bildungskrise zu überwinden. Dabei zeichneten sich in den ersten Jahren leichte Fortschritte ab, die dann aber – dies zeigen Vergleichsstudien der letzten Zeit – stagnierten oder wieder zurückgingen.

Auf diese noch nicht wirklich gemeisterte Bildungskrise traf Corona. Wie in anderen Feldern auch hat die Pandemie im Bildungsbereich Problemfelder noch deutlicher zutage treten lassen, weil sich ihre Auswirkungen verstärkten. Wenn es vielen Schulen und Lehrkräften schon im Normalzustand schwerfiel, alle Schüler:innen – unabhängig von ihren Lernvoraussetzungen und Lebenslagen – vergleichbar zu fördern, wenn Grundfähigkeiten des Lesens oder selbstständigen Lernens unterschiedlich und insgesamt eher schwach entwickelt wurden, was sollte dann bei einem eingeschränkten Präsenzbetrieb in Kindertageseinrichtungen und Schulen passieren, der zur Eindämmung der Pandemie als angezeigt erschien? Auch hier unterschieden sich wiederum die Maßnahmen und Anstrengungen, die pädagogische Einrichtungen im reduzierten Präsenzbetrieb zur Lernunterstützung und Betreuung ergriffen, erheblich in Quantität und Qualität. Die Bedingungen für eine kontinuierliche Lernentwicklung waren damit stark beeinträchtigt, und dies besonders dann, wenn in den Elternhäusern schlechte Voraussetzungen für eigene Unterstützungen und eine Kompensation mangelnder institutioneller Betreuung gegeben waren. Vor diesem Hintergrund trug die ›Coronakrise‹ maßgeblich dazu bei, die bereits bestehende Bildungsmisere noch weiter zu verstärken.

Die Situation wurde außerdem dadurch verschärft, dass Instrumente fehlten, um gezielt auf die Krise zu reagieren und ihre Effekte abzumildern. Ein systematisches Monitoring der

Entwicklungen konnte kaum stattfinden, wäre für eine gezielte Unterstützung besonders betroffener Bildungseinrichtungen, Kinder und Jugendlicher jedoch wichtig gewesen. Dass insbesondere die Digitalisierung der Bildungseinrichtungen in der Vergangenheit nicht zügig und systematisch genug vorangetrieben worden war, wurde in der Pandemie wie unter einem Brennglas sichtbar.

Diese Überlagerung von Krisen – inzwischen kommt noch der Mangel an qualifizierten Lehrkräften und Erzieher:innen hinzu – und die fehlenden Tools, um darauf zu reagieren, stellen die Ausgangspunkte unserer Thesen dar: Der Bildungsbereich mit seinen Teilsystemen muss auf unterschiedliche Arten von Krisen sowie katastrophale Ereignisse künftig besser vorbereitet sein und in diesen handlungsfähig bleiben. Die Befundlage zu Effekten der pandemiebedingten Einschränkungen des Kita- und Schulbetriebs weist dabei deutlich darauf hin, dass dem Offenhalten der Bildungseinrichtungen eine hohe Priorität eingeräumt werden sollte. Die Schließungen von Kitas und Schulen während der Coronapandemie waren in der Anfangsphase zwar unvermeidlich, sollten jedoch in zukünftigen Krisensituationen in ihren Vor- und Nachteilen kritischer abgewogen werden. Sie waren mit erheblichen negativen Auswirkungen sowohl auf die kognitive als auch auf die sozial-emotionale Entwicklung der Kinder und Jugendlichen verbunden und bei denjenigen aus sozioökonomisch benachteiligten und zugewanderten Familien besonders stark ausgeprägt. Auch Kitas haben nicht nur einen Betreuungs-, sondern ebenfalls einen Bildungsauftrag, der für die Entwicklung jener Kinder besonders wichtig ist. Dieser Aspekt sollte bei Entscheidungen in Krisensituationen zukünftig stärker berücksichtigt werden.

Vor diesem Hintergrund wollen wir im Folgenden einige Eindrücke über den Umgang mit Krisen im Bildungssystem[2] zusammenfassen, die von der Coronapandemie ausgehen, aber dann breiter eingeordnet werden, um nach generalisierbaren Mustern oder Unzulänglichkeiten zu fragen. Vor allem versuchen wir, die Lektionen, die wir gelernt haben, hinsichtlich möglicher Konsequenzen exemplarisch weiterzudenken: Was könnte, was müsste in Deutschland getan werden, um Krisen im Bildungssystem zukünftig besser bewältigen und wirklich überwinden zu können?

Auf Krisensituationen vorbereiten – Risikomanagement

Wir beginnen mit einem Punkt, der in der Coronakrise sehr deutlich wurde: In Deutschland verfügen Bildungseinrichtungen selten und wenn, dann nur eingeschränkt über Pläne für Notfälle oder Krisen. Für bestimmte Krisenlagen an einzelnen Schulen, wie etwa Amoksituationen, schwere Gewalttaten oder Unfälle, existieren zwar häufiger Pläne und Handreichungen, in denen dargestellt wird, was in den Einrichtungen zu beachten ist (z. B. auf den Bildungsservern der Länder). Krisen- und Notfallsituationen, die breitflächig und lang andauernd sind, die etwa infolge von Pandemien, Umweltkatastrophen oder des Zusammenbruchs von Infrastrukturen entstehen, werden in diesen Plänen dagegen kaum thematisiert. Schulen sollten daher ein Risiko- und Notfallmanagement entwickeln, das ein breiteres Spektrum an Risiken umfasst, so etwa auch Schulschließungen oder Beeinträchtigungen der Kommunikationsmöglichkeiten. Dafür benötigen sie entsprechende Rahmenbedingungen und Unterstützung (z. B. Infrastruktur, Leitfäden, Beratungen, Ansprechpartner). Insbesondere auch für größere, unter Umständen länger anhaltende Krisen sind Verantwortlichkeiten (Krisenstäbe mit definierten Kompetenzen) und Prozesse (Notfallkommunikation nach innen und nach außen) präventiv zu klären. Dabei sollte so weit wie möglich auch präventiv festgelegt werden, welche quantitativen und qualitativen Standards für Betreuungs- und Bildungsangebote in Krisensituationen gelten und wie deren Einhaltung gewährleistet werden kann. Zu einem umfassenden Krisenmanagement gehören schließlich auch eine Evaluation der Krisenbewältigung und die darauf basierende Überarbeitung der Krisen- und Notfallpläne.

Wirkungen von Krisen umfassend und mehrdimensional betrachten

Im Verlauf der länger andauernden Schließungen pädagogischer Einrichtungen wurden zunächst Sorgen über versäumten Schulstoff und ausbleibende Lernfortschritte geäußert. Auch mögliche Rückwirkungen auf die Alltagsgestaltung, wie mangelnde Peerkontakte oder exzessiver Medienkonsum, rückten in den Blickpunkt, verbunden mit der Annahme differentiell beeinträchtigender Effekte, je nach häuslicher Lebenssituation und Betreuungskonstellation. Dass die negativen Effekte der Schließungen noch sehr viel breiter und zum Teil dramatisch ausgefallen waren, wurde spätestens mit der Ad-hoc-Empfehlung des Deutschen Ethikrates unter dem Titel »Pandemie und psychische Gesundheit«[3] publik. In diesem Papier wurden psychische Belastungen und deren negative Folgen herausgestellt, die die Pandemie für viele Kinder und Jugendliche hatte. Hier wurden auch Vorschläge entwickelt, wie Schulen in Nichtkrisenzeiten lebensgestaltende und unterstützende Angebote unterbreiten können (u. a. schulpsychologische Angebote, Vernetzung mit der Kinder- und Jugendhilfe sowie mit dem Gesundheitswesen). Auch und gerade in Krisenzeiten tragen Bildungseinrichtungen eine Mitverantwortung für die sozial-emotionale Entwicklung von Kindern, was jüngst auch von der Ständigen Wissenschaftlichen Kommission der Kultusministerkonferenz (KMK) betont wurde.[4] Bildungseinrichtungen müssen sicherstellen, dass alle Kinder und Jugendlichen erreicht werden (s. o.), dass mit geeigneten Indikatoren ihr Wohlbefinden und ihre psychische Belastung erfasst werden können und dass – im Falle ungünstiger Entwicklungen – in multiprofessionellen Teams und in Kooperation mit dem Sozial- und Gesundheitsbereich Beratungs- und Therapiemöglichkeiten angeboten werden. Insbesondere in Krisensituationen sind daher Schnittstellen zwischen dem Bildungsbereich und verschiedenen Hilfesystemen erforderlich. Bei der Umstellung auf Distanzlernen fokussierten sich Schulen in der Pandemie vornehmlich auf kognitive Lernangebote. Dieser Fokus war wichtig, um die Effekte der pandemiebedingten Einschränkungen auf die Lernentwicklung so weit wie möglich abzumildern. Künftig sollten Distanzangebote aber stärker darauf abzielen, für alle Kinder und Jugendlichen ein Mindestmaß an sozialer Einbindung und an sozialen Kontakten jenseits ihres häuslichen Umfelds zu gewährleisten.

Systematisch betrachtet, rufen die Hinweise auf psychische Belastungen und die Bedeutung der sozial-emotionalen Entwicklung in Erinnerung, dass Bildungseinrichtungen wie die Schule nicht nur für den Aufbau von Wissen zuständig sind, sondern eine entscheidende Rolle im Alltag von Kindern und Jugendlichen spielen und damit wesentlich zu ihrer Persönlichkeitsentwicklung beitragen. Vor diesem Hintergrund definieren aktuelle Gesetze, Verordnungen und inhaltliche Vorgaben im Bildungsbereich (wie etwa Bildungs- und Lehrpläne) mehrdimensionale Ziele, die nicht nur wissensbezogene kognitive, sondern auch soziale, emotionale, motivationale und wertbezogene Facetten umfassen. So sollen zum Beispiel bereits in Kitas Selbstständigkeit und Verantwortungsbewusstsein gefördert werden – Persönlichkeitsmerkmale, die dann in den folgenden Bildungsstufen weiter ausdifferenziert und gestärkt werden sollen. Viele dieser Merkmale sind für die Bewältigung von Herausforderungen und das Handeln in Krisensituationen grundlegend.

Vor dem Hintergrund der Coronaerfahrungen regen wir deshalb erstens an, bei anstehenden Revisionen von Bildungs- und Lehrplänen insbesondere auch für den Schulbereich solche Kompetenzen hervorzuheben, die für den Umgang mit Krisen bedeutsam sind. Diese Kompetenzen sollten so beschrieben werden, dass die Zielperspektiven klar sind und die pädagogisch Handelnden sich daran orientieren können. Neben Kompetenzen der Zusammenarbeit, des informierten kritischen Denkens (einschließlich Abschätzung und Abwägung von Risiken) und des Problemlösens, die in aktuellen bildungstheoretischen Diskussionen (wieder) stärker betont werden, sollte insgesamt ein Schwerpunkt darauf gelegt werden, dass Kinder und Jugendliche frühzeitig Kompetenzen zu selbstgesteuertem und selbstorganisiertem Lernen (mit unterschiedlichen Materialien/digitalen Medien, in unterschiedlichen sozialen Konstellationen und in unterschiedlichen Umgebungen) entwickeln und über die Bildungsetappen weiter ausbauen.

Zweitens ist darauf zu achten, dass curriculare Änderungen ausreichend Platz und Zeit für die Entwicklung von grundlegenden Kompetenzen – darunter auch Kompetenzen zum selbstgesteuerten Lernen – vorsehen. Aufgrund der Erfahrung, dass im Unterrichtsalltag breiter gefasste Bildungsziele gegenüber überladenen und kleinteiligen fachlichen Zielen oft in den Hintergrund treten, ist darauf zu achten, dass das mehrdimensionale Zielspektrum im Unterrichtsalltag sichtbar und konsequent verfolgt wird. Wie fachliches Lernen mit sozialem Lernen verbunden (z. B. mit klug vorstrukturierter und begleiteter

Partner- und Gruppenarbeit) und wie durch geeignete Arbeitsaufträge und Rückmeldeformate zur Weiterentwicklung von Lernstrategien und Selbstregulation beigetragen werden kann, ist nicht für alle Lehrkräfte selbstverständlich. Das gilt auch für die Umsetzung von wohlgemeinten Vorschlägen, nun endlich ›21st Century Skills‹⁵ in den Schulen zu entwickeln. Dies gelingt nur dann, wenn Lehrkräfte fachliches Lernen in geeigneter Weise gezielt mit Gesprächsanlässen, Kooperationsaufgaben und Anregungen zur selbstständigen Erkundung und Ermunterung zu kritischer Reflexion verbinden. Die große Herausforderung besteht darin, mehrdimensionale Ziele, die für die Bewältigung zukünftiger Belastungen und Krisen wie auch für die Entwicklung zukunftsrelevanter Kompetenzen wichtig sind, im Schulalltag tatsächlich umzusetzen und dies in einer Weise zu tun, dass alle Schüler:innen davon profitieren. Hierfür benötigen Lehrkräfte Freiräume und Unterstützungen sowie die Bereitschaft, sich durch Zusammenarbeit bei der Unterrichtsgestaltung gegenseitig zu helfen und auch zu entlasten, denn das Potenzial von Kooperation wird nach wie vor an Schulen wenig genutzt. Ganz entscheidend ist es zudem, das breite Zielspektrum auch bei Rückmeldungen sowie der Leistungsbeurteilung und Notengebung zu berücksichtigen. Ebenso gilt es, bei der Beurteilung der Qualität von Bildungseinrichtungen und -systemen das breitere mehrdimensionale Zielspektrum in Betracht zu ziehen. Ansatzweise geschieht dies bereits unter anderem in Vergleichsstudien (teils auch in der Schulinspektion), die häufig neben Kompetenzmessungen auch motivationale Orientierungen oder das Wohlbefinden in der Schule erheben. Damit liefern diese zumindest einige Anhaltspunkte für problematische Engführungen. Die Berücksichtigung multipler Ziele sollte im Bildungsmonitoring darüber hinaus noch weiter gestärkt werden.

Die Bedeutung einer verlässlich funktionierenden digitalen Infrastruktur

Zu dem oben angesprochenen breiteren Zielspektrum zählen seit geraumer Zeit Kompetenzen, die im Kontext der digitalen Transformation besondere Bedeutung gewonnen haben. Um digitale Literacy und Souveränität zu entwickeln, brauchen Kinder und Jugendliche Anlässe, Gelegenheiten und Unterstützungen, sich explorierend und lernend mit digitalen Tools und Systemen sowie deren Grundlagen und Anwendungsmöglichkeiten auseinanderzusetzen. Digital gestützte Lernumgebungen bieten vor allem Möglichkeiten, Lernprozesse in vielerlei Hinsicht anzureichern und zielorientiert zu fördern. Obwohl der Ausbau einer digitalen Infrastruktur und die Entwicklung digitaler Kompetenzen seit geraumer Zeit auf der politischen Agenda stehen und Mittel und Pläne für die Digitalisierung im Bildungsbereich vorhanden sind, schreitet die Entwicklung digitaler Infrastrukturen in Bildungseinrichtungen nur langsam voran. Dies betrifft sowohl die Ausstattung mit Hard- und Software und deren fortlaufende Administration als auch die Bereitstellung funktionierender Lern- und Kommunikationsplattformen und vor allem die Bereitstellung qualitätsgesicherter Tools zur kompetenzorientierten Unterstützung von Lehr-Lern-Prozessen sowie zum Monitoring von Entwicklungen und Unterstützungsbedarfen.

Die negativen Auswirkungen der pandemiebedingten Schließungen von Bildungseinrichtungen hätten vermutlich deutlich abgemildert werden können, wenn der Aufbau einer digitalen Infrastruktur früher gestartet und effizient vorangetrieben worden wäre. Es hätten digitale Systeme zur Verfügung stehen können, die auf die Bildungsstandards der KMK und auf die Lehrpläne der Länder bezogene digitale Lehr-Lern-Angebote bereitstellen und leicht auffindbar, qualitätsgesichert und untereinander technisch kompatibel sind (Schnittstellenstandards). Ebenso hätte die Unterstützung von Schulen, Kindern und Jugendlichen gezielter gestaltet werden können, wenn ein systematisches, flexibel adaptierbares Monitoring von Entwicklungen umsetzbar gewesen wäre, um etwa die Erreichbarkeit der Schüler:innen im Fernunterricht, ihre Lernentwicklung in den Kernfächern und auch Aspekte ihres Wohlbefindens zu erfassen.

Immerhin hat die Entwicklung digitaler Lehr-Lern-Materialien inzwischen deutlich an Fahrt aufgenommen, allerdings bisher noch zu wenig systematisch. Vielmehr entsteht eine Vielzahl an Tools sehr unterschiedlicher Qualität, die zudem technisch oft nicht untereinander kompatibel sind. Viele Lehrkräfte dürften Schwierigkeiten damit haben zu beurteilen, welche Tools dieses kaum noch überschaubaren Angebots besonders geeignet sind und wie sie diese im Unterricht zielführend einsetzen können. Aufgrund dieser Unübersichtlichkeit besteht die Gefahr, dass digitale Tools anhand oberflächlicher Gestaltungsmerkmale ausgewählt werden und zu wenig berücksichtigt wird, was diese konkret zum Erreichen von Unterrichtszielen beitragen können. Die Empfehlung der Ständigen Wissenschaftlichen Kommission (SWK) der KMK, digitale Kompetenzzentren einzurichten,[6] die hierbei Orientierung bieten würden, wurde von der Politik bislang nicht aufgegriffen, und es ist unklar, mit welcher alternativen Strategie die damit verbundenen Ziele ggf. stattdessen erreicht werden sollen.[7] Erstaunlich ist dabei, dass trotz einer Pandemie, in deren Verlauf der Stellenwert und Nutzen einer funktionierenden digitalen Infrastruktur auf unterschiedlichen Ebenen erfahren wurde, der weitere Umsetzungsprozess nicht konsequenter vorangetrieben wurde. Hier besteht dringender Handlungsbedarf, nicht nur für die Entwicklung digitaler Kompetenzen, sondern vor allem auch für den Aufbau digital angereicherter Lernumgebungen zur Unterstützung eines erfolgreichen individuellen wie gemeinsamen Lernens in allen fachlichen Zusammenhängen.

Die Qualität von Entscheidungen hängt auch im Bildungssystem von der Qualität verfügbarer Daten ab

Inzwischen scheint sich auch im Bildungsbereich die Erkenntnis durchzusetzen, dass es für fundierte Entscheidungen und gezielte Unterstützung unabdingbar ist, relevante Daten zu erheben und zu nutzen. Die Pandemie hat allerdings noch einmal sehr deutlich gezeigt, dass in dieser Hinsicht erheblicher Nachholbedarf besteht: Zum einen war die Datenlage zum Pandemiegeschehen insbesondere für den Schulbereich unübersichtlich, und das, was an Daten vorlag, wurde wenig systematisch kommuniziert. Zum anderen fehlte es an Instrumenten, mit denen sich ein Bild über die Entwicklung der pädagogischen Situation der Bildungseinrichtungen sowie der Kinder und Jugendlichen verschaffen ließ, um diese gezielt unterstützen zu können (Monitoring). So mangelte es in fast allen Bundesländern an Informationen und Erkenntnissen über zentrale Merkmale des Inputs (z. B. vorhandenes pädagogisches Personal) ebenso wie über zentrale Merkmale der pädagogischen Prozesse (z. B. Teilnahme der Schüler:innen am digitalen Unterricht) und auch über den Output (z. B. Entwicklung von Basiskompetenzen und Erreichen von Mindeststandards).

Ein hilfreiches Monitoring muss dabei die Ebenen der Individuen, der einzelnen Bildungseinrichtungen sowie der Bildungsverwaltung und Bildungspolitik systematisch berücksichtigen. Hier geht es nicht darum, ›gläserne‹ Schüler:innen zu schaffen oder ein engmaschiges Controlling einzuführen, sondern um eine gut begründete Erhebung und systematische Nutzung von Informationen, die auf verschiedenen Ebenen benötigt werden, um ungünstigen Entwicklungen gezielt entgegenwirken zu können und die vorhandenen Ressourcen wirksam einzusetzen. Ein solches System sollte zum einen bestimmte Basisinformationen kontinuierlich erheben, die für die datengestützte Qualitätsentwicklung allgemein bedeutsam sind. Zum anderen sollte es die Möglichkeit bieten, bei Bedarf zusätzliche Daten zu erheben, die etwa in Krisensituationen besonders relevant werden. Während krisenbedingter Einschränkungen des Schulbetriebs wäre es beispielsweise wichtig, Vorkehrungen dafür zu treffen, dass regelmäßig erfasst wird, inwieweit die Schüler:innen erreicht werden, und sich das pädagogische Personal darüber austauscht, was zu tun ist, wenn einzelne Schüler:innen nicht oder nur unregelmäßig am Fern- oder Wechselunterricht teilnehmen. Ebenso sind digital administrierbare Lernstandserhebungen, die Lehrkräften eine Rückmeldung darüber geben, wo ihre Schüler:innen in der Lernentwicklung stehen, gerade auch in Krisensituationen wichtig, um sicherzustellen, dass keine Kinder und Jugendlichen den Anschluss verlieren.

Die auf Systemebene erhobenen Daten einiger Studien weisen darauf hin, dass die pandemiebedingten Einschränkungen des Betriebs von Kitas und Schulen deutlich negative Effekte hatten, und zeigen damit eindrücklich, wie stark Kinder und Jugendliche in ihrer kognitiven und sozial-emotionalen Entwicklung auf ein funktionierendes Bildungssystem angewiesen sind. Dies gilt nicht nur, aber in besonderem Maße für diejenigen Kinder und Jugendlichen, die in weniger privilegierten Familien aufwachsen. Damit erhält die unabhängig von der Pandemie diskutierte Frage danach, auf welcher Grundlage die Verteilung von Ressourcen erfolgen sollte, zusätzlichen Rückenwind. Es ist kaum noch zu rechtfertigen, bei der Verteilung von Ressourcen – insbesondere des pädagogischen Personals (Erzieher:innen, Lehrkräfte, Sozialarbeiter:innen, Schulpsycholog:innen) – nicht oder kaum zu berücksichtigen, wo der Bedarf besonders groß ist. In einzelnen Bundesländern geschieht dies bereits anhand einer sozialindexbasierten Mittelverteilung. Zudem wird aktuell diskutiert, ob nicht auch die Verteilung von Mitteln aus Programmen des Bundes, die auf kompensatorische Unterstützung und Förderung zielen, stärker bedarfsorientiert erfolgen sollte.[8] Beim Coronaaufholprogramm beispielsweise ist fraglich, ob die Ressourcen diejenigen Kinder und Jugendlichen erreicht haben, die durch die pandemiebedingten Einschränkungen besonders beeinträchtigt waren, und ob sie die Unterstützung und Förderung erhalten haben, die sie brauchten. Um Mittel gezielter zu verteilen, sind Daten erforderlich, die als Grundlage dienen können.[9]

Krisenfest durch geklärte Zuständigkeiten, Verantwortung und konsequente Subsidiarität

Krisen verlangen Entscheidungen und Maßnahmen – im Vorfeld, um gegen sie gewappnet zu sein, und besonders dann, wenn sie eingetreten sind, um sie bewältigen und überwinden zu können. Oft sind auch noch im Nachgang Entscheidungen zu treffen, um Folgen von Krisen (z. B. für Kinder und Jugendliche) zu beheben oder wenigstens abzumildern. Im Umgang mit Krisen bedarf es Maßnahmen zur Prävention, Intervention und Evaluation, wobei in einem Bildungssystem jeweils klar sein muss, wer für welche Aspekte zuständig ist.

Pädagogische Einrichtungen, in denen Bildungsprozesse systematisch angeregt und zielbezogen unterstützt werden sollen, sind hierzulande in ein Bildungssystem eingebettet, das durch unterschiedliche Entscheidungsebenen und Zuständigkeiten geprägt ist. Diese sind in einem hohen Maße komplex und variieren innerhalb sowie zwischen Ländern und Kommunen. Die Entscheidungsebenen und Zuständigkeiten liegen zu einem großen Teil außerhalb und in zunehmender Entfernung vom eigentlichen Ort des Bildungsgeschehens, der durch Interaktionen zwischen den Hauptpersonen, nämlich den Kindern und Jugendlichen und den pädagogischen Fachkräften, bestimmt wird. Charakteristisch für Bildungssysteme ist dabei, dass die im Zentrum stehenden Lerngruppen bereits in größere Einheiten (Kindertagesstätten, Schulen) integriert sind, die eine jeweils eigene Governance aufweisen, aber wiederum institutionellen Regelungen unterworfen sowie Aufsichts-/Steuerungsebenen untergeordnet sind und sich in unterschiedlichen Abhängigkeiten befinden (z. B. hinsichtlich personeller Ressourcen und der Zuordnung von Personal, Ausstattung und Räumlichkeiten).

Obschon seit geraumer Zeit versucht wird, den einzelnen Einrichtungen (z. B. den Einzelschulen) mehr Spielräume zu gewähren, wurden im Laufe der Covid-19-Pandemie beträchtliche Unsicherheiten hinsichtlich der Zuständig- und Verantwortlichkeit deutlich: etwa bei Entscheidungen über das Offenhalten der Einrichtung, über die Zuordnung von Lehrkräften oder über Möglichkeiten, vor Ort Präsenz- und Distanzlernen zu koordinieren und digitale Kommunikationstools/Videosysteme zu nutzen. Unter anderem wurden Vorgaben zur Rechtssicherheit und zum Datenschutz von übergeordneten Stellen geltend gemacht, die in den pädagogischen Einrichtungen eine unmittelbare Reaktion auf Problemlagen verhinderten und die Bereitschaft einschränkten, Risiken verantwortungsbewusst abzuschätzen und auf sie einzugehen. Der erforderliche schnelle Ausbau digitaler Infrastrukturen wurde – auch in Anbetracht verfügbarer Mittel – durch Zuständigkeitsfragen und Abstimmungsprobleme zwischen kommunaler Trägerschaft, Schulverwaltung und Bildungsadministration erheblich gebremst. Diese Zuständigkeitsfragen erweisen sich im Übrigen bis heute als Hindernis für Bemühungen, Schulen digital annähernd zukunftsfähig auszustatten, nicht nur prophylaktisch mit Blick auf erneute pandemische Ereignisse, sondern auch allgemein mit Blick auf die Modernisierung der Lehr-Lern-Prozesse. Die angesprochenen Beispiele weisen darauf hin, dass die Handlungsfähigkeit in der Pandemie nicht nur durch fehlende Notfallpläne, sondern vor allem durch ungeklärte Verantwortungsbereiche und Zuständigkeiten behindert wurde. Hier muss die Frage gestellt werden, in welchem Umfang bestimmte Probleme in einer Pandemie und ähnlichen Krisen (oder grundsätzlich?) – dem Subsidiaritätsprinzip folgend – nicht besser vor Ort gelöst werden können. Auf diese Frage braucht es eindeutige Antworten, die Zuständigkeit und Verantwortung verlässlich festlegen. Bei ungeklärten Zuständigkeiten und einer ungeübten, immer nur sehr eingeschränkten Verantwortungsübernahme vor Ort kann nicht davon ausgegangen werden, dass die Leitungen von Einrichtungen wie auch die professionellen Mitarbeiter:innen bereit und in der Lage sind, Eigeninitiative zu zeigen und nach Problemlösungen zu suchen. Dies beginnt bei der Frage, wie unter Krisenbedingungen mit Elternhäusern kommuniziert werden sollte, und reicht bis zur Bereitschaft, Wege zu finden, um Lernrückstände gezielt zu kompensieren. An diesem Punkt wiederum schließt sich der Kreis zwischen der schon länger bestehenden Bildungskrise und der jüngeren Coronakrise.

Zuständigkeit und Strategiefähigkeit

Geklärte Zuständigkeiten, dafür erforderliche Kompetenzen und ein erprobtes Zusammenspiel schaffen in einem Bildungssystem mit verschachtelten Einheiten und mehreren Entscheidungsebenen erst einmal gute Voraussetzungen, um in Krisensituationen überhaupt handlungsfähig zu sein. Um Krisen überwinden zu können, müssen oft aber auch neue Konzepte und Maßnahmenpakete entworfen, überprüft und gut geplant in der Breite umgesetzt werden. Für die Lösung komplexer Probleme – im Bildungsbereich zum Beispiel die Verbesserung der Entwicklung von Kompetenzen zum Erreichen von Mindeststandards, die Reduzierung von Disparitäten oder die Nutzung des Potenzials digitaler Medien – braucht es Strategien, die eben auch die Vielschichtigkeit des Bildungssystems konsequent berücksichtigen.

Nun wäre es höchst ungerecht zu behaupten, in Deutschland wäre auf die zum Beispiel durch Vergleichsstudien sichtbar gewordenen Probleme nicht reagiert worden. Und natürlich gibt es zahlreiche Strategiepapiere politischer Gremien, die darauf abzielen, Folgen der Pandemie zu beheben oder zukunftsfähige digitale Kompetenzen zu entwickeln. Wenn allerdings Strategien nicht zu greifen scheinen, muss darüber nachgedacht werden, woran das liegen könnte. Wir wollen hier drei Punkte ansprechen, die noch gar nichts mit finanziellen Ressourcen zu tun haben, sondern sehr viel früher ansetzen, nämlich an den für Strategien essenziellen Zielen. Als entscheidend betrachten wir hier erstens die Qualität der Ziele: Auf wen und was beziehen sich die Ziele, wie klar sind sie formuliert, werden sie durch Indikatoren (Kriterien der Zielerreichung) konkretisiert, und wann sollen sie wie gut erreicht sein? Der zweite Aspekt betrifft die Kommunikation über die Ziele, die für ein kohärentes Verständnis bei den Akteuren über alle Handlungsebenen und Zuständigkeitsbereiche sorgt, zugleich für Commitment wirbt und Verbindlichkeit schafft, aber auch deren Bedeutung erklärt und ihre Wichtigkeit unterstreicht. Der dritte Aspekt bezieht sich schließlich auf die Maßnahmen, die zur Zielerreichung umgesetzt werden sollen, insbesondere im Hinblick auf die Begründung der Annahme, dass sie kohärent gestaltet sind und zur Zielerreichung beitragen werden.

Betrachtet man nun zum Beispiel die Handlungsfelder, die bereits vor langer Zeit (2002) von der KMK als vorrangig für die Behebung der durch PISA festgestellten Schwächen beschrieben wurden, dann sind diese alle auf Anhieb einleuchtend und sinnvoll, doch werden die hier zusammengefassten Ansprüche an strategische Ziele damit – und auch mit den nachfolgenden Ausarbeitungen und Konzepten – nicht erreicht. Sehr gut illustrieren ließe sich das am Beispiel der von der KMK damals unter anderem angestrebten »Qualitätssicherung durch Bildungsstandards«. Mit Blick auf zukünftige Strategiekonzepte zur Überwindung von Krisen im Bildungssystem und deren Folgen regen wir deshalb an, sich stärker um konkrete Zielexplikationen, effektive Kommunikationsanstrengungen und die begründende Beschreibung von Umsetzungsmaßnahmen zu bemühen.

Anmerkungen/Literatur

1 Da der Beitrag im September 2023 verfasst wurde, sind einige inzwischen beschlossene Maßnahmen zur Krisenbehebung (z. B. das Startchancen-Programm) nicht berücksichtigt.

2 Der Aufsatz bezieht sich auf Bildungseinrichtungen für Kinder und Jugendliche, speziell auf den für frühkindliche Bildung zuständigen Elementarbereich und auf allgemeinbildende Schulen bis zum Ende der Sekundarstufen.

3 {www.ethikrat.org/fileadmin/Publikationen/Ad-hoc-Empfehlungen/deutsch/ad-hoc-empfehlung-pandemie-und-psychische-gesundheit.pdf}.

4 {www.kmk.org/fileadmin/Dateien/pdf/KMK/SWK/2022/SWK-2022-Gutachten_Grundschule.pdf}.

5 Siehe z. B. {doi.org/10.1787/3637901c-en}.

6 {www.kmk.org/fileadmin/Dateien/pdf/KMK/SWK/2021/2021_10_07-SWK_Weiterentwicklung_Digital-Strategie.pdf}.

7 Die vom BMBF aktuell geförderten digitalen Kompetenzzentren können zwar sicherlich Impulse geben, eine systematische und nachhaltige Strategie ersetzen sie jedoch nicht, da die Zentren als befristete Projekte (voraussichtliche Laufzeit bis Ende 2026) mit sehr unterschiedlichen Schwerpunkten eingerichtet wurden.

8 Im von Bund und Ländern kürzlich beschlossenen Programm ›Startchancen‹ ist dies in Ansätzen erstmals vorgesehen.

9 Siehe auch Empfehlung 19, {www.kmk.org/fileadmin/Dateien/pdf/KMK/SWK/2022/SWK-2022-Gutachten_Grundschule.pdf}.

4

Religion in den multiplen Krisen der Gegenwart

CHRISTOPH MARKSCHIES

Gibt es unter den vielen Krisen unserer unmittelbaren Gegenwart auch eine Krise von Religion? Mit einer zustimmenden Antwort auf diese Frage sollte man – wie auch in anderen Fällen[1] – vorsichtig sein. Es gibt, wie wir gleich sehen werden, in einzelnen Zusammenhängen tatsächlich Dysfunktionalitäten des bisherigen staatlich geordneten Systems zweier großer christlicher Kirchen und wohl auch in einzelnen Bereichen ihrer Arbeit krisenhafte Erscheinungen, natürlich krisenhafte Entwicklungen bei der Zahl und Kirchenbindung ihrer Mitglieder, aber deswegen schon von *einer Krise der Religion insgesamt* zu reden, wäre übertrieben.

Im Folgenden kann es natürlich nicht um eine umfassende Analyse aller krisenhaften Entwicklungen der Religionen in der Gegenwart gehen (von der allgemeinen Entchristlichung der Gesellschaft über die Entkirchlichung des öffentlichen Lebens bis hin zu den sogenannten Missbrauchsfällen innerhalb der Kirchen[2]), sondern – diese Beschränkung liegt im Rahmen unseres

Bandes nahe – lediglich um die Analyse der Rolle der beiden großen christlichen Kirchen hierzulande in den multiplen Krisen der Gegenwart einerseits und als ein Teil der multiplen Krisen der Gegenwart andererseits. Dabei ist allerdings besonders wichtig, wenn man von Krise und Religion redet, zu vermeiden, was grundsätzlich vermieden werden soll, wenn man wissenschaftlich über Krisen reden will: Man muss nämlich vermeiden, für die Analyse der Krise Kategorien religiöser Sprache zu verwenden, also die Rhetorik der Apokalyptik einerseits (»die katholische Kirche wird es bald nicht mehr geben«) und die Rhetorik der messianisch grundierten Paradieses-Hoffnung (»die Zukunft der katholischen Kirche liegt in kleinen Untergrundkirchen wie in der römischen Antike«). Diese religiösen Sprachformen haben (beispielsweise im politischen Raum) das spätneuzeitliche Verschwinden der Religion aus dem öffentlichen Raum der Bundesrepublik Deutschland überlebt und werden häufig auch in einer Kombination verwendet. Sie gehören aber lediglich in religiöse Kommunikationskontexte, unter keinen Umständen jedoch in eine Analyse der multiplen Krisen der Gegenwart, die wissenschaftlichen Kriterien genügen soll. Sie sind höchstens Belege einer Beschreibung von literarischen Krisendiagnosen im Raum der christlichen Kirchen.[3] Wenn man wissenschaftlich präziser von der Rolle der Religion in den multiplen Krisen der Gegenwart und von Religion als Teil der multiplen Krisen reden will, bietet sich der in Berlin zu einer Theorie kulturellen Wandels ergänzte Begriff der *Transformation* an:[4] Ein klassisches, durch die spezifische Geschichte Deutschlands sehr spezifisches System institutionalisierter christlicher Religion und Theologie in unserem Lande transformiert sich, und insofern transformiert sich auch seine Rolle für die Gesellschaft und ihre multiplen Krisenphänomene. Dabei muss man zwischen Longue-durée-Phänomenen und kurzfristigen, krisenhaften Zuspitzungen, also Phänomenen der Akzeleration, unterscheiden. Eine letzte Vorbemerkung: Da ich von Berufs wegen Experte für die christliche Antike bin, stütze ich mich für meine Analysen im ersten Abschnitt dieses Essays vor allem auf zwei religionssoziologisch arbeitende Kollegen, Armin Nassehi in München und Detlef Pollack in Münster. Eine solche Konzentration ist in diesem Rahmen vertretbar, zumal sich die Sichtweisen der beiden Kollegen, wie wir gleich sehen werden, charakteristisch unterscheiden. Das übergeordnete Interesse besteht schließlich darin zu überlegen, ob wir es in den multiplen Krisen – und ich werde mich vor allem auf die Pandemie konzentrieren und nicht, was auch nahegelegen hätte, auf die durch den Angriff Russlands auf die Ukraine oder die durch die Terrorattacke der Hamas ausgelösten Krisen[5] – mit krisenhaften Erscheinungen des mangelnden Funktionierens von Religionen zu tun haben oder eher nur mit partiellen Dysfunktionalitäten begrenzter Reichweite. Spannend ist allerdings auch die Antwort auf die Frage, ob Religion nicht auch nach wie vor als Ressource zur Krisenbewältigung funktionieren kann.

(1) Die christlichen Kirchen in Deutschland als Teil der multiplen Krise

Ich beginne mit der zweiten meiner Fragen, nämlich der Frage, inwiefern christliche Kirchen hierzulande Teil der multiplen Krisen der Gegenwart sind. Unser Fokus erlaubt, eine häufig isoliert in den Blick genommene Entwicklung als Teil einer allgemeinen Krise von Institutionsstabilitäten zu beschreiben, also als Teil einer Krise der Autorität von Institutionen und ihrer Bindungskraft. Ich werde im Folgenden die bekannten veröffentlichten Zahlen zur Mitgliederentwicklung der evangelischen Kirche auf dem Stand von 2023 aufrufen, die selbstverständlich Vergleiche mit anderen Institutionen und deren Mitgliedsentwicklungen lohnen. Denn dann würde sich zeigen – so Armin Nassehi[6] –, dass es den Kirchen im Blick auf die Mitgliederbindung lange noch etwas besser ging als beispielsweise den Parteien: Der Wählerzuspruch für Union und SPD ist deutlich schneller auf unter 50 % der Gesamtbevölkerung gesunken als die Mitgliedschaft in den großen christlichen Kirchen. Dabei, so Nassehi, liefen beide Entwicklungen seit Jahren in etwa parallel. Man müsste sich von daher eigentlich wundern, warum noch so viele Mitglieder in der Kirche bleiben. Ausschlaggebend hierfür sind seiner Meinung nach nicht Bekenntnisfragen, Lehrinhalte oder kirchliche Angebote, sondern eine über lange Zeit eingeübte gesellschaftliche Praxis. Deswegen müssten zum Vergleich eigentlich auch noch die Mitgliedszahlen der Parteien und ihre Entwicklung hinzugenommen werden. Allerdings scheint sich der Trend auch im Blick auf die Kirchen deutlich zu beschleunigen. Die lange habitualisierten Praktiken geraten außer Übung und die Plausibilität der damit verbundenen Weltsichten schwindet. Im März 2023 teilte die Evangelische Kirche in Deutschland mit (die katholischen Zahlen kommen immer etwas später), dass im Jahr 2022 rund 19,1 Millionen Deutsche als evangelisch registriert waren, was einem Anteil von 22,7 % der Bevölkerung entspricht.[7] Das waren rund 575.000 weniger Menschen als noch im Jahr zuvor und entspricht einem Rückgang von 2,9 %, womit der Mitgliederverlust einen neuen Rekordwert erreichte. Grund für die starken Verluste sind der EKD zufolge vor allem Kirchenaustritte und Sterbefälle. In diesem Jahr übertraf die Zahl der Kirchenaustritte erstmals die Zahl der Sterbefälle. 380.000 Menschen traten aus der Kirche aus, 100.000 und damit gut 35,7 % mehr als im Vorjahr. Die Zahl der Sterbefälle blieb mit 365.000 ungefähr auf dem Niveau des Vorjahres. Ich übergehe, wie angekündigt, eine ausführlichere Diskussion spezifischer Gründe für die akzelerierende Zunahme der Austritte und die Abnahme der Taufquote und hebe nur einen einzigen Punkt hervor: Auch für die evangelischen Kirchen spielt natürlich nicht nur der eigene, sondern auch der katholische Umgang mit dem massiven sexuellen Missbrauch von Menschen durch kirchliches Personal und der Umgang mit diesem Umgang eine signifikante Rolle (man denke nur an das Erzbistum Köln). Stattdessen blicke ich kurz nach vorn: Es spricht alles dafür, mit Armin Nassehi anzunehmen, dass der Trend sinkender Mitgliederzahlen sich fortsetzen wird (womöglich sogar weiter akzelerierend), vor allem weil die »generationelle Weitergabe« unterbrochen ist: Die Taufquote (also der Anteil der Taufen an der Gesamtbevölkerung) sinkt beständig und ebenfalls akzelerierend, weil »immer weniger Eltern kirchliche Praxis kennen«. Soziologisch betrachtet, seien die großen Kirchen »Institution der General-Inklusion, wo jeder und jede prinzipiell drin sein kann«. In einer sich immer weiter pluralisierenden Gesellschaft hätten es solche Institutionen jedoch schwer, sich zu halten.[8]

Bemerkenswerterweise teilt sich nun aber die Religionssoziologie angesichts des Befundes zu den Austrittszahlen der großen christlichen Kirchen in – grob vereinfachend gesprochen – zwei Lager. Während Nassehi betont, dass die Gesellschaft trotz drastisch abnehmender Zahlen von klassischen Kirchenmitgliedschaften auf Religiosität nicht werde verzichten können, weil keine Gesellschaft, weder historisch noch gegenwärtig, bisher ganz auf religiöse Kommunikation verzichtet habe und man darauf mit Wandel des Kirchlichen reagieren sollte,[9] verweist Detlef Pollack aus Münster auf die radikale Säkularisierung in den Gebieten der ehemaligen DDR, in der viele Menschen ihr Leben ganz ohne religiöse Kommunikation und Bedürfnisse führen und dabei auch nichts vermissen würden.[10] Obwohl es auf dem Gebiet der alten Bundesländer tatsächlich noch immer eine »Kultur der Konfessionszugehörigkeit« gibt,[11] muss man in Ostdeutschland bereits von einer »forcierte[n] Säkularität«[12] und einer »Kultur der Konfessionslosigkeit«[13] sprechen. Mit anderen Worten: Der Transformationsprozess von Religion und Religiosität hierzulande hat vermutlich an seinem Ende, wenn man auf Orte der Nachbarschaft schaut, beispielsweise in Brandenburg auf irgendein Dorf in der Prignitz oder die ehemalige Bezirkshauptstadt und jetzige Universitätsstadt Frankfurt/Oder, tatsächlich keine religiösen Formen mehr, wie Pollack es vermutet – es sei denn, man wollte Rituale wie die Jugendweihe gegen den intendierten Sinn ihrer Urheber als religiöse Kommunikation zurechtdefinieren. Dann freilich kann Religion schon deswegen nicht verschwinden, weil jedes ihrer Substitute zugleich immer wieder als Religion definiert wird. Sie wäre eine Art krisenresistentes Perpetuum mobile in der Form eines Chamäleons. Aber an solchen Details wird in Wahrheit deutlich, dass sich die aggressive, gegen Religion und Kirchen gerichtete Politik der SED-Regierung im ehemaligen protestantischen Kernland als so erfolgreich erwies wie nirgends anders in den Staaten des Sozialismus, sieht man einmal von Estland ab.[14]

Inwiefern sind diese Entwicklungen aber als krisenhaft zu bezeichnen? Wenn Krise als eine massive Funktionsstörung eines Systems definiert werden kann, dann ist mit den paradigmatischen Hinweisen auf Mitgliederzahlen der evangelischen Kirche (die bei der römisch-katholischen Kirche noch einmal stärker abnehmen) der Grund für massive Funktionsstörungen klassischer Kirchlichkeit und ihrer institutionellen Reflexion an theologischen Fakultäten staatlicher Universitäten umrissen: Das für Deutschland charakteristische System flächendeckender Netzwerke von christlichen Gemeinden wie Kirchgebäuden in fußläufiger Reichweite und ihrer pastoralen Leitung durch studierte Pfarrpersonen kann nicht mehr aufrechterhalten werden, viele klassische kirchliche Angebote wie Bibelkreise, spezifische Veranstaltungen für Jugendliche, Frauen und Ältere, Kirchenchöre, Sonderformen von Gottesdiensten lassen sich so nicht mehr fortsetzen, die Plausibilität theologischer Fakultäten innerhalb der Universitäten als eine besondere *res mixta* geteilter staatlicher und kirchlicher Verantwortung schwindet ebenso, wie deren Studierendenzahlen dramatisch einbrechen.[15] Man kann sich natürlich auch in einer Krise gesundschrumpfen und sich beispielsweise auf eine Hebung der eben erwähnten Taufquote konzentrieren oder die institutionelle Gestalt der Kirche einer NGO-artigen Bewegung anzunähern versuchen, aber in jedem Fall ist Kirche seit Längerem eines der vielen Reformprojekte von Institutionen in einer Gesellschaft multipler Krisen.

(2) Die Rolle der christlichen Kirchen in Deutschland in der multiplen Krise

Ich komme nun zum zweiten inhaltlichen Teil des Beitrags mit der ersten der beiden eingangs gestellten Fragen, nämlich dazu, welche Rolle christliche Kirchen hierzulande in den multiplen Krisen der Gegenwart während der Jahre der Pandemie nach 2020 gespielt haben. Im Unterschied zu anderen großen Krisen, beispielsweise des 20. Jahrhunderts (und vielleicht zuletzt der Krise des staatlichen Sozialismus der DDR, der deutschen Wiedervereinigung vorausging), spielten die christlichen Kirchen und die christliche Religion überhaupt in der Pandemie keine vergleichbare Rolle mehr und nach meinem Eindruck auch nicht in den Krisen, die auf die Pandemie folgten – vor allem in den durch den Überfall Russlands auf die Ukraine ausgelösten Krisen. Das kann man durch entsprechende Untersuchungen inzwischen belegen.

Die große Mehrheit der deutschen Bevölkerung setzte nach Befragungen, die dem Religionsmonitor 2023 der Bertelsmann Stiftung[16] zugrunde lagen, ihre Hoffnung in der Krise der SARS-

CoV-2-Pandemie eher auf ihre Familie. Das gaben jedenfalls 90 % von knapp 4.400 Deutschen ab 16 Jahren an, die das infas Institut für angewandte Sozialwissenschaft im Juni und Juli 2022 befragte. Und 85 % sahen die Wissenschaft als besonders hilfreich an. Die Religion war dabei hingegen nur noch für weniger als ein Drittel der Befragten wichtig. Pointiert formuliert: Die Gesellschaft fand eher Halt und Trost bei Christian Drosten und Hendrik Streeck als bei Annette Kurschus und Georg Bätzing. Pointierter formuliert: Wissenschaft hat auch hier Funktionen übernommen, die traditionell der Religion zugewiesen waren. Es gab keine großen Bitt- oder Bußgottesdienste, niemand machte sich zu Bittprozessionen auf, Bußwallfahrten fehlten, ebenso der Einsatz einstens wundertätiger Reliquien. Die Waffen aus dem klassischen kirchlichen Arsenal gegen Seuchen und Krankheiten blieben in den Schränken, anders als noch vor hundert Jahren. Und man darf die Vermutung hegen, dass das nicht nur an den strengen Vorschriften und Restriktionen im öffentlichen Raum lag, die weitgehend ohne Konsultation von Kirchenvertretern von den staatlichen Autoritäten seit Mitte März 2020 erlassen worden waren. Ob man die ritualisierte Form von Zusammenkünften von Impfgegnern bei sogenannten Montagsdemonstrationen tatsächlich als Ersatzritual für klassische Prozessionen unter der Rubrik religiöser Kommunikationsformen verbuchen möchte,[17] hängt sicher vom zugrunde liegenden Religionsbegriff ab; Gleiches gilt für die in bestimmten Zügen sicher religionsähnliche QAnon-Bewegung, die auch in Deutschland überraschend viele Anhänger gewonnen hat. Gleichwohl weisen Verantwortliche der beiden großen christlichen Kirchen darauf hin, dass es, bedingt durch die Pandemie, einen rasanten Anstieg an Seelsorgebedürfnissen gegeben habe, der anhalte. Das bedeutet, dass die unsichtbare Seite religiöser Kommunikation möglicherweise gegenüber der öffentlich sichtbaren deutlich zugenommen hat.[18]

Diese eher anekdotischen Eindrücke bestätigte der erwähnte Religionsmonitor der Bertelsmann Stiftung: Obwohl bei vielen Menschen (nach den Zahlen des Religionsmonitors bei einem Drittel der Befragten) insbesondere in der Pandemie zusätzlich existenzielle Fragen aufbrachen, auch existenzielle Krisen sichtbar wurden, spielte Religion bei der Krisenbewältigung in Deutschland »nur eine untergeordnete Rolle«. »Weder hat sich die Gebetspraxis wesentlich erhöht, noch wurde Religion mehrheitlich als hilfreiches Gesellschaftssystem gesehen«, erklärte Yasemin El-Menouar von der Bertelsmann Stiftung bei der öffentlichen Vorstellung des Religionsmonitors. »Religion gibt vor allem den Menschen Kraft und Orientierung, die schon vor der Pandemie religiös waren«, so El-Menouar weiter.[19] Das Fazit der Studie, an der auch der erwähnte Münsteraner Religionssoziologe Pollack mitgearbeitet hat, lautet: »In modernen ausdifferenzierenden Gesellschaften kann die Religion, wenn es um die Bewältigung von Gesundheitskrisen geht, nur noch eine nachgeordnete Funktion erfüllen, aber in dieser ist sie durchaus von Bedeutung – vor allem für die ›religiös Musikalischen‹.«[20] Nur ganz knapp erwähne ich hier fundamentalistische religiöse Gruppen, die ganz leicht den Anschluss an die Verschwörungsmythen zur Pandemie gefunden haben, wie ebenfalls der Religionsmonitor deutlich macht.

Ich möchte am Ende des Beitrags noch zwei sehr unterschiedliche Phänomene beschreiben, die meiner Ansicht nach diese durch allgemeine Trends nicht sonderlich überraschende Entwicklung verstärkt haben. Ich meine die mich überraschende Bereitwilligkeit, mit der viele christliche Gemeinden hierzulande unter den Bedingungen des Lockdowns ihr gottesdienstliches Leben komplett eingestellt haben. Natürlich gab es die Verlagerung ins Digitale, ebenso die dynamische wie kraftvolle Entwicklung neuer Formate, Ersatzangebote in den geöffneten Kirchen, Postwurfsendungen und vieles andere mehr, aber eben auch komplette Hilflosigkeit von einzelnen Gemeinden und kirchlichen Behörden in der Setzung verbindlicher Rahmen. Die ohnehin plurale Institution pluralisierte sich weiter und pluralisierte sich teilweise ins Schweigen und in die Bedeutungslosigkeit. Es zeigte sich ein breiter Konsens darüber, dass Gottesdienste angesichts eines epidemisch für notwendig erachteten Lockdowns – so die damalige Formulierung – nicht »systemrelevant«[21] seien und der Einbruch der Besuchszahlen wie an manchen anderen öffentlichen Stellen seither nicht mehr kompensiert werden konnte. Einige sind offenbar für länger oder gar für immer weggeblieben, weil sich herausstellte, dass sie nichts vermissen. Religionen waren ja aber immer auch als Sinnstiftungs- oder Sinndeutungsinstanzen gefragt. Und auch hier sehe ich einen möglichen Grund für die beobachteten Phänomene: Sinnstiftung bzw. Sinndeutung wurde nicht mehr erwartet und zu Teilen auch nicht mehr geliefert. Die beschriebene Entwicklung mag aber auch daran liegen, dass eine klassische religiöse, in der Theologie entfaltete Erklärung für Katastrophen als Strafe Gottes,[22] wie sie beispielsweise in der regimekritischen evangelischen Predigt nach 1939 durchaus in Frageform noch üblich war, praktisch im deutschen Mehrheitsprotestantismus und Mehrheitskatholizismus nicht mehr verwendet wird. Während nach der Bombenzerstörung der Kuppel des Berliner Doms 1944 der Domprediger Doehring noch die Frage stellte, warum Gott die Zerstörung seines Hauses habe geschehen lassen, und indirekt auf die massiven Rechtsverletzungen im nationalsozialistischen Staat aufmerksam machte (also die Rede von der Strafe Gottes in Frageform einspielte[23]), habe ich solche Predigten im Dom in den letzten drei Jahren nicht gehört und selbstverständlich auch selbst nicht gehalten. Von Gott ist bei der Untersuchung der Ursachen einer Pandemie eben aus guten Gründen nicht mehr die Rede, weil Gott nicht wie ein menschlicher Akteur handelt.[24] Stellungnahmen von Theologen überzeugten, wenn sie vom Umgang mit dem Tod als Teil des Lebens im Leben handelten (wie der Jesuit Klaus Mertes es tat); Petra Bahr und Stephan Schaede dachten über ethische Fragen wie die Triageproblematik nach; Kirchenleitungen und Gemeinden stritten über den theologischen Rahmen für praktische Fragen eines ins Digitale verlegten Abendmahls. Eine wirkliche Aufarbeitung dieser Rolle der Kirche in der Krise hat, wenn ich es recht sehe, von einzelnen Aufsätzen und feuilletonistischen Beiträgen einmal abgesehen,[25] nicht als offizieller Vorgang in der Gesamtinstitution stattgefunden. Ich habe bisher auch nirgendwo Reaktionen auf die Empfehlungen/Literatur des Religionsmonitors der Bertelsmann-Stiftung gefunden, der den Kirchen rät, sich intensiver mit anderen Räumen sozialer Begegnung zu vernetzen.[26] *Lessons learned* ist also ein Prozess, der auch und gerade in Fragen des Verhältnisses von Religion und Gesellschaft eher noch bevorsteht. Und wieder zeigt sich, dass die allgemeine Beobachtung, wie wenig das Land auf nahezu jede einzelne der multiplen Krisen der Jahre nach 2020 vorbereitet war und insbesondere auf die Pandemie, in genau demselben Umfang auch für die beiden christlichen Kirchen galt – und dass es insofern immer wieder auf beherzte Individuen und deren besonderen Einsatz angekommen ist, die im Nachhinein besonderen Respekt verdienen. Wie aber beide Kirchen mit der in den Krisen zutage getretenen eigentümlichen Schwäche eigenen Zutrauens zum Markenkern, der Verkündigung von Trost und Hoffnung wie der liturgischen Präsenz und gottesdienstlichen Vermittlung dieser beiden als Gottesgeschenke verstandenen Gnadengaben umgehen sollen, sollte dringend diskutiert werden, damit die Kirchen ihre durchaus vorhandenen Mittel zur Stärkung der Krisenresistenz nicht weiter oder gar endgültig verlieren.

Anmerkungen

1 So Wolfgang Seibel. »Systemische Standardfehler und Krisenmanagement«, in diesem Band, S. 55.

2 Zur allgemeinen Orientierung: Friedrich Wilhelm Graf, *Die Wiederkehr der Götter. Religion in der modernen Kultur*, München 2004; Detlev Pollack, *Säkularisierung – ein moderner Mythos? Studien zum religiösen Wandel in Deutschland*. Tübingen 2003; zum sogenannten Missbrauch vgl. Mathias Wirth, Isabelle Noth, Silvia Schroer (Hg.), *Sexualisierte Gewalt in kirchlichen Kontexten. Neue interdisziplinäre Perspektiven*, Berlin/Boston 2022; innerhalb der Evangelischen Kirche in Deutschland (EKD) zuletzt die sogenannte Forum-Studie, {https://www.ekd.de/aufarbeitungsstudie-forum-82255.htm}.

3 Solche Krisendiagnosen waren freilich auch schon vor über hundert Jahren im Bereich von Theologie und Kirche verbreitet, wie bei Jens Bisky, *Die Entscheidung. Deutschland von 1929 bis 1934*, Hamburg 2024, S. 97 f., nachzulesen ist.

4 Hartmut Böhme (Hg.), *Transformationen. Ein Konzept zur Erforschung kulturellen Wandels*, München 2011.

5 Vgl. beispielsweise Reinhard Flogaus, »›Heiliges Russland‹ und ›Russische Welt‹. Zur Sakralisierung des Landes und zur Politisierung der Religion in Russland«, in: *Berliner Theologische Zeitschrift* 41 (2024), S. 309–347.

6 Interview von Armin Nassehi mit Christiane Florin vom 21. Juli 2022, {https://www.deutschlandfunk.de/ein-wunder-warum-so-viele-mitglied-bleiben-armin-nassehi-ueber-kirchenaustritte-dlf-68e9129e-100.html}.

7 {https://www.ekd.de/ekd-veroeffentlicht-mitgliederzahlen-2022-77746.htm; weitere Angaben unter {https://www.ekd.de/ekd-statistik-22114.htm} (ebd.). Das Sozialwissenschaftliche Institut der EKD informiert u. a. über Austrittsgründe: {https://www.siekd.de/portfolio/kirchenaustritte/}.

8 So im Bericht über das Deutschlandfunk-Interview vom 21. Juli 2022 (s. Anmerkung 6) im *Sonntagsblatt* vom 24. Juli 2022: {https://www.sonntagsblatt.de/artikel/kirche/soziologe-nassehi-baerbock-christentum-unter-kirchenmitgliedern-sehr-verbreitet}.

9 Armin Nassehi formuliert es so: »Ich kenne überhaupt keinen Staat, der ohne religiöse Kommunikation funktioniert« (Interview vom 21. Juli 2022, s. Anmerkung 6). Entsprechendes kann nach Nassehi auch im Zusammenhang mit der sogenannten Krise des Parteienstaates gesagt werden: Ein Staat kann auch funktionieren, wenn er nicht mit Parteien so funktioniert, wie es vor fünfzig Jahren angedacht war oder er sich bis zur Jahrtausendwende entwickelt hatte. Entsprechend kann Religiosität auch funktionieren, wenn sie nicht so funktioniert, wie sie bei der Gründung der Bundesrepublik organisiert und im Staats-

kirchenrecht der Weimarer Reichsverfassung und des Grundgesetzes normiert war.

10 So in einem Interview zu Mitgliederzahlen, {https://www.evangelisch.de/inhalte/219062/31-07-2023/soziologe-detlef-pollack-kaum-aufzuhalten-glaubensschwund-und-entkirchlichung}.

11 Gert Pickel, »Kirchenbindung und Religiosität in Ost und West«, in: *Beiträge zu Politik und Zeitgeschehen*, {https://www.bpb.de/themen/deutsche-einheit/lange-wege-der-deutschen-einheit/47190/kirchenbindung-und-religiositaet-in-ost-und-west/}.

12 Monika Wohlrab-Sahr, Thomas Schmidt-Lux und Uta Karstein: »Forcierte Säkularität. Die Dauerhaftigkeit des erzwungenen Eigenen im Osten Deutschlands«, in: *vorgänge* 187 (3/2009), S. 109–117.

13 Gert Pickel: »Atheistischer Osten und gläubiger Westen? Pfade der Konfessionslosigkeit im innerdeutschen Vergleich«, in: ders./Kornelia Sammet (Hg.), *Religion und Religiosität im vereinigten Deutschland*, Wiesbaden 2011, S. 43–78, hier S. 44.

14 Detlef Pollack/Christel Gärtner/Karl Gabriel (Hg.), *Umstrittene Säkularisierung. Soziologische und historische Analysen zur Differenzierung von Religion und Politik*, Berlin 2012; Gert Pickel/Kornelia Sammet (Hg.), *Religion und Religiosität im vereinigten Deutschland*, Wiesbaden 2011.

15 Annika Schmitz, »Katholische Theologie in der Krise. Studierendenzahl bricht ein«, in: *Kirche + Leben* vom 23. Januar 2023, {https://www.kirche-und-leben.de/artikel/katholische-theologie-in-der-krise-studierendenzahl-bricht-ein}.

16 Carolin Hillenbrand, Detlef Pollack & Yasemin El-Menouar, »*Religion als Ressource der Krisenbewältigung? Analysen am Beispiel der Coronapandemie*, in: *Religionsmonitor 2023*, Gütersloh, {https://www.bertelsmann-stiftung.de/index.php?id=5772&tx_rsmbstpublications_pi2%5bdoi%5d=10.11586/2023013&no_cache=1}.

17 Das schlug Jürgen Renn mündlich vor.

18 So die Regionalbischöfin von Hannover, Petra Bahr, mündlich.

19 {https://www.bertelsmann-stiftung.de/de/themen/aktuelle-meldungen/2023/maerz/religion-spielte-waehrend-corona-bei-der-krisenbewaeltigung-kaum-eine-rolle}.

20 Carolin Hillenbrand, Detlef Pollack: »Religiöse und spirituelle Ressourcen, Deutungsmuster und Bewältigungsstrategien«, in: Hillenbrand et al., s. Anmerkung 16, S. 15–49, hier S. 46.

21 Stephan Schaede, *Systemrelevant?*, {https://www.loccum.de/blog/systemrelevant/}.

22 Vgl. dazu jetzt Andreas Stegmann, *Zweierlei Arznei gegen die Pest. Zum Umgang mit Seuchen im Zeitalter der Reformation am Beispiel der Mark Brandenburg*, Tübingen 2023.

23 Bruno Döring, *Dompredigt Pfingsten 1944* (unveröffentlicht; Domarchiv Berlin 19/1118); vgl. dazu Patrick Holschuh, *Der Berliner Dom im Dritten Reich. Ein Ort kirchlichen Lebens am Schnittpunkt von Kirche, Politik und Gesellschaft*, Diss. theol., Theologische Fakultät der Humboldt-Universität zu Berlin, 2004, S. 274f.

24 Es gibt Ausnahmen, vgl. z. B. Notger Slenczka, »Was haben wir zu sagen? Corona und unsere Rede von Gott«, in: *Zeitzeichen*, {https://zeitzeichen.net/node/8365}.

25 Stephan Schaede, »Corona-Panorama in elf Akten. Fragen der Krise, auf die auch Kirche Antworten finden muss«, in: *Zeitzeichen*, {https://zeitzeichen.net/node/8229}.

26 Yasemin El-Menouar: »Die Bedeutung von Religion in Zeiten multipler Krisen«, in: Hillenbrand et al., s. Anmerkung 16, S. 50–64, hier S. 64.

5

Krisen, Resilienz und Transformation des Energiesystems

CHRISTOPH M. SCHMIDT

Die abgewendete Energiekrise

Mit Blick auf die Versorgung mit und Nutzung von Energie standen in den vergangenen Jahren vor allem zunächst der Rückgang und im weiteren Verlauf der Energiekrise das Ausbleiben der russischen Erdgaslieferungen nach Deutschland im Vordergrund. Diese Krise setzte im Februar 2022 mit dem Beginn des russischen Angriffskrieges auf die Ukraine ein. Aber drehte sich die Diskussion im Frühjahr 2022 noch vor allem um die Frage, ob die deutsche Volkswirtschaft einen Ausfall dieser Gaslieferungen verkraften könne[1] und was zur Abwendung drastischer Konsequenzen zu tun sei, so ist diese Frage vergleichsweise rasch in den Hintergrund gerückt. Die Ersatzbeschaffung von Erdgas aus anderen Lieferquellen – unter bemerkenswertem Einsatz der Politik –, der Aufbau von hinreichenden Reserven, die Anpassung der Nachfrage nach Erdgas – vor allem in der Industrie – sowie ein milder Winter haben gemeinsam bewirkt, dass die Energiekrise sich nicht in der zu befürchtenden drastischen Form niederschlug.

Bemerkenswert waren zudem die umfangreichen Bemühungen, die für Haushalte und Unternehmen drohenden Konsequenzen der mit den ausfallenden Lieferungen verbundenen Spitzen der Energiepreise abzufedern. Nicht nur mit dem Einsatz von Gas- und Stromkostenbremsen wurde die Botschaft gesendet, wie ernst die Wahrung des sozialen Zusammenhalts genommen wurde. Das alles gelang jedoch keineswegs kostenfrei: Andere europäische Volkswirtschaften mussten den Anstieg der Energiepreise mit erdulden, der durch mit bemerkenswerter Breitschultrigkeit durchgeführte deutsche Einkäufe von Flüssigerdgas auf den Weltmärkten befeuert worden war. Vor allem wurden die Finanzen der öffentlichen Hand stark belastet, und das just nach drei herausfordernden Pandemiejahren. Mittlerweile hat sich die geplante Umnutzung von Finanzmitteln, die ursprünglich unter Aussetzen der Schuldenbremse bei der Bewältigung der Coronakrise helfen sollten, als verfassungsrechtlich unzulässig erwiesen.

Es lohnt sich nun daher, einen Schritt zurückzutreten und die Frage aufzuwerfen, ob es denn tatsächlich so unvermeidlich war, mehr oder weniger hektisch entworfene Maßnahmen zu ergreifen. Diese Frage lässt sich nur dann ernsthaft diskutieren, wenn man die angestrebte Transformation des Energiesystems hin zur Klimaneutralität als unverrückbaren Hintergrund begreift. Denn wenn es die Absicht gewesen wäre, weiterhin auf ein fossiles Energiesystem zu setzen, wäre das russische Gas in den Krisenmonaten viel leichter zu ersetzen gewesen, beispielsweise durch freimütig erhöhte Importe und Nutzung von Erdöl. Das übergreifende wirtschafts- und energiepolitische Ziel der Gegenwart ist jedoch die Defossilisierung des Energiesystems. Dieses Ziel wurde in der Krise nicht leichtfertig infrage gestellt, sondern als langfristig unverrückbar bewahrt. Dies ist mehr als nachvollziehbar, geht es doch schließlich um den Beitrag, den Deutschland zur globalen Transformation zur Nachhaltigkeit leisten will.

Meine These ist, dass uns eine rationale Diskussion der möglichen Herausforderungen und Hürden, die einer solch umfassenden Transformation des Energiesystems in der Lebenswirklichkeit entgegenstehen könnten, dabei geholfen hätte, mit mehr Gelassenheit zu reagieren. Vor der Krise wurde ein verführerisches Narrativ verfolgt: Es gibt mit dem russischen Gas einen günstigen Brückenenergieträger, der in jeder gewünschten Menge und ohne nennenswerte Lieferprobleme fließt. Die Frage danach, was getan werden muss, sollte diese Brücke versagen, die Frage nach einem ›Plan B‹, wurde nicht gestellt. Umso hektischer mussten Ersatzlösungen gefunden werden. Nun sollten wir die Gelegenheit nutzen, um mögliche Zielkonflikte deutlicher zu artikulieren und offen über mögliche Lösungen zu diskutieren. Ein solcher Diskurs sollte deutlich über die Frage der Verlässlichkeit von Energieimporten hinausgehen und die begrenzte Wirkmächtigkeit politischen Handelns insgesamt in den Blick nehmen.

Hintergrund: Hohe Zielkomplexität

Deutschland hat sich mit der ›Transformation zur Nachhaltigkeit‹ nichts weniger vorgenommen als einen vollständigen Umbau von Wirtschaft und Gesellschaft. Im Mittelpunkt dieses Bestrebens steht die Transformation des Energiesystems zur Klimaneutralität. Dass dies eine gewaltige Aufgabe ist, wird zwar allenthalben betont, aber ob die Größenordnung dieser Herausforderung bislang tatsächlich in der politischen und gesellschaftlichen Diskussion begriffen wird, darf nach wie vor bezweifelt werden. Denn diese Transformation ist keine Entwicklung, die sich letztendlich irgendwann von selbst ergeben würde; die lediglich noch reibungsloser ablaufen könnte, wenn sie nur hinreichend intensiv durch staatliche Führungsarbeit und Unterstützung beschleunigt würde. Die historischen Beispiele für umfassende Transformationen von Energiesystemen besaßen hingegen den Charakter, dass die Umstellung auf neue dominante Energieträger jeweils den handelnden Akteuren direkte Vorteile brachte.

Ein Selbstläufer wäre dies – grob gesprochen – auch heute, wenn die individuellen Vorteile aus einer erfolgreichen Transformation so groß wären, dass sich der Verzicht auf bewährte Lösungen insgesamt lohnte. So ist es aber nicht, denn es sind die über die individuellen Vorteile der jeweils beteiligten Akteure hinausgehenden gesellschaftlichen Vorteile, die überhaupt erst den Anstoß zur Transformation geben: Es geht darum, die negativen ›externen‹ Wirkungen jener individuellen Handlungen bei der Energieerzeugung und -nutzung zu vermeiden und letztlich ganz zu eliminieren, die von Verhaltens-, Konsum- und Investitionsentscheidungen unter Nutzung des fossilen Energiesystems auf die Gesamtheit aller Akteure ausgehen, ob sie jeweils daran mitwirken oder nicht. In diese Überlegungen sind insbesondere die nachfolgenden Generationen mit einzubeziehen, die ja noch keinerlei Entscheidungen selbst treffen können, denen aber hinreichende Handlungsspielräume zustehen.

Da diese Transformation zur Klimaneutralität also nicht von selbst in Gang kommen würde, ist in ganz besonderem Maße der Staat gefordert. Oberflächlich betrachtet, ist die Aufgabe einfach, denn das Zielbild ist klar: ein Energiesystem, das nahezu ausschließlich auf nichtfossilen Energieträgern beruht, nur geringfügige Emissionen aus fossilen Quellen freisetzt und Energie effizient einsetzt. Die Umstellung auf nichtfossile Energieträger und Technologien sowie das Bemühen um einen sparsamen Umgang mit Energie müssen demnach im Mittelpunkt stehen. Aber Volkswirtschaften sind keine großen Unternehmen, die lediglich konsequent hierarchisch ›durchregiert‹ werden müssten, um auf das gewünschte System umzusteigen. Sie sind vielmehr komplexe Systeme, deren Akteure jeweils in unterschiedliche, einander teilweise überlappende Funktionssysteme eingebettet sind, sodass sich deren vielfältige Entscheidungen im Detail in ihrer Gesamtheit in die gewünschte Richtung bewegen müssten.

Der gute (politische) Wille ersetzt daher keineswegs die gute Tat: Neben Entscheidungen über die eigenen Aktivitäten – bspw. bei der Beschaffung von oder dem Energieverbrauchsverhalten in Behörden – gilt es vor allem die richtigen Rahmenbedingungen für den Umstieg zu setzen. Dazu gehört es, (i) zu erkennen, an welchen Stellen die sozialen und individuellen Renditen von (Infrastruktur-)Investitionen auseinanderklaffen, und für den Einsatz dort finanzielle Mittel bereitzustellen, bspw. für die Importinfrastruktur für Wasserstoff; (ii) geeignete Anreize zu bieten, um aus eigenem Antrieb in nichtfossile Technologien zu investieren und nichtfossil getragenen Energiediensten beim Konsum den Vorzug zu geben, sowie (iii) Ge- und Verbote zu formulieren. Dabei gilt: Je mehr Informationen der Gesetzgeber über technische Möglichkeiten und individuelle Wünsche und Möglichkeiten hat, umso eher können Ge- und Verbote sinnvolle Instrumente sein, um die angestrebte Transformation zu erreichen.

Liegen jedoch keine perfekten Informationen vor, so ist die Politik gut beraten, auf Marktmechanismen zu setzen. Denn der Markt ist nicht nur ein Allokationsmechanismus, der zu einem Ausgleich von Angebot und Nachfrage führt, sondern vor allem ein Entdeckungsmechanismus: Durch ihr freiwilliges Handeln offenbaren Marktakteure ihre privaten Informationen sowie ihre

Wünsche und Vorstellungen, also Informationen, über die der Staat kein überlegenes Wissen haben kann. Insbesondere ist es in einem technologisch derart dynamischen Umfeld recht unwahrscheinlich, dass der staatliche Regulator die Entwicklungen am aktuellen Rand kompetent einschätzen und somit vermeiden kann, auf interessengeleitete Aussagen vertrauen zu müssen. Dass der Staat kein allwissender Akteur sein kann, wird im öffentlichen Diskurs nach wie vor nicht hinreichend verstanden. Um die Implikationen dieser Einsicht zu verstehen, lohnt es, sich zunächst die Komplexität der Zielstellung vor Augen zu führen.

Bei der Transformation zur Nachhaltigkeit handelt es sich um die herausfordernde Aufgabe, eine Reihe konfligierender Ziele miteinander in Einklang zu bringen: Es reicht nicht aus, die gesetzten Klimaziele zu erreichen, also die Treibhausgasemissionen aus fossilen Energieträgern im angestrebten – ambitionierten – Ausmaß zu reduzieren. Fraglos sind diese Ziele zwingend zu erreichen, wenn Deutschland seiner Verantwortung für die globale Transformation zur Nachhaltigkeit gerecht werden will. Denn wenngleich das hiesige Emissionsvolumen recht gering ist und daher für sich genommen keinen erheblichen Beitrag zur globalen Emissionsreduktion leisten kann, entscheidet sich doch an der eigenen Regeltreue die Glaubwürdigkeit auf dem Parkett internationaler Klimaverhandlungen. Andererseits wäre eine bedingungslose Zielerreichung sinnlos, denn diese wäre am einfachsten durch den bloßen Verzicht auf Wirtschaftsleistung zu erreichen, wobei globale Nachahmer definitiv ausbleiben würden.

Es gilt vielmehr, die Reduktionsziele in einer Art und Weise zu verwirklichen, die als international übertragbares Muster erfolgreicher Energiewenden dienen kann. Das bedeutet, dass neben den Reduktionszielen drei weitere Ziele im Blick zu behalten sind:

- Die Ziele sind erstens ohne die Verschwendung volkswirtschaftlicher Ressourcen zu erreichen, oder positiv gewendet: Sie sollten auf volkswirtschaftlich effiziente Weise erreicht werden. Denn diese volkswirtschaftlichen Ressourcen werden dringend gebraucht, um vielfältige menschliche Bedürfnisse zu erfüllen, und nicht zuletzt, um menschliche Notlagen zu lindern, oder negativ gewendet: Eine ineffizient umgesetzte Energiewende versündigt sich an den Menschen. Aus diesem Grund werben – beileibe nicht nur – viele Ökonomen dafür, Mechanismen der einheitlichen Bepreisung von Treibhausgasemissionen in den Mittelpunkt des klimapolitischen Instrumentariums zu stellen.[2]
- Zweitens sollte die Transformation des Energiesystems sozial ausgewogen verlaufen. Das ist im vorliegenden Falle besonders herausfordernd, da es um die radikale Veränderung eines eigentlich ziemlich reibungslos funktionierenden Wohlstandsmotors geht: Die fossil basierte soziale Marktwirtschaft hat schließlich im historischen wie internationalen Vergleich für eine bemerkenswerte soziale Kohärenz gesorgt, nicht zuletzt durch ein stark umverteilendes Steuer- und Transfersystem.[3] Unabhängig davon, ob die politischen Instrumente der Transformation marktbasiert konzipiert sind oder nicht, wird dieser Umbau die einkommensschwächeren Bevölkerungsgruppen disproportional stark treffen.[4]
- Drittens gilt es, im Zuge der Transformation die Leistungsstärke der deutschen (und auch der europäischen) Volkswirtschaft sicherzustellen. Denn das Versprechen, das wir uns und der Welt gegeben haben, ist: Die Transformation zur Klimaneutralität soll ohne Wohlfahrtsverluste gelingen. Ein Ruf nach Suffizienz wäre daher fehlgeleitet; statt-

dessen geht es darum, den heimischen Investitionsstandort für unternehmerisches Handeln und die Entwicklung der erforderlichen Technologien und Geschäftsmodelle attraktiv zu gestalten. Zudem ist das Tempo der heimischen Transformationsanstrengungen, dem Prinzip der Reziprozität folgend, mit dem Fortschritt internationaler Abreden zu synchronisieren.

Eine gelungene Transformation muss demnach weit mehr leisten, als ›nur‹ brav eigene Klimaziele zu erfüllen. Ob wir es wollen oder nicht, tragen wir die Verantwortung, die hierzulande virulenten Zielkonflikte der Transformation in beispielhafter Weise zu lösen, wenn wir einen sinnvollen Beitrag zum fundamentalen globalen Zielkonflikt leisten wollen: Es geht darum, einerseits die Schöpfung zu bewahren und andererseits dabei die Befreiung der Menschheit aus Armut und Elend nicht aufs Spiel zu setzen.[5]

Vor dem Hintergrund dieses Anforderungskatalogs ist ein kritischer Blick auf die deutsche Transformationspolitik mehr als angezeigt. Nimmt man das Energiesystem zum Zeitpunkt der deutschen Wiedervereinigung als Maßstab, kann man sich an bisherigen Erfolgen zwar leicht berauschen: Große, in manchen Bereichen ehedem kaum absehbare Fortschritte sind hierzulande in den vergangenen drei Jahrzehnten dabei erzielt worden, umweltverträglicher zu wirtschaften. Doch angesichts der klimapolitischen Zielsetzung, die Treibhausgasemissionen bis zum Jahr 2030 um 65 % gegenüber dem Stand von 1990 zurückzuführen und für das Jahr 2045 Treibhausgasneutralität einzufordern, sind die Fortschritte nach wie vor bescheiden. Da diese Rückführung aller Voraussicht nach umso größere Anstrengungen erfordern wird, je näher man der Verwirklichung der Ziele kommt, muss die Transformationspolitik resilient genug ausgestaltet sein, um auch unter widrigen Umständen erfolgreich zu sein.

Fünf Schritte zu einem resilienten Funktionssystem

Ein erster Schritt zur Sicherung der Resilienz eines jeden Funktionssystems ist die rationale Vorausschau, also das offene Eingeständnis, dass entlang des Weges mögliche Hürden zu überwinden sind oder negative Impulse das reibungslose Funktionieren des Systems beeinträchtigen könnten. Erst wenn man zumindest die Möglichkeit in Erwägung zieht, dass es derartige Hemmnisse geben könnte, lassen sich Kontingenzpläne schmieden: Wer macht im Ernstfall wann was, wer trägt welche Verantwortung, wie kann Schaden abgewendet werden? In manchen Sphären politischen Handelns gibt es solche Pläne. Beispielsweise sieht die sogenannte Schuldenbremse der öffentlichen Haushalte von Bund und Ländern Notfallregelungen vor, die dem Staat im Krisenfall Handlungsspielräume eröffnen. Im deutschen Energiewendediskurs wurde allerdings die Möglichkeit, dass im Verlauf der Transformation unvorhergesehene Hemmnisse auftreten könnten, weitgehend ausgeblendet.

Dabei hätte es eine Reihe von Aspekten gegeben, bei denen sich dieser Gedanke förmlich aufdrängt: Der Wegfall einer wichtigen Lieferquelle für Energierohstoffe ist nur ein Beispiel, Widerstände vor Ort gegen den Ausbau von Kapazitäten der Energieumwandlung (Windparks) oder den Transport von Energieträgern (Stromtrassen) sowie Knappheiten bei Produktionsfaktoren wie Arbeit oder Rohstoffen sind weitere Beispiele. Wer keine rationale Vorausschau betreibt, wird auch den zweiten Schritt zu einem resilienten System, die Einrichtung entsprechender Frühwarnsysteme, kaum gehen können. Wer hingegen störende Impulse frühzeitig erkennt, kann schneller Maßnahmen ergreifen, um sie von vornherein abzuwenden oder zumindest ihre Wirkung abzumildern. Im akuten Fall der russischen Gaslieferungen hätten beispielsweise stärkere Hinweise auf das Absinken der nicht in russischer Hand befindlichen Gasvorräte helfen können, frühzeitig die Weichen auf mehr Bevorratung zu stellen.

Drittens erfordert Resilienz den Aufbau von Strukturen, die dazu geeignet sind, eintreffende negative Impulse ohne größere Leistungsverluste zu verarbeiten. Dies kann im Bereich des Energiesystems insbesondere durch (i) die Diversifikation von Lieferquellen für (Energie-)Rohstoffe oder den Bezug von verlässlicheren Lieferquellen zu einem höheren Preis *(friendly sourcing)*, durch (ii) den Einsatz redundanter Strukturen oder den Einsatz mehrerer Energieträger sowie durch (iii) Lagerhaltung von Energieträgern und Rohstoffen gelingen. Diesen abstrakten ›Waschzettel‹ mit Leben zu füllen, erfordert Entscheidungen über das Ausmaß, in dem die Effizienz schlanker Strukturen zu opfern ist, um an Resilienz zu gewinnen. Zudem ist auszutarieren, in welchem Ausmaß Private und Staat dabei jeweils Verantwortung tragen. Da private Akteure wissen, dass es dem Staat in Krisenzeiten schwerfallen wird, nicht doch helfend einzugreifen, ist es alles andere als einfach, sie dabei wirksam in die Pflicht zu nehmen.

Der vierte Schritt zu einem resilienten Funktionssystem ist die Ausprägung von Strukturen, die es erlauben, nach dem Eintreffen eines negativen Impulses, der die Funktionsfähigkeit des Systems beeinträchtigt, möglichst rasch wieder zu voller Leistungsstärke zu gelangen. Die Anpassungsfähigkeit eines Funktionssystems dürfte umso größer ausfallen, je kompetenter, kreativer und leistungsbereiter die handelnden Akteure sind – und je stärkere Anreize sowie mehr Freiraum sie dabei erhalten, neue Wege zu finden, um ihre Funktion zu erfüllen. Das gilt für die Beschäftigten eines Unternehmens ebenso wie für die Unternehmen selbst. Wie sich zuletzt eindrucksvoll in der Coronapandemie gezeigt hat, bietet unsere bewährte Wirtschaftsordnung der sozialen Marktwirtschaft erfahrungsgemäß einen geeigneten Rahmen für individuelle Leistungsbereitschaft und Anpassungsfähigkeit, wenngleich beim staatlichen Handeln diesbezüglich durchaus gewisse Defizite zu verzeichnen waren.

Fünftens wird ein resilientes Funktionssystem dadurch vervollständigt, dass es ausdrücklich darauf ausgerichtet ist, aus herausfordernden Episoden zu lernen und die darin gewonnenen Einsichten zu nutzen, um die eigene Leistungsfähigkeit weiter zu steigern. Im Fall der Energiewende wäre dazu ein stärkerer gesellschaftlicher Diskurs erforderlich, der bei Rückschlägen wie der Energiekrise des Jahres 2022 die richtigen Fragen stellt: Welche Versäumnisse haben unseren bisherigen Weg so verletzlich gemacht? Können und sollen wir diesen Versäumnissen abhelfen, und wie kann das geschehen? Zum Teil wurde diese diskursive Befassung zwar durch die Handlungen vorweggenommen, welche die gröbsten Folgen abwenden sollten, wie der zaghaften Verlängerung der Laufzeit von Kernkraftwerken. Doch eine ernsthafte Bereitschaft zum Innehalten und Nachdenken darüber, ob ein Wechsel zu einer deutlich stärker auf marktwirtschaftlichen Elementen beruhenden Politik angezeigt sei, ergab sich nicht.

Bei der Transformation des Energiesystems wurde ebenso konsequent wie folgenreich versäumt, den ersten Schritt zur Ausprägung einer resilienten Energiewendepolitik – das Eingeständnis, dass es bei der Transformation Hemmnisse geben könnte – zu machen, ohne den die nächsten vier Schritte erst gar nicht denkbar sind. Dieses Versäumnis hat aus meiner Sicht zwei Wurzeln, eine kognitive und eine politische. So besteht zum einen ein großes und leider auch sehr hartnäckiges Missverständnis in Politik und Gesellschaft hinsichtlich der Natur von Szenarienrechnungen: Sie zeigen lediglich als ›Was wäre, wenn‹-Berechnungen, die einer umfangreichen Schar von gesetzten Annahmen über die Konstanz oder die stabile Entwicklung von zentralen Aspekten des Energiesystems unterliegen, ob es beim Ausbleiben größerer, in den Berechnungen ausgeblendeter Hemmnisse möglich sein könnte, innerhalb eines gegebenen Zeitraums die gewünschten Veränderungen zu erreichen.

- Es handelt sich dabei also nicht um Prognosen im Sinne eines ›Was wird wahrscheinlich sein‹, denn die Vielzahl der hinter der Entwicklung verborgenen individuellen Entscheidungen von Haushalten oder Unternehmen werden ausdrücklich nicht modelliert, sondern vielmehr als Annahmen gesetzt. Wollten diese Berechnungen den Anspruch erheben, die wahrscheinliche Entwicklung abzubilden, müssten sie nicht zuletzt einen deutlich bescheideneren Zeitraum von einigen wenigen Jahren in den Blick nehmen.
- Es handelt sich noch viel weniger um einen Plan im Sinne eines ›Was sollte geschehen‹, denn dazu sind sie schon allein angesichts der dynamischen Entwicklung der relevanten Technologien, die sie naturgemäß nicht berücksichtigen, bei Weitem zu kleinteilig angelegt. Leider werden sie wohl aufgrund ihrer quantitativen Gestalt dennoch oft als Pläne missverstanden. Nur so lässt sich erklären, dass man so lange an der kleinteiligen sektoralen Klimagesetzgebung und scharfen Jahreszielen festgehalten hat.

Zum anderen dürften politische Gründe verhindert haben, dass das mögliche Auftreten von Hemmnissen tiefer diskutiert wurde. So passt die Logik des politischen Handelns, das eine recht strikte Aufteilung der Verantwortlichkeiten nach Ressorts vorsieht, nur sehr bedingt zu einem Zugeständnis, dass die Transformation an Hemmnissen scheitern könnte, deren Natur und Ansatzpunkt vorab nur schwer absehbar sind. Zudem hat sich in den vergangenen Jahren der Verdacht aufgedrängt, dass ein

Hinweis auf einen möglichen Ausfall von Lieferquellen politisch nicht opportun war. Für die einen, möglicherweise von einer gewissen Skepsis gegenüber den USA getragen, stand die Frage, ob Russland immer ein verlässlicher Partner sein würde, nie zur Diskussion. Andere wiederum empfanden einen solchen Zweifel als durchsichtigen, interessengeleiteten Versuch, die Energiewende insgesamt zu torpedieren, beruhte diese doch auf einem gleichzeitigen Ausstieg aus Kohle und Kernkraft.

Prinzipien einer resilienten Energiewendepolitik

Die krisenhafte Zuspitzung der Energiepreise und die zur Abwendung einer Versorgungskrise erforderlichen Anstrengungen haben im Jahr 2022 verdeutlicht, welch große Hürden und Fallstricke bei diesem Umstieg zu bewältigen sind, und so die bislang verfolgte Strategie als unzureichend enttarnt. Diese Einsicht erlaubt allerdings auch einen frischen, nüchternen Blick auf die zur Bewältigung dieser Herausforderung zu ergreifenden Maßnahmen. Er legt eine Besinnung darauf nahe, welch begrenzte Wirkmächtigkeit der politische Wille allein aufweist: Die ambitionierten Reduktionsziele werden sich erst dann auch nur annähernd erreichen lassen, wenn es der Energie-, Klima- und Wirtschaftspolitik gelingt, dafür zu sorgen, dass die Akteure in allen gesellschaftlichen Funktionssystemen, also in Politik, Wirtschaft, Gesellschaft und Wissenschaft, dem Ziel der Klimaneutralität eine hinreichende Priorität einräumen.

Dies erfordert eine klare und stringente politische Rahmensetzung, die sich auf die faktische Zielerreichung fokussiert, statt durch ihre weltanschauliche Überfrachtung die gesellschaftliche Polarisierung zu forcieren und so die Zielerreichung zu behindern. Eine ganzheitliche Strategie der Gestaltung dieser

Rahmenbedingungen würde meines Erachtens eine Reihe konstituierender Elemente enthalten: (i) Freiheitlichkeit, (ii) Leistungswillen, (iii) Tragfähigkeit, (iv) Technologieoffenheit und (v) Internationalität.

(i) Freiheitlichkeit. Eine zielführende Gesamtstrategie würde unser bewährtes freiheitliches Gesellschafts- und Wirtschaftssystem einer marktwirtschaftlichen Ordnung als unverrückbaren Handlungsrahmen ausdrücklich festschreiben. Dies würde verdeutlichen, dass es der (Klima-)Politik nicht darum geht, die Transformation zugleich als Möglichkeit zu nutzen, einen von der Rückführung der Emissionen losgelösten Umbau von Wirtschaft und Gesellschaft zu erzwingen. Denn der Umstieg auf ein nichtfossiles Energiesystem erfordert nicht nur eine Unzahl individueller Entscheidungen bei Investitionen, Konsum und Verhalten, die sich einer effizienten staatlichen Planung entziehen, sondern beruht auch auf vielfältigen privaten Informationen, die Dritten, also insbesondere dem Staat, nicht zur Verfügung stehen. Es gilt daher, einen Rahmen zu setzen, der die Gesamtheit der individuellen Entscheidungen hin zur Klimaneutralität führt, ohne dabei ein Übermaß an Detailvorgaben einzurichten.

(ii) Leistungswillen. Die deutschen Bürgerinnen und Bürger haben einen Anspruch darauf, dass die Anerkennung ihres individuellen Strebens nach persönlicher Entfaltung ausdrücklich ihren Wunsch nach materieller Prosperität einschließt. Diesen Anspruch kann nur eine Wirtschafts-, Energie- und Klimapolitik erfüllen, die auf eine nachhaltige Sicherung der wirtschaftlichen Leistungsstärke der deutschen Volkswirtschaft setzt. Ausgehend von den bestehenden Stärken der deutschen Volkswirtschaft, nicht zuletzt der tiefgreifenden Einbindung ihres Mittelstands in die internationale Arbeitsteilung, bietet es sich daher an, vor allem hervorragende Rahmenbedingungen für unternehmerisches Handeln anzubieten und Deutschland als Investitions- und Innovationsstandort möglichst attraktiv zu gestalten. Dies gilt umso mehr, als die für die Transformation zur Nachhaltigkeit benötigten massiven Investitionen überwiegend von privaten Akteuren getätigt werden müssen.

Nur wenn es gelingt, einen (schleichenden) Niedergang der Leistungsfähigkeit der deutschen Volkswirtschaft zu vermeiden, dürfte die Gesellschaft in ihrer gesamten Breite den Umstieg bis zum Vollzug mittragen wollen. Nur auf dieser Basis werden heimische Unternehmen künftig in der klimaneutralen Weltwirtschaft erfolgreich sein. Und nur dann kann der hiesige Weg zur Klimaneutralität anderen Volkswirtschaften als Vorbild dienen. Der Staat ist dabei vor allem als Ermöglicher gefordert: Er sollte den unternehmerischen Wettbewerb als Systemimperativ garantieren, die physische und institutionelle Infrastruktur für wirtschaftliche Aktivitäten bereitstellen und für stabile internationale Beziehungen sorgen. Es kann in Einzelfällen durchaus seine Berechtigung haben, darüber hinaus eine aktive Industriepolitik zu betreiben, um die Transformation zu beschleunigen. Je stärker dieses Engagement ausfällt, umso größere Ansprüche müsste der Staat jedoch an die eigene unternehmerische Kompetenz stellen.

(iii) **Tragfähigkeit.** Eng mit der nachhaltigen Sicherung der materiellen Prosperität verwandt ist die Gewährleistung einer hohen Versorgungssicherheit mit Energie. Sie ist neben Bezahlbarkeit und Umweltverträglichkeit eines der Elemente des energiepolitischen Zieldreiecks. Versorgungssicherheit bewahrt Verbraucher vor schwer zu verkraftenden Preisspitzen, hat jedoch ihren Preis: Sie erfordert Diversifikation von Bezugsquellen und Energieträgern sowie das Vorhalten von Redundanzen und Puffern. Diese bewusst eingebauten Abweichungen von der Effizienzgrenze wirtschaftlichen Tuns machen den Anspruch umso wichtiger, ansonsten eine möglichst hohe wirtschaftliche Leistungsfähigkeit sicherzustellen. Im angestrebten Zielbild des klimaneutralen Energiesystems werden zum Teil heimische Erneuerbare das Energieangebot bereitstellen, abgesichert durch Speicher und konventionelle Back-up-Kapazitäten, und zu einem wohl noch größeren Teil importierte grüne Energieträger.

Auf dem Weg dorthin sind demnach zum einen verstärkt die heimischen EE-Kapazitäten sowie Übertragungs- und Verteilnetze aufeinander abgestimmt auszubauen. Ambitionierte Ausbauziele werden sich jedoch nur verwirklichen lassen, wenn es gelingt, die Ausweisung von geeigneten Flächen, Planungs- und Genehmigungsverfahren sowie die Verfahren zum Umgang mit lokalen Widerständen zu beschleunigen. Preisliche Anreize durch Einspeisevergütungen sind hingegen überflüssig. Zum anderen müsste der Aufbau der Infrastrukturen für Wasserstoffimporte höchste Priorität genießen. Fossile Energieträger werden allerdings während des Übergangs noch in erheblichem Maße benötigt. Ihr Bezug unterliegt nachweislich gewissen Risiken. Daher gilt es, eine reichhaltige Diversifikation der Bezugsquellen und Energieträger zu verwirklichen. Aus diesem Grund ist anzuraten, trotz vergleichsweiser hoher Kosten den Abbau heimischer Gasreserven mithilfe moderner Bohrtechniken ernsthaft zu erwägen.

Ein leistungsfähiges Steuer- und Transfersystem sowie tragfähige Systeme der sozialen Sicherung sind unverzichtbare Kernelemente einer nachhaltigen Gesellschaftsordnung. Solide öffentliche Haushalte sichern ihre Funktionsfähigkeit und eröffnen Spielräume für die Bewältigung von Krisensituationen. Es wird mit Maßnahmen der verstärkten Umverteilung von Einkommen bei der angestrebten radikalen Transformation des Energiesystems aber bestenfalls teilweise gelingen, disproportional hohe Belastungen von Haushalten mit niedrigem Einkommen zu kompensieren. Die Sicherstellung eines preisgünstigen Energieangebots ist somit – wie bereits in der fossilen Ära, die wir nun aus guten Gründen hinter uns lassen wollen – wichtiger Bestandteil einer erfolgreichen Sozialpolitik. Dies gilt ebenso für die Bepreisung von Treibhausgasemissionen, die für eine effiziente Energiewende sorgt und staatliche Einnahmen erzeugt, die zur Abfederung von Umstellungslasten eingesetzt werden können.

(iv) Technologieoffenheit. Der Weg zum klimaneutralen Energiesystem wird erhebliche Zeit in Anspruch nehmen. Ein aus seinen zaghaften Anfängen deutlich ausbrechender, umfassender und im Zeitablauf steigender Preis für Treibhausgasemissionen würde das Prinzip einer arbeitsteiligen Emissionsvermeidung umsetzen: Zum jeweiligen Stand der technischen Möglichkeiten würden tendenziell die günstigsten Vermeidungsoptionen verwirklicht. Darüber hinaus verschafft er der öffentlichen Hand zusätzliche Mittel, um die Transformation durch Infrastrukturinvestitionen zu flankieren. Zudem wirkt er als das zentrale Signal im marktbasierten Entdeckungsverfahren, das dafür sorgt, dass sich die Möglichkeiten zur Emissionsvermeidung stetig in dem Ausmaß verbessern, welches das Innovationssystem aus Wirtschaft, Wissenschaft und Gesellschaft zulässt. Je höher das Ausmaß an Technologieoffenheit, das die Politik pragmatisch zulässt, desto mehr Potenziale können dabei freigesetzt werden.

Aufgrund der hohen Bindungswirkung von Infrastrukturinvestitionen und der systemrelevanten Natur kritischer Teile der Wertschöpfungsketten kann es sinnvoll sein, die Kosten der Investitionen des Umstiegs auf klimaschonende Produktionskapazitäten zwischen Unternehmen und Steuerzahlern zu teilen, wobei dies in allen Fällen, die über die diskriminierungsfreie Bereitstellung von Infrastrukturen, etwa für den Import von Wasserstoff, hinausgehen, einer Begründung im Einzelfall bedarf. Die Politik sollte jedoch (große) Unternehmen nicht weitgehend ungeprüft zur Mitwirkung an einer an sich unzureichenden Gesamtstrategie bewegen, indem ihnen unternehmerische Risiken abgenommen werden. Dieses Vorgehen dürfte die Leistungsfähigkeit des Staates, der ja über keine eigenen Mittel verfügt, rasch überreizen und ist noch dazu anfällig für strategisches Verhalten der Unternehmen: Sie haben immer einen erheblichen Informationsvorsprung gegenüber ihren potenziellen Geldgebern.

(v) Internationalität. Die deutsche und die europäische Klimapolitik müssen in doppelter Hinsicht in einen Pfad zur globalen Klimaneutralität eingebettet sein. Es geht zum einen darum, das eigene Tun nicht national, sondern europäisch zu denken. Das Vorhaben, den europäischen Emissionshandel auf Verkehr und Wärme auszudehnen, kann gar nicht rasch genug umgesetzt werden. Zum anderen ist auf globaler Ebene entschieden darauf hinzuwirken, dass große Emittenten wie die USA und China die europäischen Bemühungen um den Klimaschutz in einer internationalen Allianz aufgreifen und mit vorantreiben. Dabei ist, dem Prinzip der Reziprozität folgend, eine Vorbildfunktion anzustreben: Das globale Koordinationsproblem lässt sich nur mit deutlich signalisierter Entschiedenheit lösen, eigene Vermeidungsanstrengungen zurückzufahren, wenn es trotz umfangreicher Transfers von Technologie-Know-how und von Finanzmitteln keine hinreichende Gegenleistung der Vertragspartner gibt.[6]

Fazit: Zielkonflikte anerkennen und pragmatisch lösen

Dieser Beitrag regt dazu an, die Illusion abzustreifen, eine umfassende Transformation gesellschaftlicher Systeme ließe sich bewältigen, ohne entlang des Weges Zielkonflikte anzugehen. Das gilt auch und insbesondere für die Transformation des Energiesystems hin zur Nachhaltigkeit. Einer resilienten Transformation wird es hingegen gelingen, unerwartete negative Impulse grundsätzlich vorherzusehen, diese frühzeitig zu erkennen und möglichst abzufedern, deren Wirkung rasch zu verdauen und diese Erfahrungen dazu zu nutzen, den Transformationspfad entsprechend anzupassen. Werden Zielkonflikte aber ausgeblendet, wird sich eine derartige Resilienz wohl kaum erreichen lassen. Darüber hinaus erfordert die Vorbereitung auf negative externe Schocks neben dem offenen Diskurs über die begrenzte Wirkmächtigkeit staatlicher Lenkung einen proaktiven Diskurs über Verantwortlichkeiten. Denn weder ist der Staat allmächtig, noch sollte alle Verantwortung auf ihn abgewälzt werden.

Anmerkungen/Literatur

1   Durchaus prominente Ökonominnen und Ökonomen sahen sich damals durch ihre Szenarienrechnungen in die Lage versetzt, in apodiktischem und moralisch aufgeladenem Ton eindeutig über die Frage der Verkraftbarkeit zu urteilen. Obwohl es sich gehört hätte, bei der Analyse derart disruptiver Veränderungen die mögliche Verfehlung der externen Validität der Modellergebnisse zu diskutieren, verfehlten diese Kommentatoren es leider genau dann, eherne Prinzipien evidenzbasierter Politikberatung zu bewahren, als es darauf besonders ankam.

2   Sachverständigenrat zur Begutachtung der gesamtwirtschaftlichen Entwicklung, *Aufbruch zu einer neuen Klimapolitik. Sondergutachten*, Wiesbaden 2019.

Beispielstudien

3 Christoph M. Schmidt, »Die Soziale Marktwirtschaft im Systemwettbewerb«, in: Ludwig-Erhard-Stiftung (Hg.), *Wohlstand für Alle – Marktwirtschaft kann Krise besser*, Sonderveröffentlichung der Ludwig-Erhard-Stiftung, München 2022, S. 18–19; ders., »Die Soziale Marktwirtschaft nach der Corona-Krise. Fit für den Systemwettbewerb im 21. Jahrhundert«, in: *List Forum für Wirtschafts- und Finanzpolitik* 47.1 (2021), S. 83–96.

4 Malte Preuss, Wolf Heinrich Reuter & Christoph M. Schmidt, »Distributional Effects of Carbon Pricing in Germany«, in: *FinanzArchiv/Public Finance Analysis* 77.3 (2021), S. 287–316.

5 Christoph M. Schmidt, »Es mag nicht die Welt kosten, den Planeten zu retten – aber die ganze Welt wird gebraucht, um es zu schaffen. Einige Gedanken zum 60. Geburtstag von Ottmar Edenhofer«, in: J. C. Steckel, M. Kowarsch, M. Kalkuhl u. a. (Hg.), *Ottmar Edenhofer – Festschrift zum 60. Geburtstag*, Mercator Research Institute on Global Commons and Climate Change, Berlin 2021, S. 109–111; ders., »Das Vernünftige vernünftig tun: Wege zu einer rationalen Energie- und Klimapolitik«, in: P. Rosin & A. Uhle (Hg.), *Festschrift für Ulrich Büdenbender zum 70. Geburtstag*, Berlin/Boston 2018, S. 109–128.

6 Axel Ockenfels & Christoph M. Schmidt, »Die Mutter aller Kooperationsprobleme«, in: *Zeitschrift für Wirtschaftspolitik* 68.2 (2019), S. 122–130; Christoph M. Schmidt, »Strategische Klimapolitik: Europa als Vorbild statt als Vorreiter«, in: Ludwig-Erhard-Stiftung (Hg.), *Wohlstand für Alle – Klimaschutz & Marktwirtschaft*, Bonn 2020, S. 82 f.

6

Krankenhauskrise – Symptome, Befunde, Therapieansätze und Prognosen für eine Gesundheitsversorgung in der Zukunft

JÜRGEN GRAF

Die Bilder der teilweise dramatischen Überlastung der Gesundheitsversorgung in Norditalien, insbesondere in der Region um Bergamo im ersten Quartal des Jahres 2020, haben auch in Deutschland während der Coronapandemie unkontrollierte medizinische Versorgungsverhältnisse befürchten lassen. Ein wesentlicher Teil der politischen Maßnahmen während der Coronapandemie orientierte sich deshalb an einer abstrakten, zuvor nicht bekannten oder gar definierten Kenngröße – der Vermeidung der Überlastung des Gesundheitswesens, mithin einer Krankenhauskrise. Die Krankenhauskrise ist während der Coronapandemie nicht eingetreten. Das heißt allerdings nicht, dass mit Blick auf die Zukunft diese nicht (mehr) zu befürchten sei.

Aufgrund der föderalen Struktur in Deutschland liegt die Verantwortung für die Krankenhausstruktur und -planung – und mithin die der gesundheitlichen Daseinsvorsorge der Bevölkerung – ganz wesentlich in den Händen der Bundesländer, und das seit mehr als 70 Jahren. In Bezug auf die Sicherstellung der Daseins- und Gesundheitsversorgung sind die einzelnen Bundesländer, trotz einheitlicher Bundesgesetzgebung zur Refinanzierung der stationären Leistungserbringung, vor, während und nach der Coronapandemie sehr unterschiedlich mit dieser Aufgabe umgegangen. Mit Blick auf die befürchtete Belastung bzw. Überlastung des Gesundheitswesens sowie die Gesundheitsversorgung und auch Sterblichkeit der deutschen Bevölkerung in den Jahren 2020 bis 2022 erinnern die bislang erfassbaren Auswirkungen der Coronapandemie im europäischen und internationalen Vergleich ein wenig an *Amara's Law*: Es besteht eine Neigung, kurzfristige Effekte (einer Technologie) zu überschätzen, wohingegen langfristige Auswirkungen regelhaft unterschätzt werden.

In diesem Sinne kann festgestellt werden, dass die kurzfristigen, unerwünschten bzw. negativen Auswirkungen für die Gesundheit der Bevölkerung bzw. das Funktionieren des Gesundheitswesens erfreulicherweise eher überschätzt wurden. Unglücklicherweise scheint sich allerdings auch der zweite Teil des aus der Technologiebetrachtung entlehnten Gesetzes von Amara zu materialisieren: Die Auswirkungen auch von Maßnahmen, die während der Coronapandemie im Gesundheitswesen zur Umsetzung gelangten, sind in ihren negativen Folgewirkungen für ein funktionierendes Gesundheitswesen der Zukunft von erheblicher Bedeutung, werden allerdings in ihrer Kritikalität kaum wahrgenommen und somit allgemein unterschätzt.

Während der Coronapandemie hat das Gesundheitswesen in Deutschland im Allgemeinen gut funktioniert, obschon unterschiedliche Meinungen hierzu zirkulieren. Mit Übergang der Pandemie in eine Endemie – etwa Ende 2022, Anfang 2023 –, den bereits erfassbaren Auswirkungen des Krieges in der Ukraine sowie den damit mittel- und unmittelbar in Verbindung stehenden Preis- und Kostenentwicklungen sowie den zu beobachtenden wirtschaftlichen, politischen und gesellschaftlichen Verschiebungen von Prioritäten (Markt vs. Moral, Fordern vs. Fördern, Freiheit vs. Sicherheit, Arbeit vs. Freizeit, Beruf vs. Familie, Ich vs. Wir) ergab sich ein im Vergleich zum Jahr 2019 – vor der Coronapandemie – deutlich verändertes Bild des Gesundheitswesens in Deutschland:

- Patienten müssen ambulant wie stationär längere Wartezeiten bzw. Wege auf sich nehmen.
- Die betriebswirtschaftlichen Defizite von Krankenhäusern sowie die Anzahl von Insolvenzverfahren nehmen zu.
- Die Arbeit im Krankenhaus wird berufsgruppenübergreifend als belastend bezeichnet.

Es werden u. a. überfüllte Notfallaufnahmen und geschlossene Stationen in Krankenhäusern, lange Wartezeiten auf Termine bei niedergelassenen Fachärzten oder für stationäre Eingriffe, Praxissterben, Burnout bei im Krankenhaus beschäftigten Pflegenden und Ärzten, marode bauliche Infrastrukturen, fehlende Digitalisierung, überbordende Dokumentation und lähmende Bürokratie beklagt.

Sind dies die – unspezifischen – Symptome einer Krankenhauskrise in Deutschland? Nachfolgend werden die Symptome aus einer ärztlich-medizinischen Perspektive unterschiedlich intensiv betrachtet, gegebenenfalls weitere Befunde erhoben und diese gesamthaft bewertet, um zu einer Diagnose – Krankenhauskrise? – zu gelangen. In Abhängigkeit von der Diagnose ergeben sich prognostische und therapeutische Implikationen, die in diesem Beitrag ebenfalls kurz skizziert werden.

Ausgerichtet wird die Gesamtbewertung im Folgenden an den Aufgaben des Gesundheitswesens für die Gesellschaft, die gemäß dem Sozialgesetzbuch vereinfacht lautet:

- **Versorgungssicherheit:** Bürgerinnen und Bürger dürfen eine medizinische Daseinsvorsorge im ganzen Land erwarten.
- **Bezahlbarkeit:** Krankenversicherungsbeiträge erlauben die Sicherstellung der Gesundheitsversorgung im Umlagesystem.
- **Qualität und Patientensicherheit:** Einrichtungen des Gesundheitswesens sorgen für eine angemessene Qualität der Leistungserbringung sowie eine hinreichende Patientensicherheit.

Weitestgehend ignoriert werden die ubiquitär vorgebrachten drei Lösungsvorschläge der zahlreichen Protagonisten und Lobbyisten des Gesundheitswesens:

1. Mehr Personal.
2. Mehr Geld.
3. Mehr Geld und mehr Personal (manchmal auch mehr Personal und mehr Geld).

Es lohnt deren Betrachtung nicht, weil es in der absehbaren Zukunft in jedem Fall – verglichen mit heute – einen realen und absoluten Mangel an qualifizierten Mitarbeiterinnen und Mitarbeitern im Gesundheitswesen geben wird, und vermutlich auch – wiederum verglichen mit dem Status quo – einen erheblichen Mangel an Geld.

Obwohl die Problembeschreibungen in Abhängigkeit der Perspektive und die Bewertung sowohl des Status quo als auch der Zukunft erheblich differieren, sind sich die politisch Handelnden regelhaft und parteiübergreifend darin einig, dass die Leistungen des Gesundheitswesens nicht reduziert werden dürfen. Hierüber – was die Aufgaben und damit auch ›die Leistungen‹ des Gesundheitswesens ausmachen und wie diese sichergestellt werden sollen (bzw. können) wird konkret wenig ausgesagt. Genau hierüber werden wir uns aber Gedanken machen müssen.

Symptombetrachtung

Allerorten in der Bundesrepublik, ob Stadt oder Land, werden immer wieder stationäre Versorgungsbereiche geschlossen bzw. von der Notfallversorgung abgemeldet. Dies reicht von einzelnen Betten, über ganze Stationen bis hin zu Funktionsbereichen wie der Geburtshilfe oder Notaufnahmen und macht auch vor Operationssälen und Intensivstationen bzw. Kinderintensivstationen nicht halt. Als Grund der Schließungen wird regelhaft fehlendes (hinreichend qualifiziertes) Personal genannt. Dies führt für Patienten und Angehörige – aber beispielsweise auch für die Rettungsdienste – zu Wartezeiten, längeren Wegen, gegebenenfalls auch Einschränkungen der Versorgungsqualität und der Patientensicherheit. Worin ist dieser Personalmangel begründet? Hieraus ergibt sich die zu prüfende **Hypothese 1**: Die Krankenhäuser in Deutschland beschäftigen zu wenig medizinisches Personal.

Nun könnte vorgenannter Sachverhalt – nicht zuletzt vor dem Hintergrund steigender betriebswirtschaftlicher Defizite der Krankenhäuser – auch ursächlich mit einer zu geringen Patientenzahl, d. h. einer zu geringen Auslastung der stationären Bereiche und damit konsekutiv zu geringen Erlösen zusammenhängen. Hieraus ergibt sich **Hypothese 2**: Die Krankenhäuser in

Deutschland behandeln zu wenige Patienten. Vielleicht ist das Personalproblem aber auch nur ein Geldproblem – wir erinnern uns an die wiederholt vorgebrachten Lösungsvorschläge für das deutsche Gesundheitswesen der letzten Jahrzehnte. Hieraus ergibt sich die **Hypothese 3**: Die Krankenhäuser erhalten für die erbrachte Leistung zu wenig Geld. Dies müsste sich, **Hypothese 4**: Die Steuerung des deutschen Gesundheitswesens erfolgt bedarfsorientiert, auf der Grundlage von Zahlen, Daten und Fakten, letztlich aus einem einfachen Abgleich zwischen Ist und Soll, erkennen lassen. Denn – **Hypothese 5:** Das deutsche Gesundheitswesen ist eines der besten der Welt.

Betrachten wir die Hypothesen im Einzelnen:

Hypothese 1: Die Krankenhäuser in Deutschland beschäftigen zu wenig medizinisches Personal.

Mit Blick auf europäische und andere Industrieländer ist objektiv festzustellen, dass in Deutschland

- pro Einwohner vergleichbar viele Pflegekräfte und Ärzte im stationären Gesundheitswesen beschäftigt sind wie in anderen Industrienationen – bei stetig wachsender Tendenz.
- die Zahl zu versorgender Patienten pro Pflegekraft und Arzt im stationären Gesundheitswesen höher ist als in vergleichbaren Industrieländern.

Der im Vergleich, zumindest an der Anzahl der Beschäftigten **relative Personalmangel** in allen Qualifikationsbereichen, insbesondere im Bereich der Krankenpflege und anderer Gesundheitsfachberufe, ist kurzfristig auf zwei politische Regelungen zurückzuführen: einerseits der Ausgliederung des Pflegebudgets aus der fallpauschalierten Refinanzierung (Diagnosis Related Groups, DRG) und andererseits der Einführung gesetzlich normierter Mindestregelungen der Pflegepersonalbesetzung (Pflegepersonaluntergrenzen-Verordnung, PpUGV) pro versorgte Patienten. Durch die Initiativen zur tarifvertraglichen Entlastung von im Bereich der Pflege und in den Gesundheitsfachberufen beschäftigten Mitarbeitenden im Gesundheitswesen wurden diese Maßnahmen noch verstärkt.

Ausgliederung des Pflegebudgets aus den DRG: Ein zentraler Gedanke der fallpauschalierten Refinanzierung von stationären Gesundheitsversorgungsleistungen mittels DRG war die pauschale Abgeltung einer Leistung im Gegensatz zur Refinanzierung sogenannter bettengleicher Tagessätze. Hierdurch sollten Krankenhäuser motiviert werden, auf die Erbringung medizinischer Leistungen und nicht auf belegte Krankenhausbetten zu fokussieren. Die ›echten Kosten‹ einer pauschaliert abgebildeten Leistung werden für einen ›Fall‹ anhand der Datenlieferungen von kalkulierenden Krankenhäusern strukturiert zusammengeführt und vom Institut für das Entgeltsystem im Krankenhaus (InEK) der sich hieraus ergebende Durchschnittswert der jeweiligen DRG festgelegt. Dieser Durchschnittswert stellt den Erlös für das Krankenhaus dar und setzt sich zusammen u. a. aus den Personalkosten (Pflege, Arzt), Sachkosten (Medikamente, Diagnostik, medizinischer Sachbedarf), Hotelkosten (Bett, Verköstigung), Administration und Logistik. Am Beispiel der DRG HO7B – operative Entfernung der Gallenblase – wären dies pauschal rund 4.000 EUR bei Liegezeitgrenzen von mindestens drei und höchsten 19 Tagen (darunter und darüber folgen Abschläge von der Pauschalleistung). Hierin enthalten sind rund 800 EUR sogenanntes Pflegebudget, d. h. Aufwendungen für die Tätigkeiten des Pflegepersonals.

Seit 2020 werden nunmehr die Pflegepersonalkosten der Krankenhäuser nicht mehr als Bestandteil der DRG betrachtet (und innerhalb dieser kalkuliert und vergütet), sondern parallel zu den DRG über ein krankenhausindividuelles Pflegebudget basierend auf zu verhandelnden Tagessätzen multipliziert mit sogenannten Pflegepersonalbewertungsrelationen refinanziert. Krankenhäuser weisen also den Kostenträgern die eingesetzten qualifizierten Pflegekräfte nach und erhalten diese Kosten ersetzt – unabhängig vom Umfang der erbrachten Leistungen gemäß DRG.

Einführung der Pflegepersonaluntergrenzen-Verordnung (PpUGV): Diese Verordnung regelt die Festlegung von Pflegepersonaluntergrenzen in sogenannten pflegesensitiven Bereichen in Krankenhäusern über Vorgaben zu Mindestbesetzungen, d. h. die Anzahl Pflegender im Verhältnis zu versorgten Patienten pro Schicht. Mittlerweile wurden mehr oder weniger alle stationären Disziplinen per Verordnung zu pflegesensitiven Bereichen erklärt und mit Mindestbesetzungszahlen versehen. Diese unterscheiden Intensiv- und Normalstationen und reichen von der Anforderung einer 1:1-Besetzung beispielsweise auf einer neonatologischen Intensivstation (Level 1) bis zu 1:10 (eine Pflegekraft pro 10 Patienten) im Tagdienst einer Normalstation. Die Pflegepersonaluntergrenzen wurden nicht wissenschaftlich ermittelt oder evidenzbasiert anhand von Zielkriterien etabliert, sondern schlichtweg festgelegt. Die Einhaltung der regulativen Mindestbesetzung in einem interdisziplinären Versorgungsbereich, wie beispielsweise einer medizinisch sinnvollen gemeinsam zu betreibenden Station von Kardiologie und Herzchirurgie, wird am jeweils strengeren Standard gemessen (Herzchirurgie 1:7 vs. Kardiologie 1:10). Die Unterschreitung der PpUGV führt zu Vergütungsabschlägen.

Krankenhauskrise

Die Zahl der in den deutschen Krankenhäusern beschäftigten Ärztinnen und Ärzte wächst stetig, von im Jahr 2002 rund 140.000 auf im Jahr 2023 rund 220.000, immerhin um mehr als 50 % in 20 Jahren. Das Bundesministerium für Gesundheit führt hierzu aus: »Die bloße Zahl an Ärztinnen und Ärzten in der Ärztestatistik der Bundesärztekammer sagt jedoch wenig über die tatsächlich zur Verfügung stehende ärztliche Arbeitszeit aus. Dem geringen Wachstum müssen in der Zukunft sinkende Wochenarbeitsstunden gegenübergestellt werden.« Das stimmt, denn die tariflichen Wochenarbeitszeiten werden sukzessive reduziert, genauso wie der Anteil an in Vollzeit Beschäftigten kontinuierlich sinkt – die für einen 24/7-Betrieb zu versorgende Zeit pro Woche bleibt mit 168 Stunden hingegen konstant. Vergleichbar der pflegerischen Mindestbesetzung fordern der Marburger Bund und die Bundesärztekammer die Einführung eines Personalbemessungsinstrumentes auch für Ärztinnen und Ärzte.

Hypothese 2: Die Krankenhäuser in Deutschland behandeln zu wenige Patienten.

Die in Deutschland krankenversicherten Bürgerinnen und Bürger gehen fast zehn Mal pro Jahr zum niedergelassenen Arzt, verglichen mit dem OECD-Durchschnitt von knapp sieben ambulanten Arztbesuchen. Überdies erfolgen in Deutschland pro 1.000 Einwohner im Jahr mehr als 200 stationäre Krankenhauseinweisungen – mehr als in jedem anderen Land des OECD-Vergleichs und wiederum mehr als 40 % oberhalb des EU27-Durchschnitts. Ermöglicht wird dies u. a. durch das große Angebot an Krankenhausbetten: mit 7,7 stationären Betten pro 1.000 Einwohner im Vergleich zum EU27-Durchschnitt von knapp 5,2 Betten pro 1.000 Einwohner liegt Deutschland an der Spitze, 60 % über dem EU27-Durchschnitt. In den Niederlanden werden knapp 2,5 Betten pro 1.000 Einwohner vorgehalten – weniger als ein Drittel im Vergleich mit Deutschland, bei einer vergleichbar niedrigen Quote an sogenannten ›nicht erfüllten Bedarfen einer ambulanten oder stationären Behandlung‹.

Der Vergleich der Jahre 1991 und 2019 weist für Deutschland zwar einen Rückgang der stationären Belegungstage von ca. 204 Mio. im Jahr 1991 auf etwa 139 Mio. im Jahr 2019 aus. Gleichzeitig hat die in den Kliniken behandelte Anzahl sogenannter Fälle von 14,6 Mio. im Jahr 1991 auf 19,4 Mio. im Jahr 2019 zugenommen. Als wesentliche Änderung ist nach der Jahrtausendwende das fallpauschalierte Entgeltsystem (Diagnosis Related Groups, DRG) eingeführt worden, das die Abrechnung per Belegungstag abgelöst hat. Das heißt, es wurden nicht mehr die Liegetage der Patienten in den Kliniken refinanziert, sondern die Fälle in gewissen Grenzen der Verweildauer pauschal abgegolten (siehe oben).

Die Entwicklung der Liegetage und Fallzahlen infolge der Umstellung des Refinanzierungssystems belegt, dass das deutsche Gesundheitswesen sich ökonomisch zu verhalten und entwickeln weiß. Ging die Anzahl der Liegetage nach Einführung der DRG um ca. 32 % zurück, stieg die Anzahl der Fälle um den gleichen Wert an – die Refinanzierung der Kosten der Krankenhäuser blieb somit grundsätzlich gesichert, auch nach formaler Abschaffung des Selbstkostendeckungsprinzips.

Dennoch: Nach EUROSTAT-Erhebung aus dem Jahr 2020 beträgt die mittlere Verweildauer im Krankenhaus in Deutschland mit 8,7 Tagen immer noch knapp das Doppelte der Niederlande (4,4 Tage) und ist damit eine der längsten im europäischen Vergleich. Trotzdem liegt die Auslastung der Krankenhausbetten in Deutschland nur bei durchschnittlich knapp über 60 %. Würde die die mittlere Verweildauer in Deutschland der der Niederlande entsprechen, wären somit nur noch gut 30 % der vorhandenen

Krankenhausbetten belegt – und die heute im Gesundheitswesen beschäftigten Pflegenden, Ärzte und andere Berufsgruppen würden eine signifikante Reduktion der Arbeitslast erfahren – mutmaßlich nicht um 50 %, sicherlich aber um ein Drittel.

Hypothese 3: Die Krankenhäuser erhalten für die erbrachte Leistung zu wenig Geld.

Im Jahr 2022 wurden 12,6 % des Bruttoinlandsproduktes (BIP) in Deutschland für die Gesundheitsversorgung der Bevölkerung aufgewendet. Im Durchschnitt aller EU27-Staaten betrug der Anteil am BIP 10,4 %, mit dem höchsten Anteil in Deutschland und dem niedrigsten Anteil in Luxemburg (5,6 %). Die jährlichen Gesundheitskosten pro Einwohner sind weltweit am höchsten in den USA (12.555 US-Dollar), gefolgt von der Schweiz (8.049 US-Dollar) und Deutschland (8.011 US-Dollar).

Nach Zahlen des Statistischen Bundesamtes betrugen für das Jahr 2022 die Gesamtausgaben für Gesundheit in Deutschland 497 Mrd. EUR, wovon ca. 175 Mrd. EUR auf stationäre und teilstationäre Einrichtungen entfielen, davon etwa 120 Mrd. EUR auf die Krankenhäuser. Ambulante Einrichtungen beanspruchten im gleichen Zeitraum rund 236 Mrd. EUR.

Der Vergleich der Jahre 1991 und 2019 weist einen Anstieg der Ausgaben der gesetzlichen Krankenversicherungen von 1991 (indiziert als 100) um etwa 275 % auf. Dem steht ein Rückgang der stationären Belegungstage um ca. 32 % und ein Aufwuchs der Fallzahlen ebenfalls um etwa 32 % gegenüber (siehe oben). Auch nach Kaufkraftbereinigung und inflationskorrigierter Preissteigerung – der Verlust der Kaufkraft beträgt je nach Quelle ca. 40 %, die Preissteigerung im Beobachtungszeitraum ca. 64 % – ist hier eine überobligatorische Kostensteigerung für den Beobachtungszeitraum zu konstatieren.

Dennoch weisen viele Krankenhäuser negative Wirtschaftsergebnisse aus, d. h. in der Betrachtung von Kosten und Erlösen im Verhältnis der erbrachten Leistungen ist eine Refinanzierung der stationären Gesundheitsversorgung nicht sichergestellt.

Dies hat vor allem mit (1) der Durchschnittsbetrachtung der Fallpauschalen (DRG), (2) dem Portfoliomanagement und der Auslastung einiger stationärer Leistungserbringer sowie (3) den überproportional steigenden Fixkosten für medizinische Leistungserbringung zu tun.

1. Die Refinanzierung über Durchschnittswerte erlaubte eine angemessene Refinanzierung (Kostendeckung) für die Einrichtungen, denen tatsächlich in der Mischkalkulation der Fälle durchschnittliche Kosten entstehen. An den Rändern der Gauß'schen Normalverteilung ist dies nicht der Fall, hier wird entweder ein respektabler Überschuss erwirtschaftet oder es entsteht ein entsprechendes Defizit.

2. Auf das Portfolio bzw. die Passung der Fälle in Bezug auf die Durchschnittsbetrachtung kann ein Krankenhaus durch die Struktur und Ausgestaltung der Abteilung(en) Einfluss nehmen. Kleinere Krankenhäuser haben hier Selektions- und damit potenziell Kostenvorteile gegenüber Maximalversorgern oder universitären Einrichtungen. Letztere müssen allein schon aus Gründen von Lehre und Forschung die vollständige Bandbreite der medizinischen Versorgungsleistungen vorhalten – befinden sich also am negativen Ende der Gauß'schen Normalverteilungskurve. Negativ auf die Rendite wirkt die insgesamt in Deutschland geringe Auslastung der Krankenhausbetten von durchschnittlich 60 % – diese ergibt sich insbesondere in ländlichen Regionen und Krankenhäusern mit

einem hohen Anteil an Grund- und Regelversorgungsleistungen (Daseinsvorsorge).

3. Neben den regulativen Anforderungen und den hierdurch gestiegenen Aufwendungen zur Nachweisführung und Dokumentation im medizinischen und nicht-medizinischen Bereich (Transaktionskosten des Marktes Gesundheit) sowie den Kosten für Sachbedarf, Bau und Investitionen haben insbesondere die fixen und die variablen Personalkosten durch rezente Tarifabschlüsse signifikant am Gesamtanteil zugenommen. Hierbei ist insbesondere ein überproportionaler Anstieg der variablen Vergütungsbestandteile festzustellen, die sich auf die Tätigkeiten außerhalb der Regelarbeitszeit von montags bis freitags 07.00 bis 16.00 Uhr beziehen – die also rund 123 Stunden pro Woche betreffen und naturgemäß die besondere Aufgabe eines Krankenhauses ausmachen, nämlich die Verfügbarkeit rund um die Uhr, Tag für Tag.

Hierdurch sind vor allem maximalversorgende und universitäre Krankenhausstrukturen wirtschaftlich herausgefordert, da ein hoher Anteil der stationär zu versorgenden notfallmedizinischen Fälle aufgrund der Komplexität und fehlenden Planbarkeit regelhaft außerhalb einer Durchschnittsbetrachtung liegen – liegen müssen. Hierzu zählen insbesondere auch Zuweisungen anderer Kliniken, sogenannte Sekundärverlegungen. Am Ende behandeln die Universitätsklinika als ›*Bad Bank*‹ des Gesundheitswesens alles, was andere nicht behandeln können oder nicht behandeln wollen.

Zusätzlich muss die ganze Breite der medizinischen Versorgung und Interdisziplinarität – inklusive beispielsweise der Transplantationsmedizin und anderer, ressourcenintensiver Versorgungsbereiche – durchgehend auf Facharztniveau vorgehalten werden. Im Schichtdienst sind dies – damit eine qualifizierte Person durchgehend anwesend ist – ca. 5,8 Personen. Zudem sind insbesondere in Universitätsklinika aufgrund der besonderen klinischen Aufgaben sowie der damit zusammenhängenden Vorhaltung im Verhältnis mehr ärztliche Mitarbeitende beschäftigt.

Da im deutschen Gesundheitswesen gemessen am BIP mehr Geld als in allen anderen Vergleichsländern (Ausnahme USA und Schweiz) verausgabt wird, handelt es sich offensichtlich nicht primär um eine mangelhafte Finanzierung, sondern um Struktur-, Organisations- und Allokationsprobleme. Mehr Geld würde dies mutmaßlich nicht ändern, sondern nur weiter unterhalten.

Hypothese 4: Die Steuerung des deutschen Gesundheitswesens erfolgt bedarfsorientiert auf der Grundlage von Zahlen, Daten und Fakten.

Die Coronapandemie hat verdeutlicht, dass im deutschen Gesundheitswesen keine Versorgungssteuerung existiert. Einfachste Fakten zur Infrastruktur und damit den theoretischen Versorgungsmöglichkeiten waren im März 2020 weder im Bund noch von den Ländern kurzfristig aufzubieten. Die Zahl der vorhandenen Intensivbetten basierte auf Schätzungen, wobei die Ausstattung (Beatmungsgerät oder nicht) oft schon unklar blieb und die Frage nach der Betriebsbereitschaft – ist qualifiziertes Personal zum Betrieb der vorhandenen Intensivbetten verfügbar? – nicht beantwortet werden konnte.

Um kurzfristig einen Überblick über die stationären Versorgungskapazitäten zu erhalten, insbesondere die verfügbare (und betreibbare) Zahl intensivmedizinischer Betten, konnte somit nicht auf regulär geführte Statistiken zurückgegriffen werden, sondern eine Fachgesellschaft bzw. ein Verein – die Deutsche Interdisziplinäre Vereinigung für Intensiv- und Notfallmedizin (DIVI) – hat eigene Daten dem Robert Koch-Institut (RKI) in Form einer Excel-Tabelle zur Verfügung gestellt. Diese Tabelle wurde dann weiterentwickelt und tabellarisch fortgeschrieben, um einen Überblick zur Situation der Intensivbetten in Deutschland zu erlauben.

Wir kennen in Deutschland zwar die Abrechnungsfälle und Diagnosen der stationären Patienten, wussten (und wissen) aber nicht genau, welche stationären Infrastrukturen für welche Versorgungsnotwendigkeiten existieren und wie viele davon auch tatsächlich technisch und personell betriebsbereit wären. Dort, wo mittels **übergeordneter elektronischer Zuweisungssysteme wie z. B.** IVENA der Rettungsdienst geeignete Kliniken für die Weiterversorgung von Notfallpatienten identifiziert, melden Kliniken die eigenen Kapazitäten ohne gerichtete oder strukturierte Kontrolle an oder ab.

Im Wesentlichen orientiert sich die Gesundheitsversorgung dabei am Ist, d. h. der gegenwärtigen Leistungserbringung, die näherungsweise der angebotsinduzierten Nachfrage der Vergangenheit und den Bedürfnissen der Inanspruchnahme der Bevölkerung entspricht. Eine Bedarfsermittlung oder -festlegung oder gar eine hieran ausgerichtete Struktur und Organisation der Gesundheitsversorgung besteht nicht. Somit ist auch kein Ist-Soll-Abgleich – Erfüllen wir gemessenen an den Aufgaben den bestehenden Auftrag? – möglich.

Mit dem Krankenhausplan NRW und den Papieren der Regierungskommission sowie dem Ende 2024 verabschiedeten Krankenhausversorgungsverbesserungsgesetz (KHVVG) gibt es zumindest Hinweise, welche Anforderungen und Aufgaben diesbezüglich zukünftig zu berücksichtigen wären. Diese müssten allerdings Stand heute noch in erheblichem Maße konkretisiert und für die Krankenhäuser und anderen Träger der Gesundheitsversorgung operationalisiert werden.

Eine Bedarfsermittlung bzw. -festlegung für die Gesundheitsversorgung der Bevölkerung ist im engeren Sinne bis zum heutigen Tag nicht erfolgt. Der Abgleich zwischen Ist und Soll und damit auch die Beantwortung der Frage der Aufgaben- bzw. Auftragserfüllung entzieht sich somit jeglicher Bewertung.

Hypothese 5: Das deutsche Gesundheitswesen ist eines der besten der Welt.

Zusammenfassend muss für Deutschland festgestellt werden, dass im stationären Gesundheitswesen keine bessere Qualität erbracht wird als in den OECD-Mitgliedsländern – bei höheren Kosten und leichterer Zugänglichkeit zum Versorgungssystem.

Deutschland weist im OECD-Vergleich zwar ein nahezu unbeschränktes Leistungsangebot bei weitestgehend ungehindertem Zugang sowie deutlich höhere Gesundheitskosten pro Einwohner auf, wird aber in den Kategorien Prävention bzw. Vorsorge, Management chronischer Erkrankungen und Verminderung vermeidbarer Risikofaktoren durchgehend unterdurchschnittlich bewertet. In der Summe ist trotz des hohen Aufwands in Deutschland im Vergleich zu einer Vielzahl anderer OECD-Staaten die hiesige Versorgungsqualität nicht überlegen und der Aufwand resultiert auch nicht in einem besseren Gesundheitsstatus der Bevölkerung.

Eine dezidierte, transparente Berichterstattung zur Qualität der stationären Versorgung in Deutschland liegt nur ausschnittweise, bei unterschiedlichen Gremien und Organisationen und weitestgehend weder risikoadjustiert noch qualitätsgesichert vor. Somit ist sowohl ein longitudinaler als auch ein internationaler Vergleich der Ergebnisse der Gesundheitsversorgung – stationär, ambulant oder auch in Summe – kaum möglich.

Die Lebenserwartung stellt zwar keinen unmittelbaren Surrogatparameter für die Qualität eines Gesundheitswesens oder der Gesundheitsversorgung dar, ist für eine Gesellschaft allerdings aus verschiedenen Gründen von Relevanz. Hier überrascht die im EU15-Vergleich für das Bezugsjahr 2019 für Frauen 1,34 und für Männer 1,43 Jahre kürzere prognostizierte Lebenserwartung der Deutschen. In Anbetracht der hohen Gesundheitskosten pro Einwohner, des für die Gesundheitsversorgung verfügbaren BIP, der Dichte des stationären (und ambulanten) Versorgungsnetzes, der Anzahl verfügbaren qualifizierten Personals und vieler anderer Aspekte hätte mindestens von einer anderen EU15-Ländern äquivalenten Lebenserwartung ausgegangen werden müssen. Immerhin lässt sich die deutsche Bevölkerung das Gesundheitswesen mehr kosten als alle EU-Vergleichsstaaten.

Die Prüfung der fünf Hypothesen ergibt ein ernüchterndes Bild mit Blick auf die Gesundheitsversorgung im Allgemeinen und die der Krankenhäuser im Speziellen. Pointiert zusammengefasst könnte eine epikritische Stellungnahme wie folgt lauten:

Vergleichsweise viel medizinisches Personal behandelt viel zu viele Patienten viel zu lang in viel zu vielen Krankenhäusern bzw. Krankenhausbetten mit unklaren Strukturen und ohne eine relevante Berücksichtigung der Ergebnisqualität zu sehr hohen Kosten.

Das Gesamtsystem erweist sich somit als in hohem Maße ineffizient.

Diagnose Krankenhauskrise – prognostische Einordnung

Es handelt sich medizinisch gesprochen bei der Symptombetrachtung und Befundbewertung fraglos um eine **Krankenhauskrise**. Hierbei ist zu betonen:

1. Wir betrachten die Exazerbation einer seit Dekaden in der Schwere und Merkmalsausprägung stetig zunehmenden chronischen Erkrankung, die neben den Krankenhäusern mutmaßlich die komplette Gesundheitsversorgung inklusive großer Teile der hierfür genutzten Infrastruktur in Deutschland umfasst, ambulant wie stationär.

2. Die personellen und monetären Systemreserven kompensieren gegenwärtig offensichtlich noch die dem Gesamtzustand entsprechenden zu erwartenden Funktionseinschränkungen – auch wenn die Coronapandemie diesbezüglich einen kurzfristigen Stresstest dargestellt hat.

Die Krankenhauskrise wird aus einer fatalen Kombination von unstillbarem Ressourcenhunger, selbstreferenzieller Nutzen- und Qualitätsbewertung sowie beträchtlichen Partikularinteressen der Systemteilnehmer bei vollkommenem Fehlen einer politischen Feststellung des tatsächlichen Bedarfs und der sich ergebenden Konsequenzen unterhalten.

Von Jahr zu Jahr treten die Auswirkungen der demografischen Entwicklung deutlicher in Erscheinung – sowohl auf der Ebene der Personalbesetzung als auch im Bereich der Finanzierung der Kranken- und Sozialversicherung. Dennoch werden diesbezüglich offensichtlich kontraproduktive Regulative fortgesetzt in die Umsetzung gebracht. Vor diesem Hintergrund ist davon auszugehen, dass die Homöostase des Gesamtsystems der Gesundheitsversorgung unter den heutigen Bedingungen jenseits des Jahres 2030 nicht mehr aufrechterhalten werden kann. Konkret belegen rezente wissenschaftliche Stellungnahmen die signifikante Abnahme der Erwerbstätigenquote in Deutschland in den kommenden Dekaden. Gleichzeitig steigt bis zum Jahr 2035 die Zahl der Rentner bzw. Pensionäre und bleibt dann bis zum Jahr 2070 (manche sagen 2080) weitestgehend stabil – bei insgesamt mehr oder weniger unveränderter Gesamtbevölkerungszahl im Land. Hieraus ergibt sich für die gesundheitsversorgenden Systeme sowie die entsprechenden Kostenträger ein doppelter Demografieeffekt:

1. Der Anteil älterer Menschen in der Bevölkerung steigt, diese haben statistisch einen signifikant höheren Bedarf an Gesundheitsversorgungsleistungen.

2. Der Anteil der Erwerbstätigen nimmt ab. Damit fehlen unmittelbar Arbeitskräfte im Bereich der Gesundheitsversorgungssysteme sowie deren Beiträge zu den Kranken- und Sozialversicherungen.

Überdies sind naturgemäß weitere Effekte von Relevanz und für die Zukunftsbetrachtung und Ausrichtung der Gesundheitsversorgung wesentlich:

1. Die Gruppe derer, die über Kranken- und Sozialversicherung sowie Steuern und Abgaben das Gesundheitssystem (und andere staatliche Aufgaben) finanzieren, wird relativ und absolut kleiner.

2. Außerhalb der Gesundheitsbranche besteht ebenfalls ein Mangel an qualifizierten Mitarbeitenden, die Konkurrenz um die klugen Köpfe – und damit auch die Aufwendungen für Rekrutierung und Beschäftigung – werden zunehmen.

3. Der biotechnologische bzw. medizinische Fortschritt hat in den letzten 100 Jahren bislang zu einer steten Verlängerung der Lebenserwartung in den Industrienationen geführt und die Kosten der Gesundheitsversorgung kontinuierlich steigen lassen.

Die Prognose der **Diagnose Krankenhauskrise** ist somit als sehr ernst zu bezeichnen, die verbleibende Zeit für die Initiierung wirksamer therapeutischer Maßnahmen ist kurz.

Therapeutische Optionen zur Bewältigung einer Krankenhauskrise in Deutschland

Entsprechend der Erkenntnisse aus der Symptom- und Befundbetrachtung lassen sich Prämissen für strategische Erfolgsfaktoren ableiten. In Summe müssen diese das Gesundheitssystem als Ganzes betrachten und die Aufgaben und damit auch die Ziele jedweder Intervention – die Patienten und die Bürger – fest im Blick haben. Versorgungssicherheit und Bezahlbarkeit im Gesundheitswesen werden dabei nur erreicht werden, wenn – neben einer Vielzahl struktureller und organisatorischer Anpassungen – perspektivisch auch die Inanspruchnahme von Gesundheitsversorgungsleistungen durch die Bürgerinnen und Bürger anderen Anreizen und Steuerungsmechanismen unterliegt als heute. Mit Blick auf die im europäischen Vergleich gegenwärtig doppelt so hohen Ausfallzeiten von sozialversicherungspflichtig Beschäftigten in Deutschland aufgrund von Krankheit bzw. ärztlich testierter Arbeitsunfähigkeit sind hier ohnehin aus wirtschafts-, sozial- und finanzpolitischer Betrachtung Aufgabenfelder dringlich politisch aufzunehmen.

Auch wenn genug Geld für die Fortführung der gegenwärtig ineffizienten medizinischen (Über-)Versorgung vorhanden sein oder politisch zur Verfügung gestellt werden sollte, wird es in der Zukunft – früher oder später, eher früher – an der Arbeitskraft, den Mitarbeitenden, mangeln. Die Kombination aus regulativer Mindestbesetzung, Ausfinanzierung von durch das Pflegebudget und sehr hoher Inanspruchnahme von Leistungen hat trotz einer Zunahme der Anzahl der sozialversicherungspflichtigen Pflegekräfte in Deutschland in den letzten Jahren um mehr als 20 % eine beständig größer werdende Lücke zwischen Ist und Soll nicht schließen können. Die nunmehr zunehmende Beschleunigung des demografisch bedingten Verlustes an erfahrenen, qualifizierten Mitarbeiterinnen und Mitarbeitern aggraviert diese Situation. Überdies ist in harten Tarifauseinandersetzungen und langen Streiks von den Gewerkschaften neben den objektivierbaren Tarifkriterien Arbeitszeit und Entgelt ein Sachverhalt der (Arbeits-)Belastung erstritten worden. Aufgetretene Belastungen, beispielsweise in einer Schicht ein Patient mehr als gemäß PpUGV vorgesehen, zieht eine Kompensation der betroffenen Mitarbeitenden nach sich (Entlastungsstunden). Dies führt zu einer weiteren Einschränkung der Verfügbarkeit von Mitarbeitenden bei gleichzeitiger Entgelt- und Kostensteigerung.

All das darf uns nicht entmutigen, denn eine demokratische Gesellschaft ist ohne eine an ethischen Kriterien der Qualität und Verfügbarkeit, aber auch der Bezahlbarkeit orientierte Gesundheitsversorgung der Bürgerinnen und Bürger nicht vorstellbar. Es besteht allerdings ein gewaltiger Transformations-, Auflklärungs- und Technisierungsbedarf, um diesem Anspruch auch zukünftig gerecht werden zu können. Grob vereinfacht dargestellt sind demzufolge drei Handlungsfelder kurz- bis mittelfristig zu priorisieren.

Handlungsfeld 1: Reduktion der Zahl der Krankenhausbetten in Deutschland auf etwa die Hälfte des Status quo. Dies sollte in der Summe bis zum Jahr 2035 zu bewältigen sein, da die Auslastung gegenwärtig ohnehin nur bei etwas mehr als 60 % liegt, die mittlere Verweildauer im Vergleich zu anderen EU15-Ländern deutlich zu lang und das Potenzial der stationsersetzenden – mithin ambulanten – Leistungen noch längst nicht ausgeschöpft ist. Die stationäre Verweildauer im Krankenhaus müsste in diesem Zeitraum denknotwendigerweise ebenfalls etwa halbiert und die Ambulantisierung von medizinischen Leistungen konsequent verfolgt werden, mit dem Ziel, ein Niveau vergleichbar zu den skandinavischen Ländern oder den Niederlanden zu erreichen. Hierbei heißt ambulante Leistungserbringung nicht zwangsläufig, dass dies außerhalb der Krankenhausinfrastrukturen zu erfolgen hat – auch wenn dies im deutschen System in weiten Teilen bislang so vorgegeben scheint.

Diese Maßnahmen werden im Ergebnis zu einer Konzentration der Leistungserbringung auf weniger Einrichtungen bzw. Standorte führen – ein Effekt, den auch das KHVVG verfolgt. Strukturell und organisatorisch wirft dies Fragen nach längeren Wegezeiten oder vermeintlichen medizinischen Versorgungslücken auf – Themenkomplexe, die einerseits sehr stark emotional besetzt sind und sich andererseits durch die Etablierung integrierter Versorgungssteuerung inklusive des Einsatzes entsprechender technologischer Instrumente wie der Telemedizin kompensieren lassen. In einigen wenigen Fällen werden aber mutmaßlich auch Level-I oder Level-II-Krankenhäuser so ertüchtigt werden müssen, dass die notfallmedizinische Leistungserbringung entsprechend der Bedarfsplanung sichergestellt werden kann (was unschädlich für das Gesamtkonzept wäre, wenn das übergeordnete Bestreben der Halbierung der stationären Bettenzahl und der stationären Verweildauer innerhalb der nächsten zehn Jahre im Gesamtsystem realisiert würde).

Überdies verringert sich hierdurch perspektivisch die regulativ-demografisch bedingte Personallücke im (stationären) Gesundheitswesen. Auch die Belastung, d. h. die Anzahl zu versorgender Patienten pro Mitarbeitendem, würde abnehmen. Die Anzahl außerhalb der Regeldienstzeiten benötigter Mitarbeitenden würde hierdurch reduziert und die Auslastung teurer medizinischer Infrastruktur und Technologie durch die Konzentration auf weniger Standorte erhöht.

Hierfür notwendig sind Investitionen in einen gezielten Strukturumbau, orientiert an politisch legitimierten Kenn- und Leistungszahlen einerseits und transparenter Abbildung der Versorgungsqualität andererseits.

Handlungsfeld 2: Unmittelbare Einführung und verpflichtende Nutzung einer personifizierten elektronischen Patientenakte (ePA). Zweifelsfrei bietet eine personifizierte elektronische Patientenakte – d. h. eine dem Bürger persönlich und lebenslang zugeordnete, transparente und strukturierte medizinische Daten- und Informationssammlung – für alle Beteiligten relevante Vorteile in Bezug auf:

1. **die Sicherheit**, dies gilt für präventive Maßnahmen wie Impfungen oder Vorsorgeuntersuchungen, potenziell lebensrettende Informationen zu Allergien oder Medikamentenunverträglichkeiten, aber auch die transparente Darstellung aller Diagnosen,

2. **die Effizienz**, da keine redundanten Untersuchungen mehr durchgeführt, bereits verordnete Medikamente nicht noch einmal verordnet oder fragliche Differentialdiagnosen nicht erneut ausgeschlossen werden müssen – Ressourcennutzung, Kosten oder Wartezeiten somit nicht erneut entstehen – und

3. **die Transparenz** in der Gesundheitsversorgung. Sowohl die Leistungserbringung ist für alle Beteiligten unmittelbar ersichtlich als auch die hiermit in Zusammenhang stehenden Aufwendungen bzw. Kosten – wenn gewünscht auch noch im Verhältnis zum Ergebnis, der Qualität.

Wer im Solidarsystem der gesetzlichen Krankenversicherung Gesundheitsversorgungsleistungen beziehen möchte, müsste gesetzlich zur Nutzung der elektronischen Patientenakte verpflichtet werden. Es erscheint nicht plausibel, dass beispielsweise Gebühren zur Unterhaltung des öffentlich-rechtlichen Rundfunks mit allen Mitteln des Rechtsstaates verordnet (und mit Sanktionen bis hin zur Haft durchgesetzt) werden, eine Maßnahme zur Steigerung der Sicherheit und Effizienz der Gesundheitsversorgung, wie die elektronische Patientenakte, jedoch nicht rechtlich verpflichtend für alle Beteiligten innerhalb eines Solidarsystems umgesetzt werden kann.

Die Bedenken der Sicherung einer solchen elektronischen Patientenakte vor unberechtigten Zugriffen sind sehr ernst zu nehmen, erscheinen aber technisch lösbar. Bei privaten Finanztransaktionen oder beispielsweise den Finanzbehörden werden auch sensible persönliche Daten elektronisch verarbeitet und der Anspruch an Sicherheit und Diskretion ist berechtigterweise sehr hoch. Es leuchtet nicht ein, weshalb das für eine Gesundheitsakte in Deutschland nicht umsetzbar sein sollte. In einer Vielzahl von Nachbarstaaten gibt es diese schließlich auch.

Notwendig wäre unmittelbar die konsequente Umsetzung einer ›echten‹ elektronischen Patientenakte bzw. die Etablierung der dieser zugrundeliegenden Gesetzgebung. Das nunmehr einzuführende Modell der Gematik GmbH stellt eine Sammlung von Dokumenten dar und erlaubt eine Selektion der Datensichtbarkeit durch die Patienten.

Handlungsfeld 3: Integrierte Versorgungssteuerung sowie konsequenter Einsatz von Daten, künstlicher Intelligenz und Robotik. Um mit weniger Krankenhausbetten, weniger Beschäftigten im Gesundheitswesen und bei einer höheren Auslastung transparent qualitativ hochwertige und sichere medizinische Leistung erbringen zu können, bedarf es einer integrierten Betrachtung, Planung und Steuerung aller Versorgungsleistungen. Dies gilt insbesondere über die in Deutschland bestehende Sektorentrennung der ambulanten und stationären Versorgung hinaus. Ein mögliches Modell der Organisation und Steuerung wurde während der Coronapandemie in Hessen etabliert, der Planungsstab stationäre Versorgung. Dieser hat durch koordinierende Krankenhäuser eine den Anforderungen der Leistungserbringung gerecht werdende organisatorische Steuerung in den in Hessen ausgewiesenen sechs Versorgungsgebieten in lokoregionär agierenden Netzwerken sichergestellt. Hierdurch ließe sich auch die notwendige Hierarchisierung der Leistungserbringung gemäß der vorgeschlagenen Krankenhaus-Level sinnvoll umsetzen. Die Fallzahlsteigerung komplexer Versorgungsleistungen an den entsprechenden Einrichtungen führen zu Steigerungen der Effizienz, Qualität und Patientensicherheit. Im KHVVG ist mit den Koordinierungsaufgaben für Level III U – der Universitätsmedizin – sowie geeigneter Maximalversorger (Level III) dieser Schritt richtigerweise bereits vorgesehen.

Daten sind auch für die Medizin ein Treibstoff für die Zukunftsentwicklung. Dies gilt gleichermaßen für Themenkomplexe der Forschung und Entwicklung wie auch im Bereich der Versorgung. Aus der Perspektive von Patienten und Leistungserbringern profitieren schon heute Diagnostik und Therapie von sogenannten *Decision Support* Systemen – das sind unmittelbar im Kontext der Patientenversorgung agierende Vorschlag- bzw. Warnsysteme, die kontinuierlich im Hintergrund der Patientendatenmanagementsysteme Analysen durchführen und Hinweise formulieren. Hierin sind z. B. Leitlinien, Komplikationen, Neben- und Wechselwirkungen hinterlegt, welche zeit- und sachgerecht bei den entsprechenden Patienten den ärztlichen und nicht-ärztlichen Beschäftigten zur Kenntnis gegeben werden. Diese Systeme werden, nicht zuletzt durch den Einsatz von mehr und schnellerer Rechenleistungen, verfügbarer größerer Datenmengen und von KI, deutlich zunehmen. Überdies werden Aspekte der effizienten Steuerung und der Organisation von Versorgungsleistungen – innerhalb einer Einrichtung/eines Krankenhauses, aber auch darüber hinaus in den gebildeten Netzwerken – von der Verfügbarkeit und Nutzung von Versorgungsdaten profitieren. Für die Erreichung der notwendigen Versorgungsqualität mit der verfügbaren Zahl an qualifizierten Beschäftigten im Gesundheitswesen wird die Realisierung auch dieser Potentiale unerlässlich sein, ebenso wie die selbstverständliche Nutzung der Telemedizin – in der Stadt wie im ländlichen Raum.

Die **Etablierung robotischer Systeme** bietet für Krankenhäuser eine Reihe besonderer Chancen und Möglichkeiten, insbesondere in Anbetracht der demographisch bedingten Abnahme der Erwerbstätigenquote, von wiederkehrenden Streiks und Kostensteigerungen durch hohe Tarifabschlüsse. Im Kontext operativer bzw. interventioneller aber auch diagnostischer Leistungen ist schon heute durch den gezielten Einsatz von Robotik eine **Effizienzsteigerung** möglich. Beispielsweise bei der operativen Entfernung der Prostata in der Urologie: Auch wenn sich das funktionelle Gesamtergebnis für die Patienten nicht signifikant unterscheidet und die Kosten des robotisch durchgeführten operativen Eingriffs höher sind, lässt sich die stationäre Verweildauer deutlich verkürzen und damit Personaleinsatzzeit und Infrastruktur sparen. Das rechnet sich für alle Beteiligten.

Im Rahmen von personalintensiven Prozessen der Logistik und der Reinigung können robotische Systeme im Krankenhaus den **Wegfall von humaner Arbeitskraft in vielen Einsatzbereichen kompensieren**. Dies gilt für einfache Warentransportsysteme gleichermaßen wie für die Aufbereitung des für Operationen und Interventionen benötigten Sterilgutes oder die Reinigung beispielsweise von OP- oder Interventionsbereichen. Viele weitere Anwendungen sind hier denkbar.

Wie könnte es weitergehen?

Es wird nicht reichen den Eindruck zu erwecken, durch kleinere Anpassungen an einem ansonsten doch sehr gut funktionierenden Gesundheitswesen wären die Aufgaben der Zukunft zu bewältigen. Der Transformationsbedarf auf den Ebenen der Aufklärung der Bevölkerung und der Mitarbeitenden im Gesundheitswesen sowie der Modernisierungsbedarf – in technologisch-digitaler wie infrastruktureller Hinsicht – ist hierfür im Kontext der verfügbaren Zeit zu gewaltig.

Auch mit den drei verkürzt und provokant skizzierten Handlungsfeldern wird der Struktur- und Organisationsumbau allein nicht zu bewerkstelligen sein. Zusätzlich sind viele wesentliche Fragen hier bislang weder gestellt, noch beantwortet:

1. Wie erfolgt die gesellschaftspolitische Festlegung des Bedarfs bzw. Anspruchs medizinischer Versorgungsleistungen?

2. Welchem Anreiz sollen die Träger der Gesundheitsversorgung in der Zukunft folgen?
3. Was sind angemessene Ressourcen und Kosten zur Aufrechterhaltung des Gesundheitswesens?
4. Wie werden Prävention und Eigenverantwortung gestärkt?
5. Wie werden bürokratische Transaktionskosten zugunsten der Leistungserbringung reduziert?
6. Wie gewährleisten wir die notwendige Transparenz in Bezug auf Struktur-, Prozess- und Ergebnisqualität der Leistungserbringung?

Diese Auflistung ist nicht abschließend und hat mindestens zwei wesentliche Fragestellungen offengelassen:

1. Wer verantwortet die notwendigen Maßnahmen und setzt diese auch gegen die allfälligen Interessengruppen und Gremien um bzw. durch?
2. Welche sinnvollen Alternativen zu den beschriebenen Handlungsfeldern bzw. Maßnahmen existieren?

Epikrise

Die Krankheitseinsicht ist weder beim Patienten – den unmittelbar Beteiligten sowie den im und am Gesundheitswesen Beschäftigten – noch bei den mittelbar Beteiligten – Politik und Gesellschaft – in hinreichendem Umfang gegeben. Im Gegenteil, wider besseres Wissen werden fortgesetzt mehr Geld, mehr Personal, mehr Infrastruktur, mehr Pflege, mehr Medizinstudierende usw. gefordert – mit dem Hinweis, dies führe zu ›mehr Gesundheit‹.

Bei der Betrachtung des Gesundheitswesens in Deutschland seit den 1990er Jahren sind sowohl die Forderungen als auch die Schlussfolgerung objektiv falsch. Es hat durchgehend mehr von allem gegeben – lediglich nicht mehr Gesundheit (oder Lebenserwartung) für alle. Somit eignen sich die bisherigen Verfahrensweisen nicht für die Bewältigung der Herausforderungen der Gegenwart und Zukunft.

Dennoch bedarf es bei der Diagnose Krankenhauskrise therapeutisch zuallererst einer medizinischen und ethischen Betrachtungsweise – die zweifelsfrei nicht ausschließlich den Fokus auf das Individuum richten darf. Wenn durch die Coronapandemie erstmals die Dimension der Überlastung des Gesundheitswesens in Deutschland erörtert wurde, könnte dies als Chance für die anstehende Neuausrichtung einer Gesundheitsversorgung für die Gesellschaft aufgefasst werden. Hierbei werden immer wieder Priorisierungen vorzunehmen sein, die sich am Wert und Ergebnis des Gesundheitswesens für Viele und nicht ausschließlich für Einzelne werden orientieren müssen. Die Qualität muss hierbei im Mittelpunkt stehen.

Damit sich eine Gesellschaft als Ganzes eine angemessene Gesundheitsversorgung leisten kann, muss diese sich die Versorgungsleistung auch gesamthaft leisten können. Entökonomisierung – wie aus dem Bundesministerium für Gesundheit gelegentlich zu hören – wäre hier der falsche Weg. Nur mit ökonomischem Sachverstand lassen sich verteilungsethische Aspekte der Sicherstellung von medizinischen Bedarfen und der hiermit verbundenen Priorisierung von Leistungen in einem System gegebener, zunehmender begrenzter personeller und finanzieller Ressourcen fair abbilden.

So schwirig die Ausgangslage auch erscheinen mag, es sind damit eine Vielzahl von Chancen verbunden, gesellschaftlich wie individuell: Gesundheit wird in der Zukunft als Produktivitätsfaktor für den gesellschaftlichen Wohlstand einen anderen Wert erlangen. Menschen werden länger arbeiten müssen und Betriebe gesunde, motivierte und leistungsfähige Mitarbeitende beschäftigen wollen. Hier entsteht für die Gesundheitsversorgung in Deutschland ein neuer Markt und eine erneute Möglichkeit, statt ausschließlich in den medizinischen Reparaturbetrieb auch gezielt in Prävention und Risikovorsorge zu investieren. Firmen können Mitarbeitende mit der gezielten Bewerbung von präventiven Gesundheitsangeboten anziehen und hierdurch einerseits im Wettbewerb um Arbeitskräfte punkten, andererseits die gesellschaftlichen Kosten der Gesundheitsversorgung reduzieren – bei gesünderen und leistungsfähigeren Mitarbeitenden und damit einer möglicherweise höheren Produktivität.

Unser Gesundheitssystem der Zukunft soll bessere Medizin ermöglichen. Hierfür braucht es:

- **Qualität** – aus der Perspektive der Gesellschaft, mithin die Festlegung des Bedarfs und daraus folgend die Möglichkeit eines Soll-Ist-Abgleichs.
- **Transparenz** – mit Blick auf die Struktur-, Prozess- und Ergebnisqualität sowie die Leistungen und Kosten, unabhängig von der Versorgungseinrichtung oder Krankenkasse.
- **Standardisierung** – der elektronischen Patientenakte, von administrativen Prozessen im Gesundheitswesen sowie der Darstellung der Qualität.
- **Innovation** – sowohl in der medizinischen Forschung als auch im Rahmen der Versorgungsorganisation und der primären Leistungserbringung sowie der Refinanzierung von beispielsweise präventiven Angeboten.
- **Technologie** – hierzu zählt ›Digitalisierung‹ als Instrument zur Steigerung der Produktivität und Qualität gleicher-

maßen wie KI und Robotik. Gerade die Kombination könnte für Deutschland ein Wettbewerbsfeld darstellen.
- **Eigenverantwortung** – Gesundheit ist stärker ein persönliches denn ein gesellschaftliches Gut. Der Eigenverantwortung kommt somit eine herausragende Bedeutung zu. Hier gilt mit den Mitteln der Anreizbildung fordern und fördern gleichermaßen.

Die Krankenhauskrise könnte entschlossen genutzt werden, im Gesundheitswesen mehr Transparenz, Effizienz und Eigenverantwortung basierend auf wenigen und einfachen Kennzahlen zur Abbildung der Leistungserbringung bei gleichzeitig weniger Kontrolle und einem echten Qualitätswettbewerb zu etablieren. Nicht nur das stationäre Gesundheitswesen müsste sich hierfür aus heutiger Betrachtung einem radikalen Transformationsprozess unterziehen. Die gegenwärtig absurd hohen Transaktionskosten von Regulation und Kontrolle würde zugunsten effizienter Strukturen und agiler Abläufe eingesetzt, wodurch die Kosten und Anstrengungen der notwendigen Investitionen (teil-)kompensiert würden.

Worauf warten wir noch?

Lektüreempfehlungen

Balzter, S., »Was in der Klinik schiefläuft«, Frankfurter Allgemeine Sonntagszeitung, 07.06.2020, Nr. 23, S. 23.

Bundesministerium für Gesundheit (06.12.2022), »Regierungskommission legt Krankenhauskonzept vor. Lauterbach: Weniger Ökonomie, mehr Medizin«, www.bundesgesundheitsministerium.de/presse/pressemitteilungen/regierungskommission-legt-krankenhauskonzept-vor.html, zuletzt geprüft am 06.01.2025.

Bundesministerium für Wirtschaft und Klimaschutz, 2024, »Gesamtwirtschaftliche Herausforderungen durch den demographischen Wandel. Gutachten des Wissenschaftlichen Beirats beim Bundesministerium für Wirtschaft und Klimaschutz

(BMWK)«, {https://www.bmwk.de/Redaktion/DE/Publikationen/Ministerium/Veroeffentlichung-Wissenschaftlicher-Beirat/gutachten-wissenschaftlicher-beirat-gesamtwirtschaftliche-herausforderungen-demographischer-wandel.pdf?__blob=publicationFile&v=10}.

Eurostat, »Durchschnittliche Krankenhausverweildauer stationärer Patienten«, {https://ec.europa.eu/eurostat/databrowser/bookmark/6467f4ac-aa53-48ff-bff9-013419dbc16f?lang=de}.

Grigoriev, P., Sauerberg, M., Jasilionis, D. et al., Sterblichkeitsentwicklung in Deutschland im internationalen Kontext. *Bundesgesundheitsblatt* 2024/67, S. 493–503.

Graf, J. (2022). Pandemic Preparedness – Lessons learned?!, in: Lohse, A. W., Mettenleiter, T. C. (Hg.), *Infektionen und Gesellschaft. Was haben wir von COVID-19 gelernt?*, Berlin, Heidelberg, S. 18–29. Open Access unter: {https://doi.org/10.1007/978-3-662-66073-7_4}.

Ministerium für Arbeit, Gesundheit und Soziales des Landes Nordrhein-Westfalen, »Krankenhausplanung in Nordrhein-Westfalen«, {www.mags.nrw/krankenhausplanung-nordrhein-westfalen}.

Organisation for Economic Co-operation and Development (OECD), »Health at a Glance: Europe 2024«, {https://www.oecd.org/en/publications/health-at-a-glance-europe-2024_b3704e14-en.html}.

Verband der Ersatzkassen, 2023. vdek-Basisdaten des Gesundheitswesens in Deutschland, {https://www.vdek.com/presse/pressemitteilungen/2023/vdek-basisdaten-gesundheitswesen-2023/_jcr_content/par/download_1681262984/file.res/VDEK_Basisdaten2023-web.pdf}.

7

Wie die Pandemie zu Polarisierung und gesellschaftlicher Destabilisierung beiträgt

CORNELIA BETSCH, PHILIPP SPRENGHOLZ,
LUCA HENKEL & ROBERT BÖHM

Dies ist kein klassischer *Lessons-Learned*-Beitrag. Vielmehr nimmt dieser Artikel eine Metaperspektive ein und zeigt anhand verschiedener verhaltenswissenschaftlicher Studien auf, dass die zurückschauende Bewertung der Pandemie im stattfindenden *Lessons-Learned*-Prozess durch systematische und motivierte Erinnerungsverzerrungen beeinflusst ist. Ferner zeigen wir, wie die dahinterliegenden Prozesse zu Konflikten und gesellschaftlichen Spannungen beitragen. Die Erkenntnisse und Schlussfolgerungen aus diesen Ergebnissen können sowohl den Prozess des Lernens aus der Pandemie unterstützen als auch im Umgang mit zukünftigen Krisen helfen, Polarisierung zu vermeiden.

Sich stark mit etwas zu identifizieren, wird allgemein als etwas Positives empfunden: Wer sich zum Beispiel mit ›gesund sein‹ oder ›sportlich sein‹ identifiziert, findet Gleichgesinnte, und gemeinsam fällt es oft leichter, Ziele zu erreichen, als allein. Auch in Krisenzeiten wie der Pandemie waren Gruppenmitgliedschaften besonders wichtig: Sie stifteten Zusammenhalt, Zugehörigkeit und Sinn. Psychologisch gesehen, schaffen Gruppen einen großen Zusammenhalt nach innen, vor allem wenn es andere Gruppen gibt, von denen man sich abgrenzen kann oder mit denen man in Konkurrenz steht. Klassische Studien aus der Sozialpsychologie zeigen dabei, dass unterschiedlich farbige T-Shirts ausreichen, um unter Pfadfinder:innen Konkurrenz zu schüren und Konflikte auszulösen.[1] So wie unterschiedliche Sportlichkeit Gruppenmitgliedschaften erzeugen kann, kam es in der Pandemie dazu, dass einfaches Gesundheitsverhalten wie das (Un-)Geimpftsein oder das Tragen bzw. Verweigern einer Maske zu Merkmalen einer identitätsstiftenden Gruppenmitgliedschaft wurden. Anhand von Evidenz aus der Pandemie werden wir im Folgenden aufzeigen, wie die starke Identifikation mit dem eigenen Impfstatus (›geimpft‹ oder ›ungeimpft‹) zur Polarisierung beiträgt und dieser Effekt auch nach der Pandemie weiterhin anhält.

Im Rahmen einer Studie wurden im Jahr 2022 ca. 5000 Personen aus Deutschland und Österreich befragt, die im Dezember 2021 schon einmal befragt worden waren (62 % der Befragten waren geimpft). Sie gaben an, wie stark sie sich mit ihrem jeweiligen Impfstatus identifizierten, also wie sehr sie sinngemäß Aussagen zustimmten wie »Ich bin stolz darauf, (un-)geimpft zu sein«; »Ich habe kein Problem damit, es anderen zu sagen«; »Wenn ich dafür kritisiert werde, dass ich (un-)geimpft bin, fühle ich mich beleidigt«; »Ich habe viel mit anderen (un-)geimpften Menschen gemeinsam«. Die Mehrheit identifizierte sich stark mit ihrer jeweiligen Gruppe: 67 % der Geimpften und 56 % der Ungeimpften zeigten eine starke Identifikation.[2] In der Studie wurden auch die bereits angesprochenen Gruppenkonflikte deutlich: Den öffentlichen Diskurs über Impfungen empfanden 82 % der ungeimpften Befragten als unfair, moralisierend und herablassend, hingegen teilten lediglich 23 % der geimpften Befragten diese Wahrnehmung. Ungeimpfte Befragte berichteten auch häufiger davon, im Alltag benachteiligt zu werden. Um zu testen, ob diese Wahrnehmung auch eine faktische Entsprechung hat, erhielten die Befragten einen Betrag von 100 Euro, den sie zwischen sich selbst und einer anderen ihnen unbekannten Person aufteilen sollten. Diese Entscheidung trafen sie zweimal: Einmal war die andere Person geimpft, einmal ungeimpft. Die Benachteiligung wurde als Differenz zwischen den Beträgen gemessen, die den Mitgliedern der eigenen Gruppe oder der Fremdgruppe zugebilligt wurden. Die geimpften Teilnehmenden teilten einer ungeimpften Person durchschnittlich 18,40 Euro weniger zu als einer ebenfalls geimpften Person. Ungeimpfte benachteiligten Geimpfte dagegen nur mit 7,37 Euro.[3] Es zeigte sich auch hier die wichtige Rolle der Identifikation mit dem jeweiligen eigenen Impfstatus: Bei niedriger Identifikation verteilten Geimpfte und Ungeimpfte ähnlich viel Geld an die jeweils andere Gruppe. Erst mittel und insbesondere hoch identifizierte Befragte benachteiligten die jeweils andere Gruppe in deutlichem Ausmaß.

Die starke Identifikation mit dem eigenen Impfstatus hat jedoch noch andere weitreichende Konsequenzen: Sie führt heute systematisch zu falschen Erinnerungen an die Pandemie.[4] Vier Studien in elf Ländern zeigen, dass Personen, die sich stark damit identifizieren, geimpft oder ungeimpft zu sein, eher eine stärker verzerrte Erinnerung an die eigene Wahrnehmung in der Pandemie haben als Personen, die sich nur schwach damit identifi-

Beispielstudien

zieren. Dazu wurden tatsächliche damalige Einschätzungen (z. B. die wahrgenommene Infektionswahrscheinlichkeit) und Verhaltensweisen (z. B. die Häufigkeit des Masketragens) von Umfrageteilnehmenden aus 2020[5] mit ihren aktuellen Erinnerungen an diese Zeit verglichen. Es zeigte sich, dass sich der überwiegende Teil der Befragten nicht korrekt erinnern konnte. Dabei handelte es sich jedoch nicht um einfaches Vergessen, sondern um ein psychologisch motiviertes Phänomen,[6] denn Geimpfte und Ungeimpfte erinnerten sich in unterschiedliche Richtungen falsch: Geimpfte dachten eher, dass sie die Infektion 2020 für gefährlicher gehalten und dass sie der Regierung mehr vertraut und die Maßnahmen für angemessener gehalten hätten, als es tatsächlich der Fall war. Ungeimpfte dachten jeweils das Gegenteil – also dass das Virus weniger gefährlich gewesen sei, die Regierung weniger vertrauenswürdig und die Maßnahmen übertriebener, als sie es damals tatsächlich eingeschätzt hatten. Es stellte sich heraus, dass die Urteile vor allem durch die heutigen Ansichten der Personen gefärbt waren. Interessant dabei ist, dass, je stärker sich die Befragten damit identifizierten, geimpft oder ungeimpft zu sein, die Erinnerungen der beiden Gruppen umso deutlicher auseinandergingen, also in unterschiedliche Richtungen drifteten.

Die motivational verzerrten Erinnerungen hingen auch mit einer unterschiedlichen Bewertung der in der Vergangenheit ergriffenen politischen Maßnahmen zusammen. So wurde die Zustimmung zu mehreren Aussagen, die eine Reinterpretation des Pandemiegeschehens nahelegen,[7] erfasst. Dazu gehörten Aussagen wie »Die Coronamaßnahmen waren willkürlich und sollten die Menschen an Gängelung und Bevormundung gewöhnen«; »[…] waren ein Vorwand, um bürgerliche Freiheiten einzuschränken«; »Es ist erwiesen, dass die meisten Coronamaßnahmen nicht gewirkt haben« usw. Hierbei zeigte sich, dass die Gruppenidentifikation die Polarisierung in der zurückschauenden Bewertung verstärkt: Geimpfte und ungeimpfte Befragte unterschieden sich deutlich in ihrer Zustimmung (Abb. 1A), und die Meinungen drifteten stärker in Richtung der extremen Pole auseinander, je stärker sich die Personen mit ihrem jeweiligen Impfstatus identifizierten (Abb. 1B).[8]

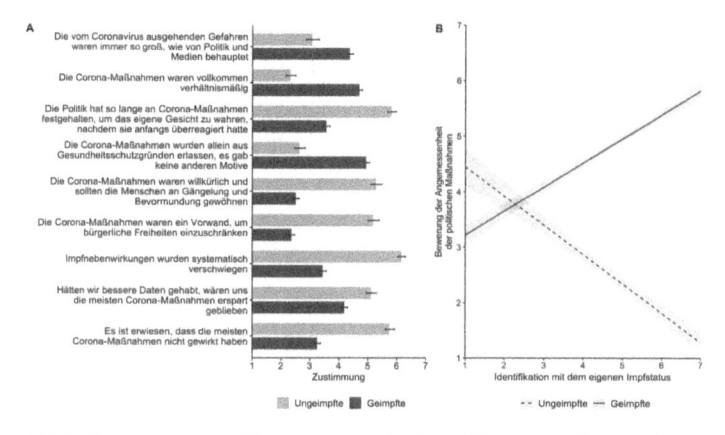

Abb.1: Polarisierung in Abhängigkeit von der Identifikation mit dem Impfstatus

Hinweis: **A)** *Die Bewertung der Angemessenheit der politischen Maßnahmen während der Pandemie unterscheidet sich je nach Impfstatus (›geimpft‹ oder ›ungeimpft‹).* **B)** *Die Bewertung der Angemessenheit der politischen Maßnahmen ist bei steigender Identifikation mit dem Impfstatus (›geimpft‹ oder ›ungeimpft‹) deutlich polarisiert. Hier wurde der Mittelwert über die in A dargestellten Fragen gebildet. Alle Fragen wurden so kodiert, dass höhere Werte eine positivere Bewertung der Maßnahmen bedeuten. Originaldaten veröffentlicht in[9] (Studie 1; N = 1644 Teilnehmende aus Deutschland, 74% hatten mind. eine Impfung gegen Covid-19 erhalten).*

Um gesellschaftliche Konsequenzen der beobachteten Phänomene zu explorieren, wurden außerdem verschiedene Indikatoren für gesellschaftliche Spannungen und destabilisierende Tendenzen erfasst. Es zeigte sich zunächst generell, dass beachtliche Teile der Befragten Politiker:innen (29%) und Wissenschaftler:innen (19 %) bestrafen wollten, die in der Pandemie Verantwortung übernommen hatten. Ferner äußerten einige Befragte eine Präferenz für die Zerstörung der gesamten politischen Ordnung (6 %, »*need for chaos*«[10]); die Prozentzahlen beziehen sich auf eine für Deutschland nach Alter × Geschlecht quotenrepräsentative Stichprobe von N = 499 Personen im April 2023. Andere Forschungsergebnisse zeigen, dass Personen mit einer hohen Zerstörungspräferenz auch vermehrt feindselige politische Propaganda und Falschinformationen insbesondere über soziale Medien teilen. Über die Multiplikatorwirkung der sozialen Medien können so auch kleine Teile der Gesellschaft Spaltungstendenzen und Polarisierung weiter befördern.[11]

Die Ergebnisse zeigen, dass Diskurse über die Angemessenheit und Effektivität politischer Maßnahmen sowie der *Lessons-Learned*-Prozess mit großer Wahrscheinlichkeit von Erinnerungsverzerrungen beeinflusst werden. Extrem auseinandergehende Bewertungen sollten daher auf beiden Seiten als motivational gefärbt interpretiert und, wo möglich, durch objektive Daten ergänzt werden. Ein Bewusstsein für diese Verzerrungen kann dabei helfen, verhärtete Fronten in der Aufarbeitung aufzuweichen und stärkerer Polarisierung und Konflikten entgegenzuwirken, die auch in anderen Krisensituationen auftreten können. Künftig könnte eine partizipative Maßnahmengestaltung (z. B. für die Ausgestaltung von Maßnahmen zur Bewältigung des Klimawandels und der damit verbundenen Transformation)[12] dazu beitragen, Polarisierung entgegenzuwirken, indem sie Menschen unterschiedlicher Ansichten zusammenführt und gemeinsam nach Lösungen suchen lässt. Die bisherige Forschung hat sich mit Möglichkeiten beschäftigt, Gruppen z. B. durch Empathie oder Perspektivübernahme zusammenzubringen. Die Wirksamkeit in der Anwendung auf die aktuellen großen gesellschaftlichen Krisen ist dabei jedoch kaum untersucht. Weitere Forschung sollte sich daher mit konkreten Maßnahmen zur Verringerung der gruppenbasierten Polarisierung beschäftigen.

Anmerkungen/Literatur

Endnoten

1 Muzafer Sherif, O. J. Harvey, B. Jack White, William R. Hood & Carolyn W. Sherif, *Intergroup Conflict and Cooperation. The Robbers Cave Experiment*, Norman (Oklahoma) 1961.

2 Luca Henkel, Philipp Sprengholz, Lars Korn, Cornelia Betsch & Robert Böhm, »The Association between Vaccination Status Identification and Societal Polarization«, in: *Nature Human Behaviour* 7.2 (2023), S. 231–239.

3 Ebd.

4 Philipp Sprengholz, Luca Henkel, Robert Böhm & Cornelia Betsch, »Historical Narratives about the COVID-19 Pandemic Are Motivationally Biased«, in: *Nature* 623 (2023), S. 588–593.

5 Cornelia Betsch, Lothar H. Wieler & Katrine Habersaat, »Monitoring Behavioural Insights Related to COVID-19«, in: *The Lancet* 395.10232 (2020), S. 1255–1256, {doi.org/10.1016/S0140-6736(20)30729-7}.

6 Anne Wilson & Michael Ross, »The Identity Function of Autobiographical Memory: Time Is on Our Side«, in: *Memory* 11.2 (2003), S. 137–149; Daniel L. Schacter, Ciara M. Greene & Gillian Murphy, »Bias and Constructive Processes in a Self-Memory System«, in: *Memory* 32.6 (2024), S. 656–665.

7 Jakob Simmank & Johannes Schneider, »War alles anders?«, in: *ZEIT Online*, 17. September 2022, {www.zeit.de/gesundheit/2022-09/corona-massnahmen-lockdown-kritik-querdenker}.

8 Sprengholz u. a., 2023.

9 Ebd.

10 Michael Bang Petersen, Mathias Osmundsen & Kevin Arceneaux, »The ›Need for Chaos‹ and Motivations to Share Hostile Political Rumors«, in: *American Political Science Review* 117.4 (2023), S. 1–20, {doi.org/10.1017/S0003055422001447}.

11 Ebd.

12 Philipp Sprengholz, Luca Henkel, Cornelia Betsch & Robert Böhm, »Understanding Climate Polarization: Identification with and Discrimination between Climate Policy Opinion Groups« (2023), {doi.org/10.31234/osf.io/tmnpv}.

8

Kommunikation und Glaubwürdigkeit von Wissenschaft und Politik in der Coronakrise: Lehren für die Zukunft

ORTWIN RENN

Einleitung

Kommunikation ist das Schlüsselthema für einen sachgerechten Umgang mit der Coronapandemie. Dabei sind nicht nur die individuellen Barrieren und Missverständnisse bei der Wahrnehmung komplexer Gefahrenlagen zu beachten, sondern auch die Dynamik der Debatte im Verlauf des Pandemiegeschehens. Denn zu den üblichen Problemen in der Verständigung zwischen Wissenschaft, Politik und Öffentlichkeit bei komplexen Themen treten zusätzlich gesellschaftliche Stolpersteine, die das Gefühl der Orientierungslosigkeit verstärken und Politikverdrossenheit auslösen können. Der Soziologe Niklas Luhmann hat den Satz geprägt: »Für die Gesellschaft ist nur das wirklich, was kommuniziert wird.«[1] Die gesellschaftliche Kommunikation ist der soziale Mechanismus, der Wirklichkeit schafft, verfestigt und verstetigt. In der heutigen, von sozialen Medien bestimmten Kommunikationskultur[2] verschwimmt die Grenzlinie zwischen dem, was faktisch zutreffend ist, und dem, was als faktisch zutreffend proklamiert wird.[3] Menschen fällt es schwer, in der Vielfalt und Kakofonie von Informationsangeboten die Evidenz von Aussagen sachgerecht zu beurteilen. Auch die Delegation von Vertrauen an diejenigen, die für Evidenzüberprüfung zuständig sind (etwa die Vertreter und Vertreterinnen der Wissenschaft), ist oft gestört. Dieser Prozess der Verunsicherung wird durch die Existenz von Echoräumen verstärkt, in denen Menschen keine kognitive Dissonanz mehr erleben, da sie in den einschlägigen Kommunikationsforen ausschließlich auf Gleichgesinnte treffen.[4] Dadurch erhalten sie immer nur eine Bekräftigung dessen, was sie ohnehin schon glaubten. Das Erlebnis von Widerspruch und Streit über die Sache ist aber sowohl für die Demokratie als auch für die eigene Lernfähigkeit enorm wichtig.

Im Folgenden werde ich zunächst die aus meiner Sicht entscheidenden vier Phasen der Kommunikation und Verständigung zwischen Wissenschaft, Politik und Öffentlichkeit nachzeichnen, um dann im dritten Abschnitt einige Rückschlüsse für die künftige Gestaltung von Kommunikationsprozessen bei einer erneuten Pandemie zu ziehen.

Vier Phasen im Ablauf der Pandemie

Mit der Wechselwirkung zwischen Informationsangeboten durch Wissenschaft, Politik und Zivilgesellschaft und deren Resonanz in den sozialen Foren und Medien lässt sich auch die Dynamik der Reaktionsmuster auf den Ausbruch der Pandemie von Anfang 2020 bis 2022 nachvollziehen. Dabei können vier Phasen der sozialen und politischen Auseinandersetzung mit der Pandemie unterschieden werden.[5]

1. *Phase der kompromisslosen Ausrichtung der Politik auf Infektionsschutz:* In dieser Phase war es die Aufgabe der Politik, alle Maßnahmen umzusetzen, die eine Verbreitung des Virus zu verhindern vermochten. In der Gesellschaft bestand ein klarer Konsens, dass alle anderen Ziele der Politik angesichts dieser Bedrohung zweitrangig sein sollten. In der wissenschaftlichen Beratung waren die Fachleute aus Virologie und Epidemiologie die ersten und zentralen Ansprechpersonen für die Politik. Sie bestimmten indirekt, zumindest in Deutschland, welche Schutzmaßnahmen zu erfolgen hatten und wie man am besten mit der Ansteckungsgefahr umgehen sollte. In dieser Phase stieg auch das Vertrauen der deutschen Bevölkerung sowohl in die Wissenschaft als auch in die Politik.[6] Man war sich grundsätzlich einig, dass die Wirksamkeit von Infektionsschutzmaßnahmen die Messlatte für die Gütebewertung politischer Maßnahmen sein sollte. Hier zogen alle an einem Strang.

2. *Phase der multidimensionalen Abwägung zwischen dem Ziel des Infektionsschutzes und anderen als zentral angesehenen Zielen:* In der zweiten Phase, die im Herbst und Winter 2020 begann und bis zum Einsetzen der Impfungen anhielt, zeigte sich in der Gesellschaft zunehmend ein Bewusstsein für die Nebenwirkungen und Kollateralschäden einer allein auf Infektionsschutz ausgerichteten Politik.[7] Die Probleme, die sich beispielsweise durch die Schließung von Schulen durch Bildungslücken bei jungen Menschen vor allem aus einkommensschwachen Schichten zeigten, die Schwierigkeiten, die für Unternehmen aus dem Bereich der

Unterhaltungsbranche und des Gaststättengewerbes auftraten, die gehäuften Vorfälle von sozialer Isolation, häuslicher Gewalt und depressiven Symptomen beendeten die einseitige Fokussierung auf den Infektionsschutz und gaben breiten Raum für eine Abwägungsdebatte über Zielkonflikte. In dem Moment, in dem eine offene Debatte über die Verhältnismäßigkeit und Angemessenheit von politischen Maßnahmen geführt wurde, entwickelte sich zum einen eine stärkere interdisziplinäre Diskussion über die relative Gewichtung von gesundheitlichen, wirtschaftlichen, sozialen und finanziellen Zielen bei der Abwägung über die zu treffenden politischen Maßnahmen, zum anderen bot diese Offenheit auch ein neues Feld für politische Akteure – besonders auf Landesebene in Deutschland –, sich gegenseitig zu beschuldigen und als die jeweils besseren Krisenmanager zu profilieren.[8] Insgesamt hatte dies aber zur Folge, dass die Glaubwürdigkeit der Wissenschaft Einbußen erlitt. Diese Einbußen hielten sich aber noch in überschaubaren Grenzen, während das Vertrauen in die Problemlösungskapazitäten der Politik daraufhin drastisch abnahm[9] Dass sich die politischen Akteure, vor allem die Ministerpräsidenten und -präsidentinnen der Länder, um eine deutliche eigene Profilierung bemühten, wurde von den meisten Wählerinnen und Wählern nicht gut aufgenommen.

3. *Phase der Moralisierung der Debatte:* Als die Impfkampagne im Frühjahr 2021 Fahrt aufnahm, verlagerte sich die Debatte auf ein neues Konfliktfeld. War es den Menschen, die sich nicht impfen lassen wollten, zuzumuten, dass sie entweder mit einer Impfpflicht zur Impfung gezwungen oder zumindest von großen Teilen des öffentlichen Lebens ausgeschlossen werden konnten? Umgekehrt stand bei den

Impfgegnern die Frage im Vordergrund, ob die Gesellschaft ihnen aus ihrer Sicht unzumutbare Barrieren in den Weg legen dürfe, obwohl sie nur ihre Freiheit in Anspruch nehmen wollten, sich nicht impfen zu lassen. Solche moralischen Debatten lassen sich selten argumentativ auflösen: Sie führen zu einer Polarisierung der Positionen.[10] Infolgedessen kam es in Deutschland zu einer starken politischen Protestbewegung, die sich in den ›Querdenkern‹ und der neuen Partei ›Die Basis‹ organisierte.[11] Die Politik reagierte eher hilflos und verlor weiterhin an Rückhalt in der Bevölkerung. Wissenschaftliche Expertise war nun nur noch am Rande gefragt. Die Gesellschaft polarisierte sich, nicht in zwei gleich große, sondern in drei unterschiedlich große Lager: zum Ersten die Gruppe der moralisch Empörten, die sich als Mehrfachgeimpfte und Unterstützer der staatlichen Coronapolitik als moralische Speerspitze gegen den vermeintlichen Egoismus und die wahrgenommene Verbohrtheit der Impfgegner verstanden und rund 30 % der Bevölkerung ausmachten; zum Zweiten die vorsichtig Skeptischen, die zwar die Impfungen weitgehend mitmachten, aber Zweifel daran hegten, ob die von der Regierung versprochenen Effekte auch wirklich eintreten würden. Diese Gruppe machte rund 40 % der Bevölkerung aus. Und schließlich die mehr oder weniger radikalisierten Impfgegner und -gegnerinnen, die sich als Opfer einer Kampagne gegen die individuelle Freiheit und Souveränität des Individuums verstanden und sich als Gegenpol zur etablierten Wissenschaft und Politik inszenierten.[12] Sie machten bis zu 15 % der Bevölkerung aus (die restlichen lassen sich nicht eindeutig zuordnen).[13]

4. *Vierte Phase der Rekalibrierung von Normalität:* Bereits zum Jahresende 2021 setzte langsam ein Gewöhnungseffekt ein.

Die wichtigsten Kennzahlen der Pandemie, wie die Zahl der Infektionen oder der Krankenhauseinweisungen von Coronapatienten, die bis dahin die täglichen Nachrichten bestimmt hatten, wurden zunehmend an das Ende des Nachrichtenteils oder in die hinteren Teile der Zeitungen verlagert. Inzwischen verdrängten neue wichtige Themen wie der Klimaschutz und die russische Invasion in die Ukraine die Berichterstattung über die Ausbreitung der Pandemie. Solange keine dramatische Verschlechterung eintrat, ging man zunehmend zur Tagesordnung über. Dass im Jahre 2022 immer noch mehrere hundert Menschen pro Tag an den Folgen des Virus starben, wurde als neue Normalität toleriert. Die politische Debatte wurde zwar auch in dieser Phase weiter in den Medien geführt, aber jetzt viel stärker mit dem Akzent, wie Normalität wiederhergestellt werden könne und wie neue Ausbrüche oder neue Pandemien zukünftig zu verhindern seien.[14]

Angesichts dieser vier Phasen, die durchaus einen typischen Verlauf einer Krise nachzeichnen, stellt sich die Frage, wie man die Kommunikation, vor allem über wissenschaftliche Erkenntnisse in Bezug auf geeignete Maßnahmen und deren vermutete Wirkungen, phasengerecht und der jeweils erforderlichen Diskursform angemessen hätte gestalten können. Wissenschaftliche Expertisen können keine allgemeingültigen Rezepte bieten, aber dennoch in jeder der vier Phasen formal nachvollziehbare und empirisch validierbare Orientierungen verfügbar machen, die zum einen eine der Komplexität angemessene Beurteilung der jeweiligen Sachverhalte erlauben und zum anderen einen wesentlichen Beitrag zu einer ausgewogenen und sachgerechten Abwägung von Handlungsoptionen zu leisten vermögen.[15]

Lehren für künftige Pandemien

Zunächst erscheint es mir wichtig, dass Wissenschaftler und Wissenschaftlerinnen alltagsnahe Beispiele für Stochastik aufgreifen und in nachvollziehbare Narrative über komplexe Ursache-Wirkungs-Ketten einbauen. Dabei geht es auch darum, die Vielfältigkeit wissenschaftlicher Expertise, die Vorläufigkeit von Erkenntnissen und die verbleibenden Unsicherheiten von Ergebnissen zu betonen, ohne den Eindruck der Beliebigkeit entstehen zu lassen. Dafür ist es notwendig, geeignete Lernforen und Plattformen zu schaffen, die nicht nur Faktenchecks vornehmen, sondern eben auch evidenzbasierte Diskurse über den Spielraum von Interpretationen anstoßen. Denn in Krisenzeiten neigen auch die Experten und Expertinnen dazu, als Reaktion auf die erlebte Orientierungslosigkeit Gewissheiten anzubieten: Ist das wahr oder nicht wahr? Zwei Monate später muss dann das, was zuvor als wahr gegolten hatte, plötzlich korrigiert werden, wie man es in Deutschland und anderen Ländern etwa bei der Frage der Wirksamkeit von Masken für den Infektionsschutz erlebt hat. Dass alles Wissen nur vorläufig wahr ist, muss stets Begleitmusik der Wissenschaftskommunikation sein – ansonsten verliert Wissenschaft auf Dauer ihre Glaubwürdigkeit.

Insbesondere bei der Betrachtung der zweiten Phase der Coronadebatte ist deutlich geworden, dass die Institutionen der Wissenschaft und erst recht der Politik große Probleme mit Abwägungen bei Zielkonflikten haben. Politik und Gesellschaft benötigen neue und der Pluralität von Wissen und Werten angemessene Formate einer problemgerechten Politik- und Gesellschaftsberatung. Die Einrichtung von Krisenstäben, die inter- und transdisziplinär besetzt sein müssen, ist dabei der erste wichtige Schritt. Hinzu kommt die Notwendigkeit der Mitgestaltung durch Betroffene, um Bürgerinnen und Bürger an der

Auswahl von Handlungsoptionen und vor allem an der Auflösung von Zielkonflikten aktiv teilhaben zu lassen. Das Land Baden-Württemberg hat etwa ein eigenes Bürgerforum für den Umgang mit der Pandemie eingerichtet.[16] Dieses Bürgerforum hat der Landesregierung wichtige Impulse für die landeseigene Coronapolitik gegeben, die auch in der öffentlichen Debatte überwiegend positiv kommentiert wurden.

Damit die Gesellschaft mit künftigen Bedrohungen effektiver umgehen und im Sinne einer ausgeglichenen Abwägungskultur fairer bei der Auswahl von Handlungsoptionen entscheiden kann, ist eine bereits im Vorfeld der Krise eingesetzte Kooperation zwischen Expertise, Politik und Zivilgesellschaft notwendig und sinnvoll.[17] Zum Ersten ist es für den gesellschaftlichen Diskurs entscheidend, mit der Autorität der Wissenschaften Wahrheitsansprüche zu prüfen und Fake News von True News zu differenzieren.[18] Auch für den Diskurs um komplexe Krisen wie Pandemien oder Klimaerwärmung werden klassisch arbeitende Forscherteams benötigt, um die an einem Diskurs Teilnehmenden mit dem entsprechenden Faktenwissen auszustatten und Fragestellungen aus dem Diskurs nach wissenschaftlich anerkannten Standards zu beantworten. Hier ist auch die ideologiekritische Funktion von Wissenschaft gefragt, Fehlurteile aufgrund von Wunschdenken oder intuitiv einleuchtenden, aber oft in die Irre führenden Faustregeln und Plausibilitätsannahmen aufzudecken und diese kritischen Einsichten mit allen am Diskurs beteiligten Parteien zu teilen.[19]

Zum Zweiten brauchen Politik, Wirtschaft und Zivilgesellschaft Expertinnen und Experten (mit systematischem, aber auch mit Erfahrungswissen), die realistische Wege aufzeigen, um die von ihnen angestrebten Ziele möglichst effektiv, effizient und mit der geringsten Zahl an unerwünschten Nebenwirkungen zu erreichen. Die damit verbundene zielgerichtete Forschung ist en-

Kommunikation und Glaubwürdigkeit von Wissenschaft und Politik

ger an den zu lösenden Problemen ausgerichtet und hilft vor allem in komplexen und unsicheren Entscheidungskontexten dabei, wissenschaftlich robuste Handlungsoptionen zu entwerfen und deren Folgen einzuschätzen.[20] Dabei kommt es vor allem darauf an, die Vielschichtigkeit von Krisen anzuerkennen und so umfassend und genau wie möglich Zielkonflikte zu identifizieren und deren Größenordnungen zu evaluieren. Nur so kann es gelingen, sachlich angemessene und ethisch begründbare Abwägungen (Trade-offs) vorzunehmen.[21] Solche Abwägungsprozesse transparent, nachvollziehbar und fair zu gestalten, ist eine der zentralen Aufgaben der Krisenprävention und der Krisenbearbeitung.

Zum Dritten beruhen politische Entscheidungen in Krisensituationen in einer demokratischen und pluralistischen Gesellschaft auf einer diskursiven Behandlung der Ausgangslage und der Erarbeitung von Lösungsmöglichkeiten unter Beteiligung aller relevanten Gruppen.[22] Diese diskursive Behandlung ist zum einen wegen der Unsicherheit, Mehrdeutigkeit und Komplexität der wissenschaftlichen Problembeschreibung und -analyse sinnvoll, zum anderen erfordert die sich immer weiter ausdehnende Vielfalt an Bewertungen, Interpretationen und Wertzuordnungen einen integrationsfördernden Diskurs.[23] Solche diskursiven Prozesse der Aneignung relevanter Wissensbestände und deren Einbettung in eine argumentative Abwägung möglichst effektiv zu organisieren und nach rationalen Kriterien von Wissens- und Urteilsbildung zu gestalten, ist im wahrsten Sinne des Wortes eine Wissenschaft für sich. Hier katalytisch auf der Basis eines robusten Wissens auf Kommunikationsprozesse und deren erfolgreiche Gestaltung einzuwirken, ist eine zunehmend relevante Aufgabe von Wissenschaft, Politik und Zivilgesellschaft.

Im Idealfall ergänzen sich diese drei Aufgabenfelder gegenseitig und bauen aufeinander auf. So können die katalytischen

Prozessgestalter und -gestalterinnen die Struktur und die Vorgehensweisen der Kommunikation zwischen den Wissensträgerinnen und -trägern und den jeweiligen Wissensnutzerinnen und -nutzern organisieren und moderieren, während die Vertreter und Vertreterinnen der klassischen Wissenschaften das notwendige Hintergrundwissen für alle bereitstellen. Um die teilnehmenden Gruppen bei der operativen Krisenbewältigung zu unterstützen, können Teams von Experten und Expertinnen mit entsprechendem Erfahrungswissen erfolgversprechende Umsetzungsstrategien zur Erreichung einer gelungenen und fairen Krisenbehandlung entwerfen, Zielkonflikte verdeutlichen und Lösungsoptionen in den Diskurs einbringen.

All dies während oder unmittelbar vor einem Kriseneintritt zu organisieren, ist zeitlich kaum möglich. Die Kooperation zwischen Wissenschaft, Politik und Zivilgesellschaft in den drei oben beschriebenen Stufen kann nur gelingen, wenn sie vorab, also vor dem Eintreten einer Krise, vorbereitet, organisiert und eingeübt wird. Dann kann dieses Modell der Kooperation auch unter hohem Zeitdruck effektiv und effizient gelingen.

Die Integration der drei Konzepte (systematisches Wissen bereitstellen, Zielkonflikte identifizieren und Optionen für ausgewogene Strategien entwerfen sowie Prozesse zur inklusiven Entscheidungsfindung zu entwerfen) ist aus meiner Sicht der Kernpunkt der notwendigen politischen Innovationen, die wir in Deutschland, aber auch in anderen Demokratien dieser Welt dringend benötigen, um mit den vielen Krisen in Politik, Wissenschaft und Gesellschaft konstruktiv umzugehen.[24] Dazu brauchen wir weder politische Revolutionen noch radikale Brüche mit der Vergangenheit, sondern den Willen und die Bereitschaft zu zielführenden und erfolgversprechenden Reformen.

Anmerkungen/Literatur

1 Niklas Luhmann, *Die Gesellschaft der Gesellschaft*, Frankfurt a. M. 1998.
2 John Corner, »Fake News, Post-Truth and Media-Political Change«, in: *Media, Culture & Society* 39.7 (2017), S. 1100–1107.
3 Ausführlich dazu: Ortwin Renn, *Gefühlte Wahrheiten. Orientierung in Zeiten postfaktischer Verunsicherung*, 3. Aufl., Frankfurt a. M. 2023, S. 145–174.
4 Leon Festinger, *A Theory of Cognitive Dissonance*, Stanford 1957; Jürgen Beckmann, *Kognitive Dissonanz – eine handlungstheoretische Perspektive*, Berlin 1984.
5 Ortwin Renn, »Kommunikation wissenschaftlicher Unsicherheit. Eine Einführung«, in: Berlin-Brandenburgische Akademie der Wissenschaften (Hg.), *Kommunikation wissenschaftlicher Unsicherheit*, Wissenschaftliche Sitzung der Akademiemitglieder vom 26.11.2021, Berlin 2022; ders., 2023, S. 168 ff.
6 *Wissenschaftsbarometer Corona Spezial*, Wissenschaft im Dialog, {www.wissenschaft-im-dialog.de/projekte/wissenschaftsbarometer/wissenschaftsbarometer-corona-spezial}.
7 Klaus Steigleder, »Ethische Zielkonflikte in der Corona-Krise«, in: *Zeitschrift für Politikwissenschaft* 31.3 (2021), S. 445–451.
8 Alexander Bogner & Wolfgang Menz, »Wissen und Werte im Widerstreit. Zum Verhältnis von Expertise und Politik in der Corona-Krise«, in: *Leviathan* 49.1 (2021), S. 111–132.
9 Darius Reinhardt, Hannah Friedrich & Daniel Mullis, »Fragiles Vertrauen. Zwischen sozialen Bewegungen und Politikverdrossenheit: Jugend und Demokratie in Zeiten der Corona-Krise«, in: *Social Science Open Access Repository*, {nbn-resolving.org/urn:nbn:de:0168-ssoar-80007-9}.
10 Jörg Dierken, »Kommunikation von Infektionsschutzmaßnahmen in der Corona-Pandemie: Ethische Perspektiven«, in: *Zeitschrift für Evangelische Ethik* 65.4 (2021), S. 301–308.
11 Edgar Grande, Swen Hutter, Sophia Hunger & Eylem Kanol, »Alles Covidioten? Politische Potenziale des Corona-Protests in Deutschland«, WZB Discussion Paper ZZ 2021-601, {bibliothek.wzb.eu/pdf/2021/zz21-601.pdf}.
12 Renn, 2023; siehe auch Sebastian Koos, *Die »Querdenker«. Wer nimmt an Corona-Protesten teil und warum? Ergebnisse einer Befragung während der Corona-Proteste am 4.10.2020 in Konstanz*, Forschungsbericht, Universität Konstanz; Carolin-Theresa Ziemer, Fahima Farikhari, & Tobias Rothmund, »Was zeichnet Pandemieleugner*innen aus? Eine Analyse politischer Einstellungen, kognitiver Stile und Mediennutzung«, in: Institut für Demokratie und Zivilgesellschaft (Hg.), *Wissen schafft Demokratie. Schwerpunkt Demokratiegefährdung in der Coronakrise*, Band 9, Jena 2021, S. 28–41.
13 Die Zahlen für die drei Gruppen variieren leicht in der Literatur, zum Teil ist auch die Kategorisierung jeweils eine andere. Dennoch ist festzustellen, dass es

nach den vorliegenden Studien nicht mehr als 15 % überzeugte Impfgegner und Impfgegnerinnen gegeben hat. Auch die überzeugten Moralisten waren nie in der Mehrheit. Beide Extremgruppen haben aber das Bild des Diskurses in der öffentlichen Meinung beherrscht. Siehe zu den Zahlen: COSMO-Studie (2023), {projekte.uni-erfurt.de/cosmo2020/web/summary} sowie Kassel-Studie (2022), {www.hna.de/kassel/corona-impfung-studie-uni-kassel-impfgegner-vertrauen-news-hna-91175421.html}.

14 Bogner & Menz 2021.

15 Julika Loss, Evgeniya Boklage, Susanne Jordan, Mirjam A. Jenny, Heide Weishaar & Charbel El Bcheraoui, »Risikokommunikation bei der Eindämmung der COVID-19-Pandemie: Herausforderungen und erfolgversprechende Ansätze«, in: *Bundesgesundheitsblatt-Gesundheitsforschung-Gesundheitsschutz* 64.3 (2021), S. 294–303.

16 Bürgerforum Corona (2023), {beteiligungsportal.baden-wuerttemberg.de/de/mitmachen/lp-16/buergerforum-corona}.

17 Ortwin Renn, »Transdisciplinarity: Synthesis Towards a Modular Approach«, in: *Futures* 130 (2021), {doi.org/10.1016/j.futures.2021.102744}.

18 Bence Bago, David G. Rand & Gordon Pennycook, »Fake News, Fast and Slow: Deliberation Reduces Belief in False (But Not True) News Headlines«, in: *Journal of Experimental Psychology: General* 149.8 (2020), S. 1608–1613.

19 Lee McIntyre, *Post-Truth,* Boston 2017, S. 163 f.

20 Helga Nowotny, »Democratising Expertise and Socially Robust Knowledge«, in: *Science and Public Policy* 30.3 (2003), S. 151–156.

21 Tina Comes, David Alexander, Arjen Boin, Claudia Eckert, Thomas Elmqvist, Mattia Fochesato, Dirk Helbing, Dominika Latusek-Jurczak, Kristian Lauta, Eija Meriläinen, Simo Nikkari, Panos Papadimitratos, Ortwin Renn, David Ríos Insua, Caroline Rizza & Enrico Zio, *Strategic Crisis Management in the European Union* (Evidence Review Report 11), Berlin 2022, {doi.org/10.26356/crisismanagement}.

22 Daniel Oppold & Ortwin Renn, »Partizipative Klimapolitik: Wie die Integration von Stakeholder- und Bürger*innenbeteiligung gelingen kann«, in: *dms – der moderne staat – Zeitschrift für Public Policy, Recht und Management* 16.1 (2023), S. 137–159.

23 Julia Wittmayer & Niko Schäpke, »Action, Research and Participation: Roles of Researchers in Sustainability Transitions«, in: *Sustainability Science* 9.4 (2014), S. 483–496.

24 Ank Michels, »Innovations in Democratic Governance: How Does Citizen Participation Contribute to a Better Democracy?«, in: *International Review of Administrative Sciences* 77.2 (2011), S. 275–293; Franziska Engels, Sebastian M. Pfotenhauer & Alexander Wentland, »Testing Future Societies? Developing a Framework for Test Beds and Living Labs as Instruments of Innovation Governance«, in: *Research Policy* 48.9 (2019), {doi.org/10.1016/j.respol.2019.103826}.

9

Sicherheit in der Krise

URSULA SCHRÖDER

Die Sicherheitskrisen unserer Zeit haben eine neue Qualität. Sie erfordern eine Auseinandersetzung mit den Sicherheitsparadigmen, die die letzten Jahrzehnte bis in die frühen 2020er-Jahre geprägt haben. Um Wege aus der aktuellen Krisenkonstellation zu finden, darf sich Sicherheitspolitik nicht auf die Reaktion auf konkrete aktuelle Bedrohungen beschränken, sondern muss positiv in die Zukunft gerichtet sein. Denn letztlich stehen wir nicht nur vor multiplen akuten Sicherheitskrisen, sondern vor einer umfassenden Krise der Sicherheit in Europa, die das gesellschaftliche Sicherheitsverständnis zutiefst erschüttert.

Die Rede von einer Sicherheitskrise bezog sich zumindest in Europa lange Zeit auf ein akutes sicherheitspolitisches Problem, das entweder geografisch weit entfernt war oder zeitlich lange zurücklag. So lässt sich die Geschichte des Kalten Krieges in Europa als ein Narrativ verschiedener aufeinanderfolgender Sicherheitskrisen erzählen, die für seine Entwicklung von grundlegender Bedeutung waren. Von der ersten Berlinkrise in den Jahren 1948 und 1949 – der Blockade Westberlins durch die Sowjetunion und der Versorgung der Stadt durch die alliierte Luftbrücke – bis zur Kubakrise 1962: Gemeinsam ist diesen Krisen ihre kurzfristige dramatische Entwicklung und ihre schnelle Bearbeitung in einem kleinen Kreis politischer Entscheidungsträger. Verewigt in Filmen wie *13 Days* aus dem Jahr 2000 und in einflussreichen Sachbüchern[1] hat insbesondere die Kubakrise geradezu mythische Dimensionen angenommen. Aufgrund ihres dramatischen Eskalationspotenzials konnten Fehlentscheidungen in Krisen wie der Kubakrise massive negative Folgen nach sich ziehen. Gleichzeitig schienen diese Krisen ›lösbar‹ und der Weg zu einer Lösung klar: Durch das entschlossene Handeln weniger Personen konnten gefährliche und bereits hoch eskalierte Situationen eingedämmt und schlussendlich deeskaliert werden.

Nach dem Ende des Kalten Krieges veränderte sich diese Krisenwahrnehmung zusehends. Als Sicherheitskrisen wurden in den letzten Jahrzehnten insbesondere Situationen in fragilen oder Post-Konflikt-Staaten bezeichnet, in denen sich die Sicherheitslage der Bevölkerung in der betroffenen Region deutlich verschlechtert hat. Sei dies die Situation in Mali nach dem letzten Putsch 2023 oder die anhaltende politische Krise und Eskalation von Bandengewalt in Haiti: Sicherheitskrisen wurden hier eher als ›Bindestrichkrisen‹ wahrgenommen, in denen z. B. Krisen der Ernährungssicherheit und soziale Sicherheitskrisen zusammenkamen. Durch Entsendung deutscher Soldatinnen und Soldaten in friedensfördernde und stabilisierende Missionen bis hin zur Unterstützung durch humanitäre Hilfe versuchte die deutsche Außen- und Sicherheitspolitik, Sicherheitskrisen dieser Art zu verhindern und zu einer friedlichen Lösung von Gewaltkonflikten beizutragen.[2] Solche Krisenfälle fanden sich dabei in erster Linie außerhalb Europas: im Sahel, in Subsahara-Afrika oder in Afghanistan. Als Krisen anderswo in der Welt waren sie zudem für die deutsche Gesellschaft lange Zeit nicht so sicht- und spürbar wie die Krisen des Kalten Krieges.

Mit dem russischen Angriffskrieg gegen die Ukraine im Februar 2022 veränderte sich diese Wahrnehmung fundamental. Auf einem historischen NATO-Gipfel im Juni 2022 in Madrid verkündete NATO-Generalsekretär Jens Stoltenberg, dass der russische Krieg gegen die Ukraine den Frieden in Europa erschüttert und die größte Sicherheitskrise in Europa seit dem Zweiten Weltkrieg ausgelöst habe. Nur kurze Zeit später erschütterte der brutale Terrorangriff der Hamas auf Israel im Oktober 2023 die Welt und löste eine bis heute andauernde Sicherheitskrise mit noch unabsehbaren Folgen für den gesamten Nahen Osten aus. Vor dem Hintergrund dieser sich fundamental verändert darstellenden Krisenlagen skizziert der folgende Beitrag, wie sich Sicherheitsverständnisse in Zeiten multipler Krisen wandeln und was das für den politischen Umgang mit diesen Krisen heißt.

Verflechtungen sicherheitspolitischer Krisen

Kaum eine Beschreibung der aktuellen Sicherheitssituation kommt heute ohne einen neuen Begriff aus, der die vielfältigen Verflechtungen unterschiedlicher Krisen und die damit verbundenen großen Herausforderungen an politische Ordnungen beschreibt. Ob als Polykrise, Megakrise, Vielfachkrise oder im Plural als multiple Krisen – eines ist all diesen aktuell verwendeten Begriffen gemeinsam:[3] Sie versuchen, eine neue Dimension von Krisenhaftigkeit sinnvoll zu beschreiben und damit handhabbar zu machen. Der Begriff der Polykrise verweist dabei überzeugend darauf, dass wir uns in einer Situation befinden, die auf einer »kausalen Verflechtung von Krisen in mehreren globalen Systemen«[4] beruht. Die aktuellen Sicherheitskrisen sind in dieser Lesart nur eine Teilmenge der Polykrise.

In diesem Beitrag wird der Begriff der ›multiplen Krisen‹ verwendet, um auf das parallele Auftreten und die zunehmende Verflechtung von akuten und schleichenden Krisen im Sicherheitsfeld hinzuweisen. Unterhalb der Schwelle der systemischen Polykrise impliziert er negative krisenhafte Entwicklungen, die sich disruptiv auf etablierte sicherheitspolitische Praktiken und Routinen in unseren Gesellschaften auswirken. Dabei ist davon auszugehen, dass die kombinierten negativen Auswirkungen dieser miteinander verflochtenen Krisen in der Regel größer sein werden als die Summe der negativen Auswirkungen der einzelnen Krisen. Diese Prämisse konterkariert andere, positivere Krisenverständnisse, in denen Krisen eher als notwendige Katalysatoren für politische oder gesellschaftliche Veränderungen verstanden werden. So werden beispielsweise die zahlreichen Sicherheitskrisen der Europäischen Union – wie die Balkankriege der 1990er-Jahre oder die Terroranschläge auf europäischem Boden der frühen 2000er-Jahre – häufig als Auslöser für eine Vertiefung der europäischen sicherheitspolitischen Integration gesehen.[5]

Während es nicht ausgeschlossen erscheint, dass Krisen auch weiterhin positive Entwicklungsdynamiken auslösen können, überwiegt derzeit ein gegenläufiger Trend: Die Häufung sicherheitspolitischer Krisen führt aktuell eher zu weiteren negativen Entwicklungsdynamiken, wie beispielsweise zu einem Höchststand der weltweiten Militärausgaben als Folge der russischen Aggression gegenüber der Ukraine oder zu einer ganzen Serie von miteinander in Beziehung stehenden Militärputschen in der westafrikanischen Sahelregion. Die zunehmende Verflechtung sicherheitspolitischer Krisen untereinander und mit anderen systemischen Krisen zeigt sich dabei unter anderem im komplexen Themenfeld der hybriden Bedrohungen, in dem sich aktuell Angriffe auf europäische Energieinfrastrukturen wie die Nord-

Stream-Pipeline mit Desinformation und Wahlbeeinflussung in demokratischen Staaten sowie Sabotage weiterer kritischer Infrastrukturen verbinden. Auch im Israel-Gaza-Krieg treten die regionalen und globalen Verflechtungen unterschiedlicher Krisen immer deutlicher zutage.

Diese Situationen sind durch mindestens drei Unterschiede zu früheren Krisen gekennzeichnet: Zum einen verschränken sich verschiedene krisenhafte Entwicklungen zu einer komplexen Krisenkonstellation, in die vielfältige Akteure einbezogen werden müssen. Es geht also – anders als in den zuvor beschriebenen traditionellen Sicherheitskrisen des Kalten Krieges – nicht mehr nur um wenige Akteure, die kurzfristig schwerwiegende Entscheidungen treffen müssen, um katastrophische Eskalationen zu verhindern. Hinzu kommt eine neue zeitliche Dimension von Krisen: Neben akute Krisendynamiken – wie die russische Invasion in der Ukraine – treten langsamer »schleichende Krisen«[6], die erst über einen längeren Zeitraum eine kritische Schwelle erreichen – wie die sicherheitspolitischen Auswirkungen des Klimawandels. Gerade die langsame, aber stetige Entwicklung solcher Krisen kann dazu beitragen, dass die Verschärfung bestimmter Risiken und Bedrohungen übersehen wird. Hinzu kommt, dass sich politische Systeme nicht ausreichend mit der Prävention oder der Vorbereitung auf die Folgen einer solchen sich langsam entwickelnden Krise befassen.[7] Schließlich sind die heutigen Sicherheitskrisen nicht nur komplex, sondern entwickeln sich auch zunehmend turbulent in dem Sinne, dass Veränderungen plötzlich und überraschend auftreten, Widersprüche und Dilemmata hervorrufen können und gleichzeitig unsere unmittelbare Aufmerksamkeit erfordern.[8] Die Schnelligkeit und Unübersichtlichkeit der Krisenentwicklung macht es den politischen Akteuren in dieser Situation besonders schwer, klare Lösungswege zu entwerfen und zu verfolgen.

Beispielstudien

Sicherheit in der Zeitenwende

In den aktuellen öffentlichen Debatten fällt auf, dass Sicherheit zwar zu einem Leitbegriff in den Diskussionen um die Krisenhaftigkeit unserer Zeit geworden ist, in seiner inhaltlichen Bedeutung aber häufig unterbestimmt bleibt oder reduktionistisch verwendet wird. Als Beispiel für die Verengung des Sicherheitsbegriffs auf verteidigungspolitische Aspekte kann die Debatte um die deutsche Zeitenwende und die Rolle des deutschen Sondervermögens in Höhe von 100 Milliarden Euro für die Bundeswehr in dieser Zeitenwende angesehen werden. Als Reaktion auf den russischen Angriff auf die Ukraine stellt das Sondervermögen den deutschen Streitkräften Mittel für zusätzliche Investitionen zur Stärkung der Landes- und Bündnisverteidigung zur Verfügung. In der öffentlichen Debatte wurde die von Bundeskanzler Olaf Scholz proklamierte Zeitenwende fast durchgängig auf diese nun notwendigen Investitionen in die Bundeswehr und die Verteidigungsfähigkeit Deutschlands reduziert. Wenn davon gesprochen wurde, dass es neue Investitionen in die Sicherheit Deutschlands geben müsse oder dass bei der Sicherheit nicht gespart werden dürfe, dann waren damit üblicherweise die Bundeswehr und die Verteidigungspolitik Deutschlands gemeint. Auch wenn diese spezifische Interpretation der neuen sicherheitspolitischen Lage – als Bedrohung vor allem durch Russland – naheliegt, stellt sie doch die aktuellen und zukünftigen sicherheitspolitischen Herausforderungen für die Bundesrepublik erheblich verkürzt dar. Zudem fällt sie deutlich hinter langjährige sicherheitspolitische und forschungsinterne Debatten zurück, die den gesellschaftlichen Grundwert Sicherheit signifikant umfassender verstehen.

Die inhaltliche Füllung des Begriffs Sicherheit und damit auch die möglichen Zielvorstellungen von Sicherheitspolitik sind seit jeher nicht nur höchst umstritten. Sicherheit wurde zu verschiedenen Zeiten und in verschiedenen Gesellschaften auch immer sehr unterschiedlich verstanden. Wenn aber die inhaltliche Bedeutung von Sicherheit immer von spezifischen historischen, sozialen und politischen Bedingungen abhängt,[9] dann wird sich auch das gesellschaftliche »Streben nach Sicherheit«[10] in unterschiedlichen Praktiken und Strategien manifestieren. Entsprechend heterogen werden die Ziele und Instrumente der Sicherheitspolitik ausgerichtet sein. Sicherheit ist also nicht nur ein zentraler Begriff für das Verständnis dessen, was Gesellschaften wertschätzen und wie sie diese Werte schützen wollen, sondern auch ein Begriff, der von Gesellschaft zu Gesellschaft unterschiedliche Bedeutungen aufweist und dessen Verständnis sich in den letzten Jahrzehnten grundlegend gewandelt hat.

In den letzten drei Jahrzehnten hatte sich in Sicherheitsforschung und -politik ein breites Verständnis von Sicherheit durchgesetzt. Gerade auch in Abkehr von den engen Sicherheitskonzepten, die während des Kalten Krieges wirkmächtig waren und in denen Sicherheit primär als Sicherheit von Staaten vor militärischer Bedrohung von außen verstanden wurde, waren Sicherheitskonzepte in jüngster Zeit deutlich erweitert und vertieft worden. Die Erweiterung des Sicherheitsbegriffs bezieht sich dabei auf die Einbeziehung eines breiteren Spektrums potenzieller Herausforderungen, das von Wirtschafts- und Umweltfragen bis hin zu Menschenrechten und Migration reicht, während die Vertiefung des Begriffs auf die Frage nach dem Schutz von Individuen (menschliche Sicherheit) oder gesellschaftlichen Gruppen (gesellschaftliche Sicherheit) unterhalb der Ebene des Staats reagiert.[11] Der Staat als alleiniges Referenzobjekt von Sicherheit trat damit in den Hintergrund und wurde nur noch als ein zu schützendes Objekt unter mehreren betrachtet. In den jüngeren Debatten der europäischen Sicherheitsforschung sind die Fragen nach physischen, manifesten Bedrohungen zudem hinter Debatten zurückgetreten, die eher Fragen nach der Bedrohung der »ontologischen Sicherheit«[12] in den Mittelpunkt stellten und mit diesen Fragen einen soziologischen Fokus auf die Sicherheit des Seins legen, d. h. die Möglichkeit der Menschen, auf die Kontinuität ihrer sozialen und ökonomischen Umwelt vertrauen zu können.

Wie eingangs festgestellt, haben die Sicherheitskrisen unserer Zeit jedoch eine neue Qualität erreicht: Sie haben das Potenzial, unsere Sicherheit ganz konkret und physisch zu bedrohen. Und: Sie sind nicht nur miteinander verbunden, sondern Teil einer globalen Krisenkonstellation, die ganz unterschiedliche Teilbereiche unseres Lebens betrifft. Zudem sind sie – wie die Klimakrise – von Dauer oder – wie die russische Aggression – zumindest von langfristiger Relevanz und nicht kurzfristig einzudämmen oder gar zu lösen. Sicherheit kann daher auch heute nicht auf militärische Sicherheit reduziert werden, sondern muss umfassend gedacht und als Ziel verfolgt werden.

Was kann Sicherheit unter diesen Bedingungen (noch) sein?

Die aktuelle Krisenkonstellation der 2020er-Jahre hat Sicherheit als Grundwert unserer Gesellschaft nach langer Zeit wieder in den Mittelpunkt gesellschaftlicher Debatten gerückt. Der Gedanke, dass auch die Sicherheit der europäischen Gesellschaften existenziell herausgefordert werden könnte, war in den letzten Jahrzehnten immer mehr in den Hintergrund getreten. Sicherheit als Wert wurde zumindest in Europa von vielen als selbstverständlich vorausgesetzt, nicht als Wert, der nur angestrebt werden kann und um den gekämpft werden muss.

Schon die Pandemie hatte dieses Sicherheitsgefühl erschüttert. Einen deutlichen Wendepunkt in der deutschen Debatte markierte aber erst der russische Großangriff auf die Ukraine: Mit der Eskalation des Krieges im Februar 2022 kehrte die Angst vor einer existenziellen Bedrohung Europas zurück. Vergleichbar vielleicht am ehesten mit den deutschen Reaktionen auf die Kubakrise 1962, als in den deutschen Medien über eine militärische Eskalation spekuliert und über Hamsterkäufe berichtet wurde, spielte auch im Jahr 2022 die Angst vor den Folgen des Krieges für die deutsche Gesellschaft eine wichtige Rolle in den deutschen Medien. Neben die eher abstrakte Diskussion um das nukleare Eskalationspotenzial des Krieges traten ganz konkrete Sorgen um die wirtschaftlichen Folgen des Krieges, die sich in einer hohen Inflation und steigenden Energiekosten in Deutschland manifestierten. Und bereits zwei Jahre später werden in deutschen Debatten Fragen öffentlich diskutiert, die noch vor wenigen Jahren der Fachöffentlichkeit vorbehalten waren: die Zukunft der Wehrpflicht, die Entwicklung der Territorialverteidigung, Operationspläne und Zivilschutzkonzepte für Deutschland. In der ›postheroischen‹ deutschen Gesellschaft war eine solche direkte Beteiligung der Bevölkerung an der Herstellung von Sicherheit lange nicht erwartet worden.

Die neue Krisenkonstellation, mit der Europa konfrontiert ist, lässt sich jedoch nicht auf den russischen Krieg gegen die Ukraine beschränken. Ganz im Gegenteil: Auch wenn sich Europa heute sicherheitspolitisch in einer neuen Welt befindet, war das Menetekel schon lange sichtbar an der Wand. Zu nennen sind hier unter anderem der seit 2014 schwelende Konflikt in der Ukraine sowie die Coronapandemie, die uns unsere zu große Abhängigkeit von globalen Lieferketten vor Augen geführt hat. Darüber hinaus fordert die Klimakrise Europa massiv heraus, da sich der europäische Kontinent derzeit weltweit am schnellsten erwärmt.[13] Notwendig sind daher Vorschläge für ein neues Sicherheitsparadigma, das der militärischen Bedrohung Europas ebenso Rechnung trägt wie den anderen akuten und schleichenden Sicherheitskrisen, mit denen Europa konfrontiert ist, und das ein positives Verständnis dessen formuliert, was Sicherheit angesichts dieser multiplen Krisen als Werteorientierung bedeuten kann und soll.

Denn die neue sicherheitspolitische Welt besteht nach wie vor nicht nur aus militärischen Bedrohungen, sondern aus einer komplexen Konstellation nicht militärisch lösbarer Herausforderungen, die durch verstärkte globale Kooperation bearbeitet werden müssen. Diese gegenläufigen Tendenzen – auf der einen Seite eine zunehmend konfrontative Sicherheitspolitik, die mit einer hohen Rüstungsdynamik einhergeht, und auf der anderen Seite die Erkenntnis, dass die absehbaren Folgen des Klimawandels und ggf. weiterer Pandemien nur in robuster Kooperation bewältigt werden können – stellen die Sicherheitspolitik heute vor grundlegende Herausforderungen. Die aktuelle Verengung des sicherheitspolitischen Diskurses auf verteidigungspolitische Antworten auf die aktuelle Krise der Sicherheit sollte daher kritisch reflektiert werden. Denn: Unsere Zeit zeichnet sich dadurch aus, dass auch (noch) schleichende Krisen wie der Klimawandel existenziell bedrohlich für unsere Gesellschaften werden und gleichzeitig mit voller Aufmerksamkeit bearbeitet werden müssen.

Was kann das substanzielle Ziel von Sicherheitspolitik in dieser Situation noch sein? Zwar wird Sicherheit im Alltagsgebrauch häufig als Abwesenheit existenzieller Bedrohungen verstanden und implizit als fixer, erreichbarer Zustand betrachtet. Allerdings stimmt die ›gefühlte Sicherheit‹ – das heißt, ob Menschen und Gruppen sich als sicher wahrnehmen – nicht unbedingt mit einer objektiven Gefahrenlage überein. Sicherheit ist daher kein

Zustand, der vollständig erreichbar ist, sondern immer ein Anliegen und ein Versprechen und damit ein subjektiver Wert, der stets umstritten und normativ aufgeladen ist. Sicherheitspolitik kann dem folgend grundlegend als der »Schutz zuvor erworbener Werte«[14] verstanden werden. Diese Formulierung aus der frühen Sicherheitsforschung kann ein nützlicher Ausgangspunkt in der gegenwärtigen Situation sein. Denn aktuell geht es nicht nur um die klassische sicherheitspolitische Frage, wer und was mit welchen Mitteln vor welcher Bedrohung geschützt werden soll, sondern ebenso zentral um die Frage, welche Werte – und damit welches Verständnis von dem, was uns als Gesellschaft wichtig ist – dabei im Mittelpunkt stehen.

Ein Beispiel für den Versuch, eine solche Orientierung auf gesellschaftliche Grundwerte in den sicherheitspolitischen Diskurs einzubringen, sind die entsprechenden Formulierungen der ersten nationalen Sicherheitsstrategie Deutschlands, die im Jahr 2023 von der Bundesregierung unter dem Eindruck des Krieges in Europa verabschiedet wurde. Die in der Strategie angelegten drei Dimensionen von Sicherheit umfassen dabei erstens »den Schutz vor Krieg und Gewalt, die Unverletzlichkeit unseres Lebens«, zweitens die Sicherheit, »so frei zu sein, dass wir unser Leben, unsere Demokratie, unsere Wirtschaft so gestalten können, wie wir es möchten«, und drittens vor dem Hintergrund des Klimawandels »gerade auch, unsere natürlichen Lebensgrundlagen zu schützen«.[15] Als Bekräftigung eines staatlichen Sicherheitsversprechens an die Bürgerinnen und Bürger Deutschlands ist die Strategie durchaus zukunftsweisend in ihrem breiten Verständnis von Sicherheit, das insbesondere die menschlichen Folgen des Klimawandels als sicherheitspolitisch relevant ausweist. Allein die Breite dieser Definition zeigt aber auch einmal mehr, dass sich Sicherheitspolitik – sei sie lokal oder global – in einem ganz neuen Spannungsfeld von Anforderungen bewegt.

Von der Krise der Sicherheit zur Krise der Sicherheitspolitik

Die zentrale Frage für die deutsche Sicherheitspolitik wird sein, inwieweit die hohen Ansprüche, wie sie beispielsweise in der Nationalen Sicherheitsstrategie formuliert sind, heute überhaupt umsetzbar sind. Oder auch, in welchen Bereichen Abstriche gemacht werden müssen und welche Gruppen von einem solchen ›weniger‹ an Sicherheit zukünftig direkt betroffen wären. Denn wenn die gegenwärtige Krise der Sicherheit, wie beschrieben, eine neue Normalität für die deutsche Gesellschaft darstellt und eine Rückkehr zu einem Status quo ante – vor dem russischen Angriffskrieg, vor der Pandemie oder vor der Klimakrise – nicht zu erwarten ist, dann wird dies absehbar zu deutlichen Veränderungen in der Art und Weise führen (müssen), wie Sicherheit ganz praktisch gewährleistet wird und werden kann.

Es stellt sich daher zum einen die Frage, ob der zentrale Begriff der Sicherheitskrise, der semantisch auf eine klare Unterscheidung zwischen Normalzustand und Krise verweist, geeignet ist, um die aktuelle Situation einer ›Krise ohne Ende‹ adäquat zu erfassen. Zum anderen wird zu diskutieren sein, wie politische Ordnungen in dieser Krise (noch) Sicherheit herstellen können – was also die Rolle von Sicherheitspolitik sein wird. Hier zeigt sich gegenwärtig, dass zur Krise der Sicherheit eine Krise der politischen Institutionen hinzukommt, die für die Sicherheitsvorsorge und die Gewährleistung von Sicherheit zuständig sind – seien es die Sicherheitsinstitutionen des demokratischen politischen Systems in Deutschland oder das internationale Ordnungsgefüge, das seit dem Ende des Zweiten Weltkrieges als ›regelbasierte internationale Ordnung‹ bekannt ist. Da die gegenwärtigen tiefgreifenden Umbrüche und Krisen die etablierten Formen politischer Problembearbeitung vor große Herausforderungen stellen, tun sich diese Institutionen schwer, mit der aktuellen Krisenkonstellation umzugehen. Aus der Forschung im Feld der Policy Studies ist hinlänglich bekannt, dass demokratische politische Systeme eher darauf ausgerichtet sind, Probleme aufzuteilen und innerhalb vertikaler institutioneller Säulen zu behandeln, als sich horizontal auf ganze Problemsysteme zu konzentrieren. Einzelne Problemelemente werden also innerhalb kompartmentalisierter, voneinander abgegrenzter Verfahren bearbeitet, anstatt Probleme in ihrer Gesamtheit zu betrachten.[16] Dies erschwert es sicherheitspolitischen Akteuren systematisch, auf akute Herausforderungen zu reagieren, die bestehende Grenzen zwischen Staaten, Verwaltungsebenen und politischen Organisationseinheiten überschreiten. Darüber hinaus wissen wir, dass demokratische Regierungssysteme nicht primär für die Bewältigung großer Krisen konzipiert wurden, sondern traditionell die effiziente und legitime Bereitstellung öffentlicher Güter wie Gesundheit, Bildung und Wohlfahrt im Vordergrund steht.[17] Nicht zuletzt stellen sich Herausforderungen für Sicherheitsinstitutionen wie die Bundeswehr, die in ihrer Arbeit jahrzehntelang auf ein anderes – weniger konfrontatives – Sicherheitsparadigma ausgerichtet war und nun in kürzester Zeit einen radikalen Kurswechsel vollziehen muss.

Gleichzeitig befindet sich auch das System kollektiver Sicherheit und internationaler Zusammenarbeit der Vereinten Nationen in einer tiefen Krise. Nicht erst seit Februar 2022, sondern bereits seit geraumer Zeit beobachten wir die Erosion der seit Jahrzehnten dominanten Idee und Praxis einer regelbasierten internationalen Weltordnung, die sich nach dem Ende des Zweiten Weltkrieges entwickelt hatte. Diese Ordnung zeichnete sich – idealtypisch gesprochen – durch drei Kernelemente aus: Sie ging von der Stärke des Rechts aus, nicht vom Recht des Stärkeren, von der kooperativen Bearbeitung globaler Probleme durch internationale Institutionen und der tragenden Rolle des Freihandels sowohl als Motor wirtschaftlicher Entwicklung als auch als Weg zum Frieden. Diese Grundannahmen einer liberalen Weltordnung sind seit Langem weltweit unter Druck geraten. In schneller Folge hatten die Annexion der Krim 2014, die Handlungsunfähigkeit der internationalen Gemeinschaft im Syrienkrieg sowie der globale Aufstieg populistischer Kräfte zum Abgesang auf diese Ordnung oder zumindest zur Anerkennung ihrer tiefen Krise geführt. Auch die vielfache Kritik aus Staaten des sogenannten Globalen Südens an einer Ordnung, die als Nachkriegsordnung die Siegermächte des Zweiten Weltkrieges bevorzugt und weite Teile der Welt nicht adäquat an Entscheidungen beteiligt, ist im Grunde altbekannt. Der Optimismus fortschreitender internationaler Interdependenz und Problemlösungsfähigkeit internationaler Organisationen ist daher lange verflogen.

Nehmen wir diese multiplen sicherheitspolitischen Krisen ernst, sind die Konsequenzen absehbar gravierend. Denn in der gegenwärtigen Situation steht die Glaubwürdigkeit politischer Autorität auf dem Spiel, gegebene Sicherheitsversprechen gegenüber der Bevölkerung einzulösen. Wie könnten mögliche Auswege aus dieser Situation aussehen? Im Folgenden sollen erste Impulse zusammengetragen werden, die politische Wege aus der Krise anleiten könnten.

Mit der Krise der Sicherheit umgehen

Wie sollte sicherheitspolitisches Handeln unter den beschriebenen Bedingungen einer neuen Normalität multipler Krisen aussehen? Auf der Basis der vorangegangenen Analyse soll argumentiert werden, dass Sicherheitspolitik einen dreifachen Perspektivwechsel benötigt, um der Krise der Sicherheit zukunftsorientiert und konstruktiv begegnen zu können.

Sicherheit in der Krise

Erstens muss das Verhältnis von staatlichem Schutzversprechen und gesellschaftlicher Teilhabe an der Herstellung von Sicherheit neu bestimmt werden. Die Wahrung öffentlicher Sicherheit und Ordnung ist und bleibt dabei eine Staatsaufgabe. Gerade in Deutschland war die Gewährleistung von Sicherheit in den letzten Jahrzehnten ein Auftrag, der sehr weitgehend staatlichen Akteuren vorbehalten blieb und – insbesondere seit der Aussetzung der Wehrpflicht im Jahr 2011 – weit entfernt vom Alltag vieler Menschen schien. Die Frage, welche Rolle den Bürgerinnen und Bürgern in der aktuellen Situation zukommen soll, stellt sich heute jedoch neu. In den letzten Jahren lag der Schwerpunkt staatlicher Kommunikation hier eher auf der Entwicklung individueller Resilienz, also der Fähigkeit, mit akuten Herausforderungen wie den Belastungen einer Pandemie oder den Folgen von Extremwetterereignissen umzugehen. Die aktuelle Debatte geht über diese Notwendigkeit individueller Vorbereitungen, die zuletzt durch das Bundesamt für Bevölkerungsschutz und Katastrophenhilfe (BBK)[18] betont wurde, hinaus.

Öffentlich diskutiert werden erste Vorschläge, wie die Bürgerinnen und Bürger Deutschlands stärker für das Gemeinwohl in die Pflicht genommen werden können, etwa durch eine allgemeine Dienstpflicht oder die Reaktivierung der Wehrpflicht. Die thematische Bandbreite möglicher Aufgaben reicht dabei von der stärkeren Einbindung gesellschaftlicher Akteure in den Katastrophen- und Bevölkerungsschutz – der zwar stark durch ehrenamtliches Engagement geprägt ist, aber durch die Häufung extremer Wetterereignisse zunehmend unter Druck gerät – bis hin zur Einführung einer neuen Form der Wehrpflicht zur Stärkung der Landes- und Bündnisverteidigung. Beide Vorschläge – sowohl für eine allgemeine Dienstpflicht als auch für eine spezifische Wehrpflicht – würden die Einbindung der Gesellschaft in staatliche Schutzaufgaben in Deutschland signifikant neu kalibrieren. In der nun anstehenden Diskussion sollte es deshalb nicht nur um logistische und infrastrukturelle Fragen der Umsetzbarkeit der Vorschläge gehen, sondern vor allem um die Frage, wie Menschen dafür gewonnen werden können, im Sinne einer *civic duty*, einer bürgerlichen Pflicht, mehr Verantwortung für das Gemeinwohl zu übernehmen. Grundsätzlicher geht es um die Frage, welche Formen der Sorge füreinander in einer Gesellschaft notwendig sein werden, die absehbar mit noch gravierenderen Krisenkonstellationen umgehen muss, als wir sie heute kennen.

Die finnische Regierung beispielsweise hat einen solchen Weg bereits vor längerer Zeit beschritten und nimmt mit ihrer ›Strategie für die gesellschaftliche Sicherheit‹ eine Vorreiterrolle in der Frage der Einbindung gesellschaftlicher Akteure in die Gewährleistung von Sicherheit ein. Das Besondere an der finnischen Strategie ist dabei das Bekenntnis zu einer umfassenden Sicherheit, bei der die lebenswichtigen Funktionen der Gesellschaft von Behörden, Unternehmen, Organisationen und Bürgerinnen und Bürgern gemeinsam geschützt werden sollen. Auf Bedrohungen der Zukunft vorbereitet zu sein, wird als eine Aufgabe von »gemeinsamer Vorbereitung«[19] *(joint preparedness)* verstanden, für die die Regierung koordinierend in der Verantwortung steht.

Zweitens müssen politische Entscheidungsträgerinnen und Entscheidungsträger lernen zu kooperieren. Dies ist insofern ein Perspektivwechsel, als sicherheitspolitische Kooperation gerade in Deutschland nach wie vor eher als Nullsummenspiel gedacht wird. Vor dem Hintergrund der multiplen Krisenkonstellation, deren Herausforderungen etablierte politische Verfahren und institutionelle Grenzen weit überschreiten, werden konstruktivere und umfassendere Formen der Kooperation von zentraler Bedeutung sein. Die Zeiten der Kubakrise sind dabei lange vorbei: Es wird nicht mehr ausreichen, zentrale Entscheidungen zur Bearbeitung einer akuten Krise in kleinen Führungszirkeln zu treffen. Vielmehr wird es noch mehr als bisher auf die Kooperations- und Steuerungsfähigkeit staatlicher Institutionen ankommen: zum einen mit gesellschaftlichen Akteuren, zum anderen aber auch innerhalb staatlicher Bürokratien und politischer Entscheidungsmechanismen. Neue Formen der Kooperation müssen dabei sowohl gelernt als auch eingeübt werden.

Insbesondere müssen Entscheidungsverfahren und Kooperationsformen weit unterhalb der üblichen Krisenmechanismen auf höchster politischer Ebene neu in den Blick genommen werden. Dabei wird gerade die Orchestrierung von Kooperation auf den unteren Ebenen politischer Entscheidungsfindung und Implementierung relevant. Denn häufig wird übersehen, welche zentralen Rollen die weniger sichtbaren unteren Ebenen von Regierungsvertretern und nichtstaatlichen Akteuren spielen.[20] In Deutschland sind dies insbesondere die Kommunen, denen im Bereich des Bevölkerungs- und Katastrophenschutzes wichtige Kompetenzen zukommen. Aktuelle Forschung zeigt dabei, dass zentralisierte und hierarchische staatliche Antworten nicht unbedingt der beste Weg sind, um komplexe und grenzüberschreitende Krisen zu bearbeiten. Stattdessen wird es um die Mobilisierung und Orchestrierung staatlicher und gesellschaftlicher Akteure gehen, die gemeinsam und kooperativ zur Krisenbewältigung beitragen müssen. Gefordert ist dabei eine krisenresistente Steuerungsfähigkeit des Staates, die derzeit unter dem Begriff der robusten Governance verhandelt wird und sich auf die Fähigkeit bezieht, wichtige Funktionen staatlicher Autorität trotz Erschütterungen und Störungen aufrechtzuerhalten.[21]

Dafür müssen Reformen des politischen Systems angestoßen werden, die es politischen Akteuren ermöglichen, auch über institutionelle Grenzen hinweg effektiv zu kooperieren, ohne sich in Kompetenzstreitigkeiten zu verlieren. Dies ist zumindest in Deutschland lange überfällig. Gerade in der Sicherheitspolitik sind die Schwächen versäulter und hierarchisch organisierter Politikgestaltung hinreichend dokumentiert: Sie zeigen sich etwa im Unvermögen amerikanischer Geheimdienste, miteinander zu kooperieren (wie es der Bericht über die Aufarbeitung der Attentate des 11. September 2001 darstellt),[22] oder im Scheitern des 20-jährigen internationalen Einsatzes in Afghanistan, in dem ebenfalls Kooperationsprobleme sowohl zwischen internationalen Partnern als auch innerhalb Deutschlands eine Rolle spielten.[23] Die bislang ergebnislos geführte Debatte um die Einführung eines nationalen Steuerungsgremiums für Sicherheitspolitik (›nationaler Sicherheitsrat‹) zeugt bislang ebenfalls eher vom Unvermögen deutscher Politik, sich diesem Thema mit der gebotenen Eile zu widmen.

Drittens dürfen gerade inmitten der zahlreichen akuten Sicherheitskrisen langfristige Herausforderungen nicht aus den Augen verloren werden. Der jetzt notwendige Perspektivwechsel muss die bisherige Engführung der Sicherheitspolitik auf die Bewältigung akuter Bedrohungen durch eine Fokussierung langfristiger und breiterer Herausforderungen ergänzen. Dazu gehören etwa mögliche sicherheitspolitische Implikationen der Klimakrise, wie Konflikte um Ressourcen wie Wasser oder sozialer Druck durch umstrittene Anpassungsmaßnahmen, aber auch die noch nicht absehbaren Einflüsse der Entwicklung künstlicher Intelligenz auf die Cybersicherheit oder die Kriegsführung der Zukunft. Die fortschreitende Aushöhlung der Demokratie und die Stärkung autoritärer Entwicklungen sind dabei ein langfristig treibender Faktor: weil sie die Zerstörung unserer planetaren Lebensgrundlagen vorantreiben, weil sie die dringend notwendige Kooperation bei der Bewältigung gemeinsamer globaler Probleme verhindern und weil sie bestimmte Gruppen als nicht schützenswert oder selbst als Bedrohung deklarieren und damit einer umfassend verstandenen Sicherheit entgegenstehen.

Sicherheitspolitik ist eine Politik, die ein Versprechen in die Zukunft gibt. Dazu gehört in erster Linie die Arbeit daran, dass es überhaupt eine Zukunft geben kann – in einer Umwelt, in der Menschen gemeinsam leben können. Sie darf sich daher nicht in der Reaktion auf konkrete aktuelle Gefahren erschöpfen, sondern ist positiv, d. h. visionär und strategisch, in die Zukunft gerichtet. Welche Werte sollen geschützt und welche langfristigen sicherheitspolitischen Ziele verfolgt werden? Sicherheit wird damit auch zu einer Frage der Gerechtigkeit gegenüber künftigen Generationen.

Fazit

Der Begriff der Sicherheitskrise wird nach wie vor in erster Linie mit einem singulären Ereignis in Verbindung gebracht, das zum Zusammenbruch bestimmter Routinen oder Institutionen führt. Der vorliegende Beitrag hat demgegenüber zu zeigen versucht, dass wir es nicht mehr mit einer einzigen Sicherheitskrise – wie etwa dem Krieg Russlands gegen die Ukraine – zu tun haben, sondern mit multiplen, parallel verlaufenden Krisen, die ihrerseits Teil einer größeren Krisenkonstellation sind, die wiederum weit über unmittelbare sicherheitspolitische Implikationen hinausgeht.

Verschärft wird diese Krise der Sicherheit durch die sehr hohe und nicht reduzierbare Unsicherheit über zukünftige Entwicklungen und die Unklarheit über erfolgversprechende Lösungswege. Im Sinne einer zukunftsorientierten, integrierten Sicherheitspolitik sind politische Lösungen zu entwickeln, die es wagen, trotz vielfältiger Bedrohungen und Krisen ein positives und umfassendes Sicherheitsverständnis zu artikulieren.

Anmerkungen/Literatur

1 Insbesondere Graham T. Allison, *Essence of Decision. Explaining the Cuban Missile Crisis*, Boston 1971.

2 Bundesregierung, *Leitlinien Krisen verhindern. Konflikte bewältigen. Frieden fördern*, Berlin 2017.

3 Siehe u. a. Arjen Boin, Allan McConnell & Paul 't Hart, *Governing the Pandemic. The Politics of Navigating a Mega-Crisis*, Cham 2021; Alex Demirović, Julia Dück, Florian Becker & Pauline Bader (Hg.), *Vielfachkrise. Im finanzmarktdominierten Kapitalismus*, Hamburg 2011; für die Begriffsprägungen siehe Edgar Morin & Anne B. Kern, *Homeland Earth. A Manifesto for the New Millennium*, New York 1999.

4 Michael Lawrence, »Polycrisis in the Anthropocene: An Invitation to Contributions and Debates«, in: *Global Sustainability*, 7 (2014), S. 1–5, hier S. 1, {doi.org/10.1017/sus.2024.2}.

5 Siehe beispielhaft Marianne Riddervold, Jarle Trondal & Akasemi Newsome (Hg.), *The Palgrave Handbook of EU Crises*, Cham 2021; Julian Bergmann & Patrick Müller, »Failing Forward in the EU's Common Security and Defense Policy: The Integration of EU Crisis Management«, in: *Journal of European Public Policy* 28.10 (2021), S. 1669–1687, {doi.org/10.1080/13501763.2021.1954064}.

6 Für die Begriffsprägung siehe Alan M. G. Jarman & Alexander Kouzmin, »Creeping Crises, Environmental Agendas and Expert Systems: A Research Note«, in: *International Review of Administrative Sciences* 60.3 (1994), S. 399–422, {doi.org/10.1177/002085239406000304}.

7 Brian W. Head, *Wicked Problems in Public Policy. Understanding and Responding to Complex Challenges*, Cham 2022, S. 71.

8 Christopher Ansell, Eva Sørensen & Jacob Torfing, »Public Administration and Politics Meet Turbulence: The Search for Robust Governance Responses«, in: *Public Administration* 101.1 (2023), S. 3–22, {doi.org/10.1111/padm.12874}.

9 Keith Krause & Michael Williams, »Security and ›Security Studies‹: Conceptual Evolution and Historical Transformation«, in: Alexandra Gheciu & William C. Wolforth (Hg.), *The Oxford Handbook of International Security*, Oxford 2018, S. 14–28, hier S. 24.

10 Lucia Zedner, »The Concept of Security: An Agenda for Comparative Analysis«, in: *Legal Studies* 23.1 (2003), S. 153–176, hier S. 157, {doi.org/10.1111/j.1748-121X.2003.tb00209.x}.

11 Keith Krause & Michael Williams, »Broadening the Agenda of Security Studies: Politics and Methods«, in: *Mershon International Studies Review* 40.2 (1996), S. 229–254.

12 Catarina Kinnvall & Jennifer Mitzen, »An Introduction to the Special Issue: Ontological Securities in World Politics«, in: *Cooperation and Conflict* 52.1 (2016), S. 3–11.

13 European Environment Agency, in: *European Climate Risk Assessment. EEA Report 1/2024*, Copenhagen 2024.

14 Arnold Wolfers, »National Security as an Ambiguous Symbol«, in: *Political Science Quarterly* 67.4 (1952), S. 481–502, hier S. 484.

15 Bundesregierung, *Wehrhaft. Resilient. Nachhaltig. ›Integrierte‹ Sicherheit für Deutschland. Nationale Sicherheitsstrategie*, Berlin 2023, S. 7 f.

16 Für eine Übersicht siehe Head 2022.

17 Boin, McConnell & 't Hart 2021, S. 12.

18 Bundesamt für Bevölkerungsschutz und Katastrophenhilfe, *Ratgeber für Notfallvorsorge und richtiges Handeln in Notsituationen*, 7. Aufl., Bonn 2019.

19 Finnish Security Committee, *Security Strategy for Society. Government Resolution*, o. O. 2017, S. 10.

20 Arjen Boin, Paul 't Hart, Eric Stern & Bengt Sundelius, *The Politics of Crisis Management. Public Leadership Under Pressure*, Cambridge 2005, S. 50, {doi.org/DOI:10.1017/CBO9780511490880}.

21 Christopher Ansell, Eva Sørensen, Jacob Torfing & Jarle Trondal, *Robust Governance in Turbulent Times*, Cambridge 2024.

22 The National Commission on Terrorist Attacks upon the United States, *The 9/11 Commission Report*, Washington, D. C. 2004.

23 Deutscher Bundestag, *Zwischenbericht der Enquete-Kommission. Lehren aus Afghanistan für das künftige vernetzte Engagement Deutschlands*, Drucksache 20/10400, Berlin 2024; John F. Sopko, *What We Need to Learn. Lessons from Twenty Years of Afghanistan Reconstruction*, 11th Lessons Learned Report, Special Inspector General for Afghanistan Reconstruction, Washington, D. C. 2021.

10

Schuld – ein blinder Fleck während der Covid-19-Pandemie und deren Nachbereitung?

KERSTIN SCHLÖGL-FLIERL[1]

Das Thema Schuld war in Zeiten vor der Pandemie, an die wir uns heute scheinbar kaum noch erinnern können, im Persönlichen eher wenig geläufig. Populär war eher das Paradigma, welches Freiheit mit Entgrenzung oder mit möglichst geringer Begrenzung gleichsetzte. Durchaus üblich waren aber öffentliche Schuldzuweisungen. Sie dienten dazu, Personen des öffentlichen Lebens, Institutionen oder deren Vertreter:innen (bspw. dieser oder jener staatlichen Behörde) Verfehlungen ihrer Verantwortung vorzuhalten oder überhaupt in ihrer Integrität zu hinterfragen (bspw. Plagiats- oder Korruptionsvorwürfe), oftmals verbunden mit der Forderung, konkrete Konsequenzen folgen zu lassen (mindestens der Rücktritt von einem Amt).

Der damalige Schulddiskurs könnte als rationalisiert (ohne emotionale Belastungen) und moralisiert (mit moralischem Zeigefinger wird auf die vermeintlich Schuldigen gedeutet) beschrieben werden.² Exkulpationsstrategien (Entschuldungsstrategien) bis hin zu öffentlichkeitswirksamen Schuldbekenntnissen von Amtsträger:innen sowie die bei technisch bedingten Katastrophen durchgeführte akribische Suche nach Schuldigen³ kennzeichneten die Situation.

Und dann kam Corona …

In der Covid-Zeit kann grob zwischen zwei großen (neuen) Feldern für die Schuldsuche und deren -zuweisung unterschieden werden. Zum einen bezüglich der Ursache und Herkunft des Covid-19-Virus im Allgemeinen: Wer war schuld am Ausbruch der Pandemie?⁴ Nicht selten wurde die Schuldsuche dabei von Verschwörungstheorien begleitet.⁵ Zum anderen stellte sich bei jeder einzelnen Infektion im Speziellen die Frage nach den Urheber:innen und Übertragungswegen:⁶ Wer ist schuld an meiner Infektion? Trage ich (Mit-)Schuld an Infektionen?

Die Suche nach dem Ursprung des Virus hat neben wissenschaftlicher Aufarbeitung auch für lange Zeit große Teile der Medien eingenommen. Deswegen wird in diesem Beitrag die Frage nach der Schuld, wie sie im Alltag angesichts der Unsicherheit der Umstände und des verfügbaren Wissens neu auftrat, bearbeitet.

In diesem Essay möchte ich mich besonders auf diejenigen fokussieren, die in der Pandemie nicht so laut kommunizierten, die beklatscht, aber nicht strukturell gefördert wurden, aber die gleichzeitig im Besonderen mit Schuld und teilweise mit einem diffusen Schuldbewusstsein zu kämpfen hatten oder noch haben. Es braucht meines Erachtens keine Sündenböcke, sondern eine angemessene Fehlerkultur und das Leuchten in die versteckten Ecken, in den Alltag der Covid-19-Pandemie. Wer waren die Leisen und/oder diejenigen mit Schuldgefühlen? Hierbei handelt es sich um keine empirische Erhebung, sondern um eine ethisch-konzeptionelle Reflexion (was ist passiert, wie wurde es gedeutet, was hilft weiter im Verstehen) über die Covid-Zeit.[7]

1 Das ›Aufploppen‹ der Schuldfrage und damit zusammenhängende Gefühle auf verschiedenen Ebenen und bei unterschiedlichen Akteur:innen

Die Schuldfrage ›ploppte‹ in der Covid-19-Pandemie auf verschiedenen Ebenen auf. Schuldgefühle werden dabei nicht selten von Scham begleitet. »Scham ist dasjenige sehr körpernahe Gefühl mit hoher Selbstaufmerksamkeit, das aus der Identifikation mit einer (scheinbaren oder wirklichen) negativen Normabweichung resultiert, die die sich schämende Person weder öffentlich noch intern thematisiert haben möchte (Schuld, Makel, …).«[8]

Nicht zuletzt Scham verhinderte, dass der eine oder die andere laut wurde. Zwar gibt es Ent-Schuld-igungen, aber keine Ent-Schäm-ungen.[9] Man denke beispielsweise an die Stigmatisierung und Scham in der ersten Phase der Pandemie – als es zu bekennen galt: »Ich bin positiv« – und die damit einhergehende Suche nach Übertragungswegen.

Es geht also weniger um individuell zuschreibbare rechtliche Schuld, sondern um gefühlte Schuld. Dies möchte ich auf zwei Ebenen veranschaulichen: auf der einen die Superspreader:innen und auf der anderen die Pflegeheld:innen und die Gesundheitsberufe insgesamt.

1.1 Die Rolle der Übertragungsschuld

Seit der Coronakrise klagen viele meiner Patienten vor allem darüber, wie sie und ihre Familie unter den Kontakteinschränkungen leiden. Besorgniserregend ist für manche auch, wie diese begründet werden: »Haltet Abstand zu euren Eltern und Großeltern, damit ihr sie nicht ansteckt! Wenn ihr euch nicht an die Regeln haltet, seid ihr schuld an einer weiteren Ausbreitung des Virus, an den Toten und der Überlastung des Gesundheitssystems.« Diese Anschuldigungen sind problematisch, da niemand sicher weiß, ob die getroffenen Maßnahmen zu dem gewünschten Erfolg führen. Die Angst vor dem Virus wird in den Medien und von vielen Politikern geschürt, Schuld und Schuldgefühle werden induziert. Mitmenschen werden auf »Virusträger« reduziert, vor denen man sich schützen muss.[10]

Hierbei handelt es sich um eine Einzelaussage, um Patientenworte aus dem Alltag einer Ärztin, aber sie zeigen m. E. gut die komplexe Diskurslage und den in Unsicherheit entstandenen Erkenntnisstand. Die Reduzierung auf Virusträger:innen und damit auf Schuldige an der Infektion und letztlich an der Überlastung der Krankenhäuser wäre im Nachhinein als angstinduzierte Reaktion zu benennen. Auf der Ebene jedes oder jeder Einzelnen ist damit die Schuldfrage virulent geworden. Was muss ich tun, um nicht schuldig meinem Gegenüber oder gegenüber meiner Familie zu werden?

Aber ebenso wäre eine positive Betrachtung möglich und sogar angebracht: Die Verantwortung füreinander in der Gesellschaft, die Verbundenheit und die Folgen des eigenen Tuns für das soziale Umfeld wurden teilweise augenscheinlich. Eine Entscheidung, ältere Verwandte zu besuchen, um diese vor Einsamkeit zu bewahren, war angesichts der epistemischen Unsicherheit von Infektionswegen nicht leicht zu treffen. Die Befürchtung, Schuld auf sich zu laden, führte schlussendlich doch häufig zu Vereinsamung bzw. einer Inkaufnahme der Einsamkeit. Zeitweise wurde den Individuen die Entscheidung auch gänzlich von staatlicher Seite abgenommen.

Die Schuldfrage hielt also als Abwehrmechanismus Einzug in das Abwägen des alltäglichen Verhaltens. Hierzu gibt es erste, vorsichtig auswertende empirische Studien. Verantwortet aussagbar zu sein scheint, dass die bedrohliche Covid-19-Krankheitswahrnehmung mit Schuld als negativem Affekt und mit Scham als psychischem Stress verbunden war.[11] Da die Pandemie ein komplexes Geschehen darstellte, kamen sicherlich noch andere Stressoren hinzu. So wurde in einer weiteren Studie festgehalten:

> Zwei Drittel der während COVID-19 im Gesundheitswesen Beschäftigten gaben sieben Monate nach der Pandemie mäßige bis schwere Schuldgefühle an, was mit den Schätzungen der moralischen Belastung sieben Monate zuvor vergleichbar war (52%–87%). Diese Ergebnisse deuten darauf hin, dass moralisches Leid und verletzungsbedingte Schuldgefühle weit verbreitet sind und dass moralisches Leid keine vorübergehende Erfahrung ist, sondern ein erhöhtes Risiko für die Entwicklung verletzungsbedingter Schuldgefühle mit sich bringt.[12]

Das Gesundheitspersonal war also noch zusätzlichen Stressfaktoren in der Pandemie ausgesetzt.

1.2 Pflegekräfte und Ärzt:innen: Die Helden der Covid-19-Pandemie – wieder vergessen

Die Maßnahmen gingen so weit, sich von seinen Angehörigen zu isolieren, um die einem professionell Anvertrauten nicht der Gefahr eines langen, unklaren Virusgeschehens und damit eines möglichen Todes auszusetzen – also bis hin zur Einschränkung der eigenen persönlichen Kontakte, die Pflegekräfte auf sich nehmen mussten/sollten, um ihren Beruf auszuüben. Im Bereich der Pflege traten zudem noch andere Belastungen hinzu, wenn sich beispielsweise die Frage der Zugangsbeschränkungen zu stationären Langzeiteinrichtungen stellte. In Hochzeiten wurden die Einrichtungen teilweise vollständig ›abgeriegelt‹.

Wer war schuld? Die Vorschriften Erlassenden oder die Vorschriften Ausführenden? Hier könnte man zudem die Frage stellen, ob die Gemeinschaft bzw. der Staat (oder ebenso die Professionellen) durch Leitlinien usw. den:die Einzelne:n hätten orientieren und befähigen müssen, eine Verantwortung zu tragen, und insofern auch schuldig sein könnten, wenn Betroffene sich selbst überlassen wurden. An dieser Stelle rückt die Subsidiarität (Hilfegebot und Kompetenzanmaßungsverbot) noch einmal deutlicher in den Fokus. Das Prinzip fragt an, wann die Hilfestellung endet und wann der:die Einzelne in seiner:ihrer Selbstbestimmtheit eingeschränkt wird.

Nicht wenige Stimmen warfen die Schuldfrage für den Pflegebereich umso deutlicher auf, da der Umgang mit diesen höchst vulnerablen Gruppen als Menschenrechtsverletzung gesehen wurde. Im Projekt »Selbstbestimmtes Leben im Pflegeheim«, gefördert vom Bundesministerium für Gesundheit, das schon vor der Covid-19-Pandemie begonnen hatte, haben wir als Forschende die Pflegekräfte und Bewohnenden auch in der Pandemie in der Pflegeeinrichtung begleitet. Neben allen massiven und keinesfalls zu leugnenden Einschränkungen nach außen wurde die Zeit der ›Kasernierung‹ zugleich als Zeit der Ruhe und der Vergemeinschaftung wahrgenommen.[13]

Aber diese Beobachtungen des Alltags sollen den Blick auf die existenziellen Entscheidungen nicht verstellen, nämlich mögliche Triageentscheidungen aufgrund der begrenzten Zahl an Intensivbetten. Die Frage der Schuld zeigte sich neu und ganz

Schuld – ein blinder Fleck

virulent, als es in diesem Rahmen den Anschein hatte, schicksalhafte Entscheidungen treffen zu müssen. Im Augsburger Universitätsklinikum hat sich angesichts zunehmend voller Intensivstationen ziemlich bald ein solches Katastrophenszenario am Horizont abgezeichnet. Das Klinische Ethikkomitee einigte sich im Zuge dessen schnell auf einen transparenten, prozeduralen und auf dem Mehraugenprinzip basierenden Entscheidungsablaufplan, der auf der Homepage veröffentlicht wurde, um für alle nachvollziehbar zu sein. Dieser hätte allerdings nicht von konkreten Vortritts- oder Betreuungsentscheidungen entlastet.

Eine harte Triage ist aber dann nicht eingetreten. Die sogenannte graue Triage wäre nun genauer zu untersuchen. Darunter verstanden werden Priorisierungsentscheidungen, die bereits vor der Verlegung in die Notaufnahme getroffen wurden. Auch wenn es keine harte Triage gab, so kam es doch zu schwerwiegenden Entscheidungen schon in vielen Stadien, Räumen und Zeiträumen zuvor.

Grundsätzlich ist Schuld keine Kategorie, die im Medizinsystem hilfreich wäre bzw. nur, wenn fehlerhaftes Verhalten von medizinischer Seite auftritt. Aber bei eventuell zu treffenden Triageentscheidungen kam die Schuldfrage auf. Ebenso wurde die Schuld von den Pflegekräften thematisiert, wenn Patient:innen persönlich abgewiesen werden mussten.[14] Aber war es dann persönliche Schuld? Nicht zu übersehen ist das System, das hier im Hintergrund wirksam ist. Auch ein System kann Schuld perpetuieren, ermöglichen oder sogar fast erzwingen, womöglich so sehr, dass dem Individuum keine persönliche Schuld zugeschrieben werden kann.

Die scheinbar einfache Grenzziehung der Schuldabwehr zwischen System und Individuum wurde jedoch zusätzlich empfindlich gestört, als Fälle des Alleingelassenseins Sterbender bekannt wurden. Dass Menschen an verschiedenen Orten allein sterben mussten, konnte als Schuldigwerden am Individuum durch den

Einzelnen oder auch das System empfunden werden. Diese galten als Folgen von Kontaktsperren als vermeintlich unvermeidliche Situationen. Ebenso ist die Frage nach den ausbleibenden Ritualen bei der Sterbebegleitung zu stellen. Bei Betroffenen ist vielmals schuldabwehrende Selbstrechtfertigung anzutreffen.

Genau hier sind die Narrative spannend, die sich entwickelten, als die Pflegenden zu Held:innen stilisiert wurden:[15] Trotz fehlender Ausrüstung und Schutzkleidung hätten sie sich ›geopfert‹ und sich damit als vorbildliche Bürger:innen verhalten. So wurde die Krankenhausbelegschaft vom ordentlichen zum außerordentlichen Personal. Mit dem Held:innentum ging aber im Weiteren keine Handlungsmacht einher. Stattdessen wurde es eher dem beruflichen Ethos als inhärent zugeschrieben, dass sich diese Berufsgruppe aus Fürsorge dieser Aufgabe widme. Zudem brachte die Stilisierung zu Held:innen zwar persönliche, aber nachfolgend keine merkliche monetäre Wertschätzung mit sich. Das Held:innentum hat eher die eigentlich erforderlichen Investitionen in die Care-Arbeit noch deutlicher zutage treten lassen. Nach all diesen Beobachtungen steht nun eine Ausdeutung der Erfahrungen auf dem Programm dieses Beitrags.

2 Was ist das Neue an der Schuldfrage angesichts der Covid-19-Pandemie?

Als neu an der Schuldfrage im Kontext der Pandemie ist zuerst festzuhalten, dass es eine Erfahrung der Gleichheit aller infolge einer Katastrophe gab, und dies weltumspannend. Alle Menschen waren verletzlich. Die Schuld an Übertragung und Verbreitung hat diese je eigene, sich fast bedrohlich aufdrängende Verletzlichkeit vor Augen geführt.

Zum anderen ist ein beziehungsstörendes Element in den unterschiedlichen Positionen zur Covid-19-Pandemie und ihren

›Wellen‹ auszumachen. Diese Positionen schlagen sich auch in verschiedenen Verantwortungskategorien staatlicherseits nieder. Insbesondere war oftmals von der Eigenverantwortung die Rede.

Die Verantwortungsdiffusionen waren gut zu beobachten, als gerade in der zweiten Hälfte der zurückliegenden Covid-Zeit mehrere Maßnahmen gelockert wurden. Gleichzeitig galten verschiedenste Regeln und spezielle Bedingungen, während im selben Moment an die Eigenverantwortung appelliert wurde. Hierbei war zumeist zunehmende Verunsicherung auch in diesem neuen Schuldempfinden spürbar. Im Alltäglichen konnte teilweise von einer Verunsicherung darüber, was richtig oder falsch war, gesprochen werden. Eine Exkulpationsstrategie bestand u. a. vor allem im Nachhinein in der Berufung auf die wissenschaftliche Unsicherheit: Man habe es ja nicht besser gewusst, fühle sich aber trotzdem schuldig oder habe Angst vor dem Schuldigwerden.

Es könnte einfach nach all diesen sich immer wieder nur annähernden Beschreibungen festgestellt werden, dass die in der Covid-19-Pandemie aufgekommenen Schuldgefühle nur als Irrtum oder als Verwechslung von moralischer Schuld im eigentlichen Sinne mit anderen Gefühlen zu betrachten seien. Aber dies greift meines Erachtens zu kurz. Denn es wurde bewusst, wie kontingent, verletzlich und ohnmächtig das Individuum – vor allem im Kontext der Alleinstehenden – und auch die Gemeinschaft werden können, wenn etwas in den Alltag hereinbricht, was vorher undenkbar war.

2.1 Karl Jaspers weitergedacht

Nach all diesen Suchbewegungen soll ein möglicher Einordnungsversuch unternommen werden. Um die verschiedenen Beobachtungen nun konzeptionell zusammenzubringen, soll auf den Philosophen und Psychiater Karl Jaspers (1883–1969) und seine Differenzierungen im Schulddiskurs rekurriert werden. Jaspers gilt als großer Vordenker der Schuld nach dem Zweiten Weltkrieg, dessen Ereignisse mit denen der Covid-19-Pandemie mitnichten vergleichbar sind, wenngleich seine Beobachtungen in meinen Augen hilfreiche Einordnungen ermöglichen.

Neben der politischen oder rechtlichen ist bei ihm u. a. auch von metaphysischer Schuld die Rede:

> Aber es gibt ein Schuldbewußtsein in uns, das eine andere Quelle hat. Metaphysische Schuld ist der Mangel an der absoluten Solidarität mit dem Menschen als Menschen. Sie bleibt noch ein unauflöslicher Anspruch, wo die moralisch sinnvolle Forderung schon aufgehört hat. Diese Solidarität ist verletzt, wenn ich dabei bin, wo Unrecht und Verbrechen geschehen.[16]

Damit beschreibt Jaspers die Wahrnehmung, dass in manchen Situationen und Zusammenhängen zwar kein moralisch verwerfliches Unterlassen auszumachen wäre, aber sich doch ein Schuldempfinden durchbricht. Dies ist in seinem Sinne metaphysisch (das eigene Vermögen übersteigend), da hier eine Verpflichtung – im Sinne der Gemeinschaft zwischen Menschen nachzukommen – nicht erfüllt wird. Schuld wird damit nicht mehr unbedingt und als in der eigenen Handlungsmacht Mögliches verstanden.

Wenngleich Jaspers' anspruchsvolle universalistische Prämisse (gefühlte allgemeine Solidaritätsverpflichtung des Menschen gegenüber allen Menschen) nicht in dieser Selbstverständlichkeit geteilt wird, wirft sie doch die Frage auf, wie diese These auf Personen anwendbar ist, die nicht eingreifen konnten, also beispielsweise die Kassierer:innen, die sich dem Covid-19-Virus ›aussetzen‹

mussten. Mit Jaspers wäre zu formulieren, dass der:die Einzelne gegenüber dem:der anderen nicht aus der Verantwortung entlassen wird, aber zugleich wird dessen Überforderung mitgedacht.[17] Das Pandemiegeschehen war so übermächtig und hat so viel tastendes Vorarbeiten im eigenen Verhalten verlangt. Gerade die Pandemie hat die unsichtbaren Relationen der Menschen durchscheinen lassen. Man wurde in diesem Sinne passiv schuldig.

Es geht darum, dass Jaspers' Beobachtungen gerade in der Krise wichtig geworden sind. Schuldgefühle, die durch das alltägliche Scheitern in diesen Verstrickungen hervorgerufen werden, die eigene Überforderung, die spürbar wurde – all diese können Anzeichen einer solchen metaphysischen Schuld bilden. Das Hereinbrechen und damit das gemeinsame Band der Menschen untereinander erkennende Momente, aber auch diese Beziehungen empfindlich störende (wie die bewusste und absichtliche Weitergabe des Virus) waren sichtbar.

Dies soll auch an den zwei schon angesprochenen Zielgruppen veranschaulicht werden. Nicht schuld am Tod eines:r anderen als Endpunkt einer Infektion zu sein, war eines der möglichen Ziele in der Pandemie. So mancher wurde dann unabsichtlich doch zur:zum Superspreader:in. Hier wäre das Motiv der metaphysischen Schuld konstruktiv einzusetzen: Der Mensch ist begrenzt, und die Wirklichkeit ist nicht umfassend zu verstehen – auch da niemand alle empirischen Studien lesen konnte –, sodass er:sie, will er:sie für alles und immer vollumfänglich Verantwortung tragen, nicht immer alles richtig machen kann und konnte, was nicht an einzelnen Entscheidungen liegen muss, sondern ebenso daran, dass nicht erkennbar ist, was das Richtige ist (oder ob es das gibt). Das ist der »unauflösliche Anspruch«, von dem Jaspers spricht, der hinter sinnvollen moralischen Forderungen steht und trotzdem mit einem (metaphysischen) Schuldgefühl einhergehen kann.

Genauso ist es auch beim Gesundheitspersonal. Im Care-System sich auf der einen Seite aus Fürsorge kümmern zu wollen, konnte in Zeiten der Covid-19-Pandemie zum Verhängnis werden, also zur eigenen Ansteckung führen und damit wiederum eigene Übertragungen zur Folge haben. Sich auf der anderen Seite der Verantwortung zu entziehen, hätte bedeutet, die Anvertrauten allein zu lassen. Genau dies ist teilweise in Zeiten des harten Lockdowns passiert, als die Sterbenden unbegleitet waren oder als nicht alle am Lebensende oder auch am Lebensbeginn teilnehmen durften, die für Nähe und Zuspruch notwendig gewesen wären. Jaspers' Konzept der metaphysischen Schuld auf die Pandemie weitergedacht, heißt also, dass alle unweigerlich in dieses Pandemiegeschehen verstrickt waren. Das einende Band war die gemeinsam erfahrene Verletzlichkeit der Menschen.

Den Selbstanspruch des Menschen, das Gute und Rechte zu tun, in seiner ›Anspannung‹, die es auf Menschen hat, auch angesichts von Situationen ins Wort bringen zu können, in denen de facto dem Anspruch nicht mehr vollumfänglich Genüge getan werden kann, aber ohne dass man deshalb sagen könnte, der Anspruch sei irrational und Schuldgefühle völlig fehl am Platz … so könnte die Situation mithilfe der metaphysischen Schuld erfasst werden.

2.2 *Moral injury* (moralische Verletzung) als Ausgangspunkt

Jaspers' Konzept bietet eine Möglichkeit, die Spannung zwischen dem moralischen Anspruch und den fehlenden Handlungsmöglichkeiten ins Wort zu bringen. Ein moderner Versuch, Schulderfahrung und moralische Belastung durch fehlende Handlungsmöglichkeiten konzeptionell greifbar zu machen, ist jener der *moral injury* (moralischen Verletzung). Die Pandemie brach herein und verursachte ein Deutungsvakuum. Schnell wurde historisch nach Parallelen eines solch weltumspannenden Ereignisses gesucht. Das historische Beispiel der Spanischen Grippe hat sich nur als begrenzt anwendbar herausgestellt.

Die Grenzen der Schuldfrage legen den Vorschlag nahe, stattdessen das Konzept der Verantwortung hervorzuheben. Aber mit der Frage der Fremd- und Eigenverantwortung wäre man zwar bei den Handlungsmöglichkeiten in der Covid-19-Pandemie weitergekommen, jedoch nicht bei den Belastungen, die erlitten wurden. Die moralische Verletzung ist ein Phänomen, das eine tiefe emotionale Verwundung verursacht, die bei denjenigen vorkommt, die Zeuge von Leid und Grausamkeit werden. Zu unterscheiden ist dies von *moral distress* (moralischem Stress). Dieser bezieht sich auf eine konkrete situative Einschränkung der Handlungsmöglichkeiten aufgrund innerer und äußerer Zwänge.[18] Die moralische Verletzung hingegen ist länger anhaltend, sogar bis hin zum individuellen Verlieren von Hoffnung und kann zu einem beschädigten Vertrauen in Integrität führen, wobei dies sicherlich bei jeder:m Einzelnen unterschiedlich ausgeprägt ist.

Eine moralische Verletzung entsteht also, wenn lang anhaltend nach einer besseren Lösung gesucht, aber trotzdem weiterhin hinter den eigenen Ansprüchen zurückgeblieben wird oder werden muss. Vor allem von den Pflegekräften werden solche Beobachtungen in empirischen Studien schon berichtet, wie bereits im Beitrag angedeutet.

Schuldgefühle und insbesondere Scham sind als Ausflüsse dieser moralischen Verletzung, als ein Nicht-umsetzen-Können der eigenen Ansprüche zu verstehen. Ebenso hat diese Strategie falscher Schuldzuweisung – es ist nur an das geflügelte Wort der ›Partyjugend‹ zu denken – moralisch verletzen können. Helfen zu wollen, aber aufgrund äußerer Regelungen nur begrenzt handlungsfähig zu sein, wurde von den Professionellen hier als sehr schwerwiegendes Ereignis eingestuft.

Schluss

Der Diskurs um Schuld sollte helfen, das Pandemiegeschehen nachträglich zu erfassen und in gewisser Weise auch zu verstehen. Dabei sollte es nicht zuerst um Schuldzuweisung, sondern im Gegenteil um Entlastung gehen. Verhängnisvolle Umstände und Verstrickungen müssen benannt und begleitet werden, denn eine Vereindeutigung ist nicht immer möglich, sodass Ambiguitätstoleranz als Kompetenz[19] wichtig geworden wäre.

Dafür müssen aber ebenso Ausgangspunkt und Ausfluss der menschlichen Erfahrung erfasst werden, was in diesem Beitrag ethisch-konzeptionell mit der metaphysischen Schuld und mit der *moral injury* entwickelt wurde. Eine plakative Suche nach dem:der Schuldigen erweist sich als zu kurz gegriffen, stattdessen ist das allgemeine Verbundensein in der unausweichlichen Schulderfahrung als bedeutend in den Fokus gerückt worden und wäre eine Sinnressource für zukünftige Krisen. Was folgt daraus? Umstände und Bedingtheiten zu analysieren; die Befähigung, Wege der Versöhnung aufzuzeigen; zu bestärken; Raum zu schaffen, um mit moralischer Verletzung umzugehen … Deshalb spräche alles gerade gegen eine vereinfachende Negierung von Schuldaspekten in der vergangenen Pandemiezeit.

Anmerkungen / Literatur

1   Vielen Dank für die Unterstützung beim Lehrstuhlteam, vor allem Anett Hohenleitner, Tim Zeelen, Maryvonne Kälberer, Johanna Eckert und aus Mainz Kristina Kieslinger.

2   Maria-Sibylla Lotter, »Verantwortung und Schuld«, in: Ludger Heidbrink, Claus Langbehn & Janina Loh (Hg.), *Handbuch Verantwortung*, Wiesbaden 2017, S. 251–264, hier S. 258 f.

3   Michael Rosenberger, *Frei zu vergeben. Moraltheologische Überlegungen zu Schuld und Verantwortung*, Münster 2019, S. 26–28.

4   Leon Denecke, Tula-Marie Necker & Fabian Schlag, »Wer ist schuld? Das Gürteltier oder die lebendig verspeiste Fledermaus, wer verursachte die COVID-Pandemie? Oder sind wir es am Ende gar selbst gewesen?«, in: Janina Kriszio, Gesine Wichert & Matthias Hederer (Hg.), *INTERSPECIES/INTERSPACES. Von Menschen und Tieren*, Hamburg 2020, S. 12–23.

5   Jochen Roose, *Verschwörung in der Krise. Repräsentative Umfragen zum Glauben an Verschwörungstheorien vor und in der Corona-Krise*, Berlin 2020.

6   Institut für Demoskopie Allensbach, *Zu den Auswirkungen der Corona-Krise auf die Haltung der Bürger zu Globalisierung (Berichte für das Bundespresseamt)*, Allensbach 2021, {nbn-resolving.org/urn:nbn:de:0168-ssoar-71116-4}.

7   Kerstin Schlögl-Flierl, »Was lehrt uns die Pandemie in ethischer Vergewisserung?«, in: Joachim Werz & Toni Faber (Hg.), *Zwischen Himmel und Erde. Die Himmelsleiter von Billi Thanner*, Regensburg 2022, S. 106–115.

8   Rosenberger 2019, S. 38.

9   Stephan Marks, *Scham. Die tabuisierte Emotion*, 4. Aufl., Düsseldorf 2013.

10 Christa Schmidt, »Psychosoziale Folgen der Corona-Pandemie«, in: *Spiritual Care* 9.3 (2020), S. 229 f., {doi.org/10.1515/spircare-2020-0090}.

11 Liat Hamama & Naama Levin-Dagan, »People Who Contracted COVID-19: The Mediating Role of Shame and Guilt in the Link between Threatening Illness Perception and Mental Health Measures«, in: *Anxiety, Stress, & Coping* 35.1 (2022), S. 72–85, hier S. 81, {doi.org/10.1080/10615806.2021.1964073}.

12 Ian C. Fisher, Sonya B Norman, Adriana Feder, Jordyn H. Feingold, Lauren Peccoralo, Jonathan Ripp & Robert H. Pietrzak, »Downstream Consequences of Moral Distress in COVID-19 Frontline Healthcare Workers: Longitudinal Associations with Moral Injury-Related Guilt«, in: *General Hospital Psychiatry* 79 (2022), S. 158–161, hier S. 160 [Übers. d. Verf.], {doi.org/10.1016%2Fj.genhosppsych.2022.11.003}.

13 Siehe dazu: {pflegenetzwerk-deutschland.de/thema-selep}.

14 Indri Wahyuningsih, Indah Dwi Pratiwi & Risa Herlianit, »Experiences of Emergency Nurses in Carrying Out Triage During the COVID-19 Pandemic: A Qualitative Study«, in: *KnE Medicine* 2.3 (2022), S. 335–341, {doi.org/10.18502/kme.v2i3.11884. 2022}.

15 Shan Mohammed, Elizabeth Peter, Tieghan Killackey & Jane Maciver, »The ›Nurse as Hero‹ Discourse in the COVID-19 Pandemic: A Poststructural Discourse Analysis«, in: *International Journal of Nursing Studies* 117 (2021), 103887, {doi.org/10.1016/j.ijnurstu.2021.103887}.

16 Karl Jaspers, *Die Schuldfrage. Von der politischen Haftung Deutschlands*, München 1965, S. 48.

17 Ana Honnacker, »Von Klimasünden, Flugscham und moralischen Streckübungen: Ökologisches (Schuld-)Bewusstsein im Anthropozän«, in: *The Germanic Review: Literature, Culture, Theory* 96.2 (2021), S. 143–158, {doi.org/10.1080/00168890.2021.1897505}.

18 Anto Čartolovni, Minna Stolt, P. Anne Scott & Riitta Suhonen, »Moral Injury in Healthcare Professionals: A Scoping Review and Discussion«, in: *Nursing Ethics* 28.5 (2021), S. 590–602, {doi.org/10.1177/0969733020966776}.

19 Klaus von Stosch, »Die Corona-Krise als Lernfeld für Kirche und Systematische Theologie«, *Theologie und Glaube* 110.3 (2020), S. 239–247, hier S. 244.